Constanze Eich
Networking & Akquise für Rechtsanwälte

Networking & Akquise für Rechtsanwälte

von

Constanze Eich

C.H. BECK

www.beck.de

978 3 406 68761 7

Wilhelmstraße 9, 80801 München
Druck: Druckhaus Nomos
In den Lissen 12, 76547 Sinzheim

Satz: Fotosatz H. Buck
Zweikirchener Str. 7, 84036 Kumhausen
Umschlaggestaltung: Martina Busch Grafikdesign, Homburg Saar

Gedruckt auf säurefreiem, alterungsbeständigem Papier
(hergestellt aus chlorfrei gebleichtem Zellstoff)

Vorwort

Ich möchte mich sehr herzlich bei meinen Interviewpartnern Frau Dr. Antje Baumann, Herrn Hans Christian Blum, Herrn Dr. Manfred Kessler und Herrn Prof. Dr. Gerhard Wegen bedanken. Ihre Beiträge haben ermöglicht, Networking- und Akquiseaktivitäten nochmals aus unterschiedlichen Blickwinkeln zu beleuchten.

Zudem danke ich den Rechtsanwältinnen und Rechtsanwälten, die mit ihrem Statement zu ihren jeweiligen Netzwerkerfahrungen einen Beitrag zu diesem Buch geleistet haben.

Mein besonderer Dank gilt meiner Familie, insbesondere meinem Mann Nikolaos Eich-Likidis sowie Dr. Achim Dannecker, Carsten Girke, Kathrin Pleyer und Dr. Rebekka Reinhard, die mein Schreiben ermutigt, gefördert und inspiriert haben und mir während der Entstehungszeit dieses Buches mit Rat und Tat zur Seite standen.

Stuttgart, Mai 2016 Constanze Eich

Inhaltsverzeichnis

Vorwort V
Literaturverzeichnis XI

Networking und Akquise als Bausteine Ihres Erfolges – eine Einleitung 1

I. Einführung in die Networking Philosophie 9
1. Was hat Networking mit Akquise zu tun? 10
2. Vom Sinn und Unsinn des Netzwerkens 18
3. Voraussetzungen für erfolgreiches Netzwerken 21
4. Welcher Networkingtyp sind Sie? 25
5. Was haben Networking und Mandantenakquise mit Rhetorik zu tun? 36

Networking als Persönlichkeitsbildung
Interview mit Hans Christian Blum, Partner, Fachanwalt für Erbrecht, Leiter Private Clients, CMS Hasche Sigle 39

II. Vom Jurastudium bis in die Vorstandsetagen – Networking mit System 45
1. Ziel oder Zufall – wo soll es hingehen? 50
2. Qualität statt Quantität – das Adressbuch sondieren 54
3. Wohin gehen als Rechtsanwalt – sinnvolle Orte zum Netzwerken 62
4. Kontakten mit Köpfchen – strategisch Netzwerken 67
5. So bleiben Sie in Kontakt – Tipps zur Kontaktpflege 82

Internes Netzwerk als Karrierebaustein
Interview mit Dr. Manfred Kessler, Geschäftsführer der KPMG Rechtsanwaltsgesellschaft mbH (KPMG Law) und Global Head des KPMG Legal Services Network 91

III. Rhetorische Strategien zum Netzwerken und Akquirieren 99
1. Die Schnellstrategie für kommunikative Herausforderungen 101
2. Smalltalk – Das kleine Gespräch mit der großen Wirkung 108
   a) Sich und andere vorstellen 109
   b) Sich in ein Gespräch einbringen 113
   c) Ein Gespräch eröffnen 115
   d) Gesprächsthemen finden jenseits von Anfahrt, Wetter & Co. 117
   e) Hierarchieübergreifend kommunizieren . . . 122
   f) Sich unverbindlich und verbindlich verabschieden 124
   g) Visitenkarten übergeben 126
3. Mandantenprofiling – Hauptmotive erkennen und nutzen 128
4. Den passenden Einstieg finden 135
5. Fragen statt sagen – die Allzweckwaffe im Gespräch 140
6. Die eigene Expertise und die Expertise der Kanzlei sichtbar machen 151
7. Widerstände überwinden und Mandate gewinnen 155
8. Closing – oder ‚Nach dem Spiel ist vor dem Spiel' 165

Internationale Netzwerke aufbauen
Interview mit Prof. Dr. Gerhard Wegen, LL.M. (Harvard), Partner, Gleiss Lutz 171

IV. Networking & Akquise für jeden Tag 179
1. Mandantenveranstaltungen erfolgreich durchführen 180
2. Akquise durch Fachvorträge 186
3. Keine Angst vor Telefonakquise 191
4. Business Lunch – Mandanten (re)aktivieren... 197
5. Bestehende Mandate ausbauen 201
6. Bei Freunden und Bekannten akquirieren 207

Varianten der Mandantenakquise
Interview mit Dr. Antje Baumann LL.M. (Berkeley), Attorney-at-law (New York), Partner, Corinius LLP 211

V. Der Anwalt als Unternehmer – eine Schlussbetrachtung 219

Anhang: Statt einer Adressliste 225

Stichwortverzeichnis 229

Literaturverzeichnis

Busmann, Johanna: Chefsache Mandantenakquisition. Erfolgreiche Akquisestrategien für Anwälte, Berlin/Boston, de Gruyter, 2013

Cialdini, Robert B.: Die Psychologie des Überzeugens. Ein Lehrbuch für alle, die ihren Mitmenschen und sich selbst auf die Schliche kommen wollen, Bern, Hans Huber Verlag, 2009

Carnegie, Dale: Der Verkäufer in Dir! Das Dale-Carnegie-Verkaufstraining, Frankfurt am Main, Fischer, 2012

Ferrazzi, Keith/Raz, Tahl: Never eat alone ... and other secrets to success, one relationship at a time, London, Penguin, 2014

Jung, C.G.: Typologie, München, Deutscher Taschenbuch Verlag, 2010

Heussen, Benno: Time-Management für Anwälte. Selbstorganisation und Arbeitstechniken, C.H. Beck, 2014

Knape, Joachim: Was ist Rhetorik?, Stuttgart, Reclam, 2000

Liebermeister, Barbara: Effizientes Networking. Wie Sie aus einem Kontakt eine werthaltige Geschäftsbeziehung entwickeln, Frankfurt am Main, Frankfurter Allgemeine Buch, 2015

Malik, Fredmund: Navigieren in Zeiten des Umbruchs. Die Welt neu denken und gestalten, Frankfurt am Main, Campus, 2015

Malik, Fredmund: Führen Leisten Leben, Frankfurt am Main, Campus, 2014

Reiss, Steven: Das Reiss Profile. Die 16 Lebensmotive. Welche Werte und Bedürfnisse unserem Verhalten zugrunde liegen, Offenbach, Gabal, 2010

Scherer, Hermann: Wie man Bill Clinton nach Deutschland holt. Networking für Fortgeschrittene, Frankfurt am Main, Campus, 2006

Seiwert, Lothar/Gay, Friedbert: Das 1x1 der Persönlichkeit. Sich und andere besser verstehen. Beruflich und privat das Beste erreichen. Das DISG-Persönlichkeitsmodell anwenden, Offenbach, Gabal, 2003

Thiele, Albert: Argumentieren unter Stress. Wie man unfaire Angriffe erfolgreich abwehrt, München, Deutscher Taschenbuch Verlag, 2009

Networking und Akquise als Bausteine Ihres Erfolges – eine Einleitung

Liebe Rechtsanwältinnen, liebe Rechtsanwälte, liebe Leser!

Mehr denn je hängt die berufliche Entwicklung eines Menschen von seiner gezielten Kommunikation und seinen Networking-Fähigkeiten ab. Das ‚Know-who' wird als immer wichtiger erachtet. Die besten Jobs werden über Kontakte vergeben, der Zugriff auf Spezial-Informationen wird über Kontakte ermöglicht, Empfehlungen und Kooperationen entstehen durch Menschen, die wir kennen und Geschäfte werden da gemacht, wo die beste ‚Relationship' besteht. Die Welt denkt zunehmend vernetzt und setzt auf Beziehungen, und das in ganz neuen Dimensionen. Networking ist heute ein Karrieretreiber und wesentlicher Baustein des beruflichen Erfolges.

Seit 2003 berate ich Rechtsanwälte in internationalen und mittelständischen Wirtschaftskanzleien in ihrer internen wie externen Kommunikation. Ich entwickle rhetorische Strategien für die unterschiedlichen kommunikativen Herausforderungen des anwaltlichen Berufsalltags und bilde Rechtsanwälte gezielt darin aus. Die Sprache ist dabei das wichtigste Instrument. Der anspruchsvolle Umgang mit der Sprache gehört zum Handwerkszeug eines guten Juristen. Und dennoch ist es immer wieder auffallend, wie schwer es vielen Rechtsanwälten fällt, sich selbst darzustellen, ihre eigene Expertise und unternehmerischen Ziele klar zu formulieren, oder einen Business Case zu entwickeln. Auch den Mandanten von einer Dienstleistung zu überzeugen, gehört nicht zu den bevorzugten Tätigkeiten des Rechtsanwalts. Networking und Akquise sind oft Fremdworte.

Und fast allen ist es unangenehm – ob angestellten oder selbständigen Anwälten. Man assoziiert sofort Kaltakquise am Telefon und mühsames Klinkenputzen. Vielen liegt schon der Gedanke fern, die juristische Dienstleistung öffentlich anzubieten und sich womöglich dem Mandanten anzubiedern.

Dem Networking haftet zudem auch etwas Unschickliches an: *Amigo-Affäre*, *Spätzles-Connection*, *Klüngel*, *Seilschaften* und *Vitamin B* – keiner dieser Begriffe ruft positive Assoziationen hervor. Im Gegenteil. Sie verstärken den Eindruck, dass Networking und Akquisitionsbemühungen etwas für Scharlatane und anrüchige Selbstdarsteller sind und den Ruf des edlen Consiglieres schmälern.

Daher vertraut man in Sachen Akquise nur allzu gerne und so lange wie möglich auf das gebratene Hähnchen, das auf den Schreibtisch flattert, und geht auch davon aus, dass die eigene Karriere von einem glücklichen Lauf geprägt ist und sich Schritt für Schritt, Stufe für Stufe schon irgendwie von selbst ergibt. Doch nur in den seltensten Fällen klopft der Chef an die Tür und fragt, ob man bereit sei, mehr Verantwortung zu übernehmen. Auch der Mandant wird mit seinem Anliegen nicht zwangsläufig immer zum gleichen Anwalt kommen. Gerade in größeren Unternehmen sorgt schon die Einkaufsabteilung dafür, dass man sich nicht mehr auf das Gewohnheitsrecht verlassen darf. Sie müssen selbst tätig werden. Wenn es um Ihre Karriere geht, wenn es um die Akquise von Mandaten geht, wenn es um die Reputation Ihrer Kanzlei geht.

Rechtsanwälte in Großkanzleien werden lange verschont, was das Thema Akquise angeht. Die Mandate werden von den Partnern akquiriert bzw. kommen durch die Reputation der Kanzlei ins Haus und werden in die Teams zur Bearbeitung verteilt. Doch wer seine Karriere gestalten will oder den Weg in die Partnerschaft anstrebt, sollte die Themen Networking und Akquise rechtzeitig auf den Plan rufen, auch wenn in den ersten Berufsjahren keinerlei unternehmerische Tätigkeiten gefordert werden. Rechtsanwälte in kleineren Kanzleien sind bereits vom ersten Tag an angehalten, an Akquise und ein eigenes Netzwerk zu denken, denn niemand als sie selbst muss dafür sorgen, dass ihre Expertise sichtbar wird und ihre Dienstleistung Abnehmer findet.

Auch neue Anforderungen kommen auf die Kanzleien selbst zu. Der Kampf um die besten Nachwuchskräfte ist in den internationalen Wirtschaftskanzleien in den letzten Jahren nicht entspannter geworden. Die Generation Y hat andere Vorstellungen von Leben und Arbeiten als die vorangegangenen Generationen. Die Generation Z wird die Situation weiter verschärfen. Das macht das Recruiting nicht leichter, es erschwert vor allem aber die Bindung von Mitarbeitern. Hohe Fluktuationsraten sind die Folge.

Das bedeutet: Auch hier müssen wir tätig werden. Wir müssen neue Strategien für das Recruiting entwerfen, wir müssen ganz neu über Führung und Teamplay nachdenken, vor allem aber müssen wir stabile Kooperationen und Allianzen bilden, um uns einer erstarkenden Konkurrenz stellen zu können und wettbewerbsfähig zu bleiben.

Netzwerke nehmen dabei eine wesentliche Rolle ein. Netzwerke, die sich die Kanzlei aufbaut, die aber nur durch das Engagement Einzelner ermöglicht und die auch nur durch eine kontinuierliche Pflege erhalten oder ausgebaut werden können.

Und: Alles steht und fällt mit der richtigen Kommunikation. Das systematische Aufbauen von Netzwerken und das gezielte Akquirieren von Mandaten ist eine kommunikative Herausforderung. Menschen kennenzulernen, in Beziehung zu treten, Kontakt herzustellen, sich selbst als Spezialist sichtbar zu machen, die Reputation der Kanzlei zu vermarkten, Beratungsbedarf zu wecken und damit schließlich auch Mandanten zu gewinnen – all das erfolgt über die Sprache.

Mit diesem Buch können Sie sich schnell einen Überblick über die Thematik verschaffen und sich sowohl strategische Impulse für Ihre Karriereplanung und die Mandantenakquise, als auch rhetorische Tipps für die erfolgreiche Umsetzung Ihrer Aktivitäten zunutze machen.

Das Buch richtet sich an Rechtsanwälte jeder Seniorität, die sich systematisch mit Networking und Akquise auseinandersetzen wollen. Je fortgeschrittener Sie sich in diesem Thema bereits bewegen, desto bekannter werden Ihnen manche Inhalte vorkommen. Suchen Sie sich dann einfach die Kapitel aus, die interessant für Sie sind.

Im ersten Kapitel geht es zunächst recht allgemein darum, wie Sie durch Netzwerkaktivitäten profitieren können. Finden Sie heraus, welcher Netzwerktyp Sie sind und wie Sie Ihre Stärken für den Aufbau Ihres Netzwerks nutzen können.

Im zweiten Kapitel möchte ich Ihnen aufzeigen, wie Sie systematisch netzwerken und Ihre Kontakte pflegen, gerade wenn Sie wenig Zeit zur Verfügung haben und welche strategischen Überlegungen Sie anstellen können, wenn Sie Ihre Networking- und Akquiseaktivitäten starten.

Das dritte Kapitel konzentriert sich auf die rhetorischen Strategien, die Sie für die Umsetzung der jeweiligen kommunikativen Herausforderungen brauchen. Lernen Sie hier, wie Sie im Smalltalk Kontakte knüpfen und in Erinnerung bleiben, Ihre Akquisitionsstrategie auf Ihre Zielgruppe anpassen, wie Sie Leistungen und Lösungen Ihrer Kanzlei wirkungsvoll darstellen und im Gespräch mit Ihrem Mandanten überzeugen.

Das vierte Kapitel greift dann unterschiedliche Networking- und Akquisesituationen aus Ihrem Alltag auf und soll Ihnen für die erfolgreiche Umsetzung als Nachschlagewerk dienen.

Zum Schluss blicken wir nochmals explizit auf Ihre Rolle als Unternehmer.

Die vier Interviews mit den erfahrenen Anwaltspersönlichkeiten sollen Ihnen zusätzlich praktische Beispiele aus dem Beraterallltag vermitteln, Ihnen interessante Einblicke verschaffen und als Impulse für Ihre eigenen Netzwerkaktivitäten dienen.

Lassen Sie sich von den vielen Möglichkeiten des Netzwerkens inspirieren und erfahren Sie, wie Sie dabei ganz nebenbei sich selbst und Ihre Kanzlei kompetent und sympathisch präsentieren.

Ich wünsche Ihnen viel Freude beim Lesen!

„Im Grunde sind es immer die
Verbindungen mit Menschen,
die dem Leben seinen Wert geben.“

Wilhelm von Humboldt

I. Einführung in die Networking Philosophie

Netzwerken – das Wort veranschaulicht, was von jeher ein Grundbedürfnis des Menschen ist: Sich in eine Gemeinschaft einzufügen, sich ein System aus Bezugspunkten, ein Koordinatensystem zu schaffen, in dem man erfolgreich agieren kann, sich mit Gleichgesinnten zu verbünden, Synergien zu schaffen und ein Sicherheitsnetz zu knüpfen, in das man sich im Notfall hineinfallen lassen kann, wie in ein weiches Kissen. Erstaunlich, dass das Netzwerken gerade in unserer Welt, in der Selbstverwirklichung und der starke Bezug auf sich selbst und die eigenen Bedürfnisse so im Vordergrund stehen, überhaupt in Mode ist. Und es ist in Mode. Seit einem guten Jahrzehnt boomen die Networking-Plattformen, es gibt hunderte, wenn nicht sogar tausende Netzwerkveranstaltungen pro Tag, real wie virtuell, die einzig und alleine dem Zweck dienen, Menschen zusammenzubringen und Business zu generieren. Doch die Idee des Netzwerks ist schon wesentlich älter. Man denke nur an die Akademien im antiken Griechenland, die Benediktinerorden im Mittelalter, die Zünfte, Innungen und Handelskammern, Bruderschaften, Studentenverbindungen und geheimen Zirkel, um deren Mitgliedschaft man sich verdienen musste und die einen Bund fürs Leben ausmachten. Darüber hinaus die literarischen Salons, Lesezirkel und wirtschaftlichen Interessensgemeinschaften. Das Prinzip organisierter Verbindungen gestaltet unsere Welt seit Jahrhunderten.

Altehrwürdige Vereinigungen und Verbindungen sind in den letzten Jahrzehnten immer wieder vor allem bei jungen Menschen in die Kritik geraten, weil man ihnen nationalistisches Gedankengut nachsagte oder die strengen Hierarchieregeln, Rituale und Gepflogenheiten an die deutsche Vergangenheit im Dritten Reich erinnerten. Gerade aus einer

Abgrenzung zur Vergangenheit haben sich viele Studentenverbindungen daher neu erfunden. Geblieben ist der Sinn der Gemeinschaft, der Austausch zwischen unterschiedlichen Disziplinen und die Möglichkeit auf die Unterstützung des Netzwerks im Fall der Fälle zurückzugreifen. Studentenverbindungen, Bruderschaften oder Zirkel kann man mögen oder nicht, sie sind für unsere Zwecke und Bemühungen kein zentrales Thema.

1. Was hat Networking mit Akquise zu tun?

Als erstes sollten wir klären, was Networking überhaupt mit Akquise zu tun hat, denn die meisten Mandate, an denen Sie arbeiten sind schließlich nicht auf irgendwelchen Veranstaltungen akquiriert worden, sondern irgendwie anders ins Haus gekommen. Mit dieser Erkenntnis liegen Sie richtig, doch woher genau kommen die Akquisitionserfolge? Wie hat der Mandant von Ihnen erfahren oder was hat ihn dazu bewogen, ausgerechnet Sie zu beauftragen? Wenn Sie diesen Fragen nachgehen, dann werden Sie in den meisten Fällen bei ein und derselben Antwort herauskommen: Durch Beziehungen. Doch wie sind diese Beziehungen zustande gekommen? Wie ist es Ihrer Kanzlei gelungen, den Akquisitionserfolg für sich zu verbuchen? Auch hier ist die Antwort eindeutig: Durch die Vorarbeit einzelner Personen. Denn eine Institution oder ein Unternehmen kann selbst nicht akquirieren. Es sind immer die einzelnen Persönlichkeiten, die daran arbeiten, dass sie am Markt als Marke sichtbar werden und damit Vertrauen schaffen. Diese Vorarbeit kann man auch mit einem Wort zusammenfassen: Networking.

Natürlich ist diese Vorarbeit mit einer zeitlichen, gegebenenfalls auch finanziellen Investition verbunden. Von nichts kommt schließlich nichts. Und gerade weil die Zeit unser wertvollstes Gut ist, sollte man schon sehr genau überlegen, wo und wie und wann man bereit ist, dieses Gut zu investieren. Auch wenn Sie als Anwalt vielleicht vor allem die Akquise im Auge haben, so beginnt die Investition in ein Netzwerk weit vor der Möglichkeit akquirieren zu können. Und sehen Sie die Akquise als EINE Möglichkeit aus Ihrem Netzwerk zu profitieren. Es gibt so viele unterschiedliche Bereicherungen, die aus Ihren Netzwerkaktivitäten erwachsen können:

Profitieren Sie vom Austausch mit anderen und betreiben Sie Business Development!

Sich mit anderen Menschen auszutauschen, ob mit Gleichgesinnten, Berufskollegen oder völlig anderen Disziplinen, ist immer ein Gewinn. Andere Sichtweisen kennenzulernen, Erfahrungen zu teilen, sich über Fragestellungen zu unterhalten, die Sie und Ihre Gesprächspartner beschäftigen – Netzwerken muss sich nicht nur auf der Oberfläche bewegen, wie man vielleicht im ersten Moment meinen mag. Sie entscheiden darüber, wie tief Sie in bestimmte Themen vordringen wollen und welche Inhalte für Sie interessant sind. Voraussetzung ist, dass Sie vorurteilsfrei und offen auf Ihren Gesprächspartner zugehen und die Andersartigkeit von Menschen zu schätzen wissen. Und Sie werden überrascht sein, wie gut es tut, sich mit Menschen zu unterhalten, die in ähnlichen Lagen sind wie Sie oder die ähnliche Situationen bereits erlebt haben. Denn die Fragen rund um Karriere, Mitarbeiterführung, Mandantenakquise oder den Sinn des Lebens sind universell und nicht nur auf Ihre Branche beschränkt. Je weiter Sie auf dem Karriere-Klettergerüst gekommen sind, desto einsamer wird es oft in Ihrer unmittelbaren beruflichen Umgebung. Umso dankbarer werden Sie sein, wenn Sie schwierige Fragen mit anderen besprechen oder wenn Sie auf Ratgeber in Ihrem Netzwerk zurückgreifen können.

Womöglich bringt Sie der Austausch mit einem anderen Menschen auf die zündende Geschäftsidee oder liefert Ihnen das letzte Puzzlestück, um einen Sachverhalt richtig einschätzen zu können. Wer nur in seiner eigenen Suppe kocht, wird irgendwann geschmacksblind werden. Egal ob Sie ein konkretes Anliegen haben oder einfach nur zuhören – sich auszutauschen ist allemal eine sinnvolle Beschäftigung.

Interdisziplinärer Austausch ist immer auch der Schlüssel zu erfolgreichem **Business Development**. Wer sein Ohr an den Themen des Mandanten hat und aufmerksam verfolgt, wie sich der Markt und das Business verändert, welchen Fragen sich die verschiedenen Branchen stellen müssen oder vor welchen Herausforderungen sie stehen, der wird immer das Geschäft von morgen sehen können und neue Ideen für die Beratung entwickeln. Im persönlichen Gespräch werden Sie einen viel schnelleren und konkreteren Zugang zu den jeweiligen Themen bekommen. Sie können sich ein plastisches Bild machen, die Meinung Ihres Gesprächspartners einholen, nach seiner persönlichen Einschätzung fragen, sich Beispiele schildern lassen. Das setzt eine natürliche Neugier und ein ehrliches Interesse an anderen Menschen voraus, sollte aber nicht mit einem Verhör verwechselt werden.

Wenn nun auch der Transfer in die eigene Kanzlei gelingt und etwaige Querbezüge zu anderen Rechtsgebieten hergestellt werden, dann haben Sie bereits einen großen Beitrag zum Business Development Ihrer Kanzlei geleistet. Denn das Ohr am Markt zu haben ist die eine Seite. Die andere ist es, vernetzt zu denken, die Erkenntnisse im Kontext zu begreifen und sie gemeinsam mit Kollegen weiterzudenken. Aus diesen Prozessen werden neue Ideen geboren und Akquisemöglichkeiten geschaffen. Das bedeutet, dass die **Innovationsfähigkeit** Ihrer Kanzlei immer auch an den Netzwerkaktivitäten Ihrer Rechtsanwälte hängt. Ein Grund mehr, Networking als wichtigen Wettbewerbsvorteil zu begreifen.

Nutzen Sie die Vielzahl an individuellen Unterstützungsmöglichkeiten!

Sie kennen bestimmt das Phänomen, dass Sie von Urlaubsbekanntschaften nach Ihrer juristischen Einschätzung gefragt werden, sobald Sie sich als Anwalt zu erkennen gegeben haben. Der Streit um das Erbe, der Kratzer im Auto oder der Nachbar, der immer wieder Ärger macht wegen irgendwelcher Lappalien. Beim Drink an der Bar oder im Gespräch am Pool, sozusagen von Liegestuhl zu Liegestuhl, werden Sie schnell von allerlei privaten, aber auch geschäftlichen Rechtsstreitigkeiten Ihres Gesprächspartners erfahren. Dem Arzt wird es an dieser Stelle nicht anders gehen. Wann kann man schon mal einen echten Spezialisten so völlig persönlich um seine Einschätzung bitten? Ob es um die bevorstehende Operation oder um den Immobilienkauf geht. Doch warum nicht auch selber mal in die Rolle des Hilfesuchenden schlüpfen. Auch Sie könnten den Rat oder die Unterstützung eines Spezialisten benötigen. Daher ist es immer gut, unterschiedliche Leute zu kennen. Ob den Graphikdesigner, dem Sie die Gestaltung Ihrer privaten Webseite anvertrauen, den Feinkostcaterer, der Ihnen die perfekte Location für Ihre Geburtstagsfeier reserviert, den Wirtschaftsprüfer, der sich mit IFRS Bilanzierung richtig gut auskennt oder den Bankierssohn, der den Vorstellungstermin im Bankhaus seines Vaters arrangiert. Dabei gilt beim Netzwerken immer ein ausgewogenes Verhältnis von Geben und Nehmen. Ohne Netzwerk vergibt man sich so manche Chance, schnell und unkompliziert an scheinbar unmögliche Lösungen zu kommen.

Investieren Sie in Ihre persönliche Entwicklung!

Sich permanent weiterzuentwickeln, flexibel zu sein, Trends und Veränderungen aufzuspüren und sich rechtzeitig dafür fit zu machen, sind Eigenschaften, die in unserer Welt zu den absoluten Grundkompetenzen gehören. Auch wenn sich der Mensch nur allzu gerne in seinen Gewohnheiten und Routinen einrichtet – wer aufhört zu rudern, treibt zurück und wird gnadenlos abgehängt. Am besten gelingt einem der Blick über den Tellerrand, wenn man sich hin und wieder aus dem gewohnten Terrain herausbewegt, fachfremde Themen diskutiert, sich mit anderen Disziplinen beschäftigt oder die Alltagsfragestellungen anderer Personen ins Visier nimmt. Neben dem kommunikativen Austausch und der Unterstützung, die Sie durch bestimmte Kontakte erfahren, bieten Ihnen Netzwerke noch andere Möglichkeiten. Sie sind ganz hervorragende Plattformen, um die eigenen Fähigkeiten gezielt zu entwickeln und zu erproben. Und zwar nahezu ohne Risiko. Denn was Sie sich bei Ihrem Mandanten oder gegenüber Ihrem Vorgesetzten vielleicht nicht trauen würden, das können Sie in Ihrem Netzwerk getrost üben. Ob Sie bei Fachvorträgen Ihre **Redefähigkeit** und den öffentlichen Auftritt trainieren oder am Stehtisch verschiedene Varianten der Selbstvorstellung testen, ob Sie sich im Smalltalk üben oder einfach nur Ihre Scheu vor fremden Menschen ablegen. Jede dieser Übungen wird Ihre kommunikativen Kompetenzen in jedem Fall bereichern.

Besonders wertvoll sind auch die Erfahrungen, die Sie über ein **Ehrenamt** oder eine aktive Mitgliedschaft in einem Verein machen können. Die bloße Erfahrung einem Vorstandsteam anzugehören, schult den Umgang mit Alphatieren und macht einem sehr schnell klar, wie es wohl in den Vorstandsetagen und Aufsichtsratssitzungen zugehen mag. In jeder Funktion gibt es etwas zu lernen oder zu erproben. Verhandlungstechniken und Strategien für Pitchpräsentationen kann man zum Beispiel ganz vorzüglich bei einer Sponsoring- oder Fundraising-Aktion erwerben. Auch die Fähigkeit, zu repräsentieren und als Gastgeber aufzutreten, trainieren Sie ganz einfach, wenn Sie zum Beispiel bei der selbst organisierten Abendveranstaltung die Begrüßungsworte sprechen und Ihren Gastredner ankündigen. Ganz davon zu 3, dass Sie in der Rolle als Organisator oder Repräsentant Ihres Vereins auf einer ganz anderen Ebene kommunizieren können. So wird etwa die Unterhaltung mit einem Ranghöheren oder einer Person der Öffentlichkeit trotz eines eventuell bestehenden Alters- oder Hierarchieunterschieds erleichtert. Wenn Sie Zugang zu herausragenden Persönlichkeiten der Wirtschaft suchen oder sich die Tür zu bestimmten Branchen öffnen wollen, so gelingt das am besten über ein Ehrenamt in einem passenden Verein oder einer renommierten Organisation. Wie überall gilt auch hier: Engagieren Sie sich. Von nichts kommt nichts.

Die beste Erfahrung ist, wenn Sie in Ihrem Ehrenamt in **Führungsverantwortung** kommen. In der Vorstands- oder Präsidentenrolle geht es darum, Menschen zu führen, die in keinem Abhängigkeitsverhältnis zu einem stehen. Eine bessere Vorbereitung auf die echte Rolle als Führungskraft beziehungsweise ein besseres Führungsverständnis für Ihre eigenen Mitarbeiter in der Kanzlei können Sie nirgendwo so unkompliziert und risikofrei erlangen, denn wo sonst kann man besser Fehler machen und aus ihnen lernen als auf der großen weiten Spielwiese des Netzwerks.

Wer jetzt die Befürchtung hegt, dass es ja auch im Netzwerk Spuren hinterlässt, wenn man gnadenlos versagt hat, den kann ich beruhigen. In manchen Netzwerken kann das stimmen, doch einige Netzwerke wurden genau zu diesem Zweck ins Leben gerufen. Ein gutes Beispiel sind hier die Wirtschaftsjunioren, das Netzwerk für junge Führungskräfte und Unternehmer, die es sich explizit zum Ziel gemacht haben, Führungskompetenzen zu schulen und eine Plattform zu bieten, diese systematisch zu erproben.

Nutzen Sie die Karrieremöglichkeiten!

Die besten Jobs, so wird man immer wieder belehrt, werden über Kontakte vergeben. Das ist eine Aussage, die sich immer etwas nach dem amerikanischen Traum anhört. Doch verstehen Sie diese Aussage ganz pragmatisch: Wenn Sie in Ihrer eigenen Kanzlei Karriere machen wollen, ist es notwendig, sichtbar zu sein. Sie sollten sich mit Partnern und Persönlichkeiten vernetzen, die über Ihre Karriere entscheiden. Das müssen keine übertriebenen Opportunitätsaktivitäten sein. Vernetzen heißt, sich bekannt machen, die eigene Expertise sichtbar machen, Ziele und den Wunsch nach Verantwortung kommunizieren – und all das an die im wahrsten Sinne des Wortes entscheidenden Personen. Doch eben so wichtig sind die **Kollegen** in Ihrer Kanzlei. Wer intern gut vernetzt ist, innerhalb der Praxisgruppe, standortübergreifend, vielleicht sogar international, wird immer einen Akquisevorteil haben. Viele Mandate können Sie langfristig auch intern für sich gewinnen. Wenn die Kollegen um Ihre Kompetenzen wissen, Sie als Ansprechpartner für bestimmte Fragen auf dem Schirm haben oder an Sie denken, wenn eine neue Herausforderung ins Haus steht – sympathisch sichtbar sein ist alles.

Das gleiche gilt außerhalb Ihres Arbeitsumfeldes. Wenn Sie für bestimmte Fertigkeiten und Erfahrungen bekannt sind, wird das Ihre Karriere begünstigen und Sie auch dem eigentlichen Grund Ihrer Netzwerkaktivitäten näher bringen: Der Akquise. Dass manche Netzwerke als Karriereschmiede gelten, ist kein Geheimnis. In Frankreich zum Beispiel gehört man bereits durch einen Abschluss an einer der Grandes Écoles zu den Begünstigteren und damit begehrteren Absolventen auf dem Arbeitsmarkt. **Alumni-Netzwerke** wie zum Beispiel in Harvard oder Oxford funktionieren ganz ähnlich. Doch selbst wenn man an keiner dieser großen und berühmten Universitäten studiert hat und auf keine dieser illustren Alumni-Kontaktbörsen zurückgreifen kann, so können dennoch die richtigen Kontakte den Weg zum Traumjob ebnen. Das bedeutet, dass man sich eben selber Zugang zu interessanten Zielgruppen oder Persönlichkeiten verschaffen muss. Ob das auf Branchentreffen, in Business-Clubs oder auf dem Golfplatz erfolgt, ist ganz egal. Und selbst wenn man gerade keinen neuen Job sucht, dann ist es womöglich der eine Kontakt aus dem Business-Club, der Sie zum absoluten Wunschmandat führt.

Akquirieren Sie gezielt und ohne schlechtes Gewissen!

Natürlich versprechen wir uns Akquiseerfolge, wenn wir in Netzwerkaktivitäten investieren. Schließlich war das ja unsere Ausgangsüberlegung, warum wir überhaupt in ein Netzwerk investieren wollten. Und dennoch identifizieren wir uns nur ungern mit Akquisiteuren. Wer an Akquise denkt, hat im schlimmsten Fall das Klischee des solariumgebräunten Finanzberaters vor Augen, der uns die Vorzüge eines totsicheren Investments oder der ultimativen Altersvorsorge anpreist. Kein Wunder, dass uns diese Akquisiteure so abschrecken, denn sie präsentieren ihre Dienstleistungen oder ihr Produkt so derart sichtbar und lautstark, dass sie sich das Wort ‚Verkäufer' auch auf die Stirn tätowieren könnten. Die gute Nachricht ist: Wer beim Netzwerken unmittelbar nur an das direkte Verkaufen denkt und gezielt derartige Versuche unternimmt, der wird recht schnell an seine Grenzen stoßen. Denn billige Akquisiteure kommen in der Regel gar nicht gut an. Im Gegenteil. Sie wirken oft abstoßend und bestätigen nur die Vorstellung, dass Netzwerkveranstaltungen nur etwas für Verkäufer sind.

Und doch geht es beim Netzwerken vor allem ums **Verkaufen**. Kaum einer besucht Netzwerkveranstaltungen, Branchentreffen, Workshops, Podiumsgespräche, Kongresse oder Messen, weil er sonst nichts Besseres vorhat. Jeder, den Sie bei derartigen Veranstaltungen antreffen, verfolgt ein individuelles Verkaufs-Ziel: Das neue Buch, das man gerade geschrieben hat, den innovativen Beratungsansatz, neueste Steuersparmodelle, Compliance-Seminare oder seine Kompetenzen und Dienstleistungen.

Vielleicht ist es zwischen den Zeilen schon angeklungen, wie Sie Akquise im Kontext Ihrer Netzwerkaktivitäten verstehen können: Akquise ist die Folge aus der Beziehungsarbeit, die Sie innerhalb Ihres Netzwerks leisten. Sollten Sie einmal einen Zufallstreffer landen und beim ersten Kennenlernen bereits mit einer Mandatierung herausgehen, dann dürfen Sie sich einen wahren Glückspilz nennen. Im normalen Fall gehen einige Treffen und damit sogenannte Kommunikationserfahrungen voraus, die erst einmal helfen **Vertrauen** zwischen Ihnen und Ihrem Kontakt aufzubauen. Zudem muss Ihr Geschäftspartner von Ihrer Expertise überzeugt sein. Das gelingt nicht nur über die perfekte Selbstdarstellung. Es muss immer erst eine **Beziehung** entstehen und Glaubwürdigkeit aufgebaut werden. Erst dann werden Geschäfte möglich.

Zusammenfassend kann man sagen, dass Sie durch Ihre Netzwerkaktivitäten ganz unterschiedliche Ziele verfolgen können. Ob Sie sich mit anderen austauschen wollen oder in einer bestimmten Angelegenheit Unterstützung benötigen, ob Sie sich in bestimmten Bereichen weiterentwickeln wollen, Ihre Fähigkeiten erproben, gezielt Ihre Karriere vorantreiben oder auf der Jagd nach neuen Ideen sind – die Investition in ein Netzwerk lohnt sich immer, wenn auch mit einem kritischen Blick auf Ihr Zeitkonto.

2. Vom Sinn und Unsinn des Netzwerkens

Die Generationen Y und Z definieren Netzwerken vor allem über die sozialen Medien wie Facebook, Xing oder LinkedIn. Ihr Ziel ist es informiert zu sein, was im eigenen Netzwerk passiert, vor allem aber auch mit alten Studienfreunden, Klassenkameraden oder Freunden, die womöglich in aller Welt verstreut sind, in Kontakt zu bleiben. 924 Freunde auf Facebook zu haben ist hier nichts ungewöhnliches und man bekommt so einiges über die jeweiligen Leben der anderen mit – Wichtiges, wie zum Beispiel die Geburt eines Kindes, und Unwichtiges, wie die leckere Sushi-Platte, die heute von einem Freund verspeist wurde, nicht ohne sie vorher abgelichtet zu haben und sie schließlich genau mit diesen 924 Freunden zumindest virtuell zu teilen. Ganz nebenbei erfährt man von abenteuerlichen Urlaubsdestinationen, wilden Partynächten und vielleicht auch beruflichen Veränderungen. Es werden Gedanken ausgetauscht, Meinungen geäußert und Einladungen ausgesprochen. Die Kommunikationsmöglichkeiten über Facebook haben dazu beigetragen, dass ein ganzes Regime gestürzt werden konnte, weil sich über diese Kommunikationsplattform Menschen verabreden konnten, gemeinsam etwas zu tun.

Doch wie schnell kann man sich in diesen Netzwerken zeitlich verlieren. Allein bei **Xing** auf die Rubrik ‚Personen, die Sie kennen könnten' zu klicken, gleicht einer Reise in die unendlichen Möglichkeiten. Eine endlose Scroll-Liste zeigt Ihnen Personen und noch mehr Personen, die Sie womöglich kennen könnten oder die Sie über 7 Ecken kennen müssten. Die Plattform ruft Ihnen längst vergessene alte Bekannte aus der Vergangenheit zurück, erinnert Sie an Kollegen, mit denen Sie die gleichen Seminare belegt, die gleichen Praktika absolviert oder die gleiche Schulbank gedrückt haben. Ein Matching-System macht es möglich. Schön, das eine oder andere Gesicht wieder zu sehen und vielleicht ist tatsächlich jemand dabei, den Sie aus den Augen verloren haben und den Sie endlich über diesen Weg wiedertreffen können.

Ärgerlich ist es jedoch, dass viele bei dieser Reise durch die unendlichen Weiten potentieller Kontakte gerne den Button ‚Kontakt hinzufügen' klicken und Sie dann eine Kontaktanfrage ohne konkreten Hintergrund oder persönliches Grußwort erhalten. Doch was tun? Höfliche Menschen folgen der Einladung und drücken den Button ‚Kontakt bestätigen'. Dadurch sammeln sich zahlreiche Kontakte in unserem Portfolio, zu denen im Grunde keine wirkliche Beziehung besteht. Es liegt manchmal sogar der Verdacht nahe, dass Menschen möglichst viele Kontakte in ihrem Portfolio haben möchten. Quantität sticht hier Qualität.

Auch **Empfehlungssysteme** werden Ihnen in den virtuellen Netzwerken begegnen. ‚Empfohlen' werden Ihre Dienstleistung oder Ihre Kompetenzen. Das soll Dritte dazu ermutigen, Ihre Dienstleistung in Anspruch zu nehmen und dem Urteil anderer, die scheinbar Erfahrungen mit Ihnen gemacht haben, zu vertrauen. Grundsätzlich eine gute Idee, denn wir folgen gerne den Empfehlungen anderer. Wenn es um die Wahl eines Zahnarztes, eines Anwalts oder eines Caterers geht. Doch wie oft werden virtuell Empfehlungen ausgesprochen, wo noch gar keine echte Erfahrung mit der Kompetenz oder der Dienstleistung des anderen gemacht wurde? Lediglich aus Höflichkeit, aus Reziprozitätsgründen, schließlich hat mich der andere ja auch empfohlen, oder aus dem Bedürfnis heraus, selbst empfohlen zu werden. Die Beweggründe sind unterschiedlich, doch genau dieses Phänomen verwässert die Qualität und Glaubwürdigkeit unserer virtuellen Netzwerke.

Ebenso befremdlich kann es in realen Netzwerken zugehen. Veranstaltungen, die nur von effizienten Netzwerkern besucht werden, die ihre Visitenkarten unters Volk bringen wollen und sich an ausgewählte Zielpersonen heranpirschen, manchmal sogar um diese herum kreisen, wie die Geier. Ein echtes Speed-Dating, wo in den ersten Sekunden schon klar ist, dass man hier auf keinen grünen Business-Zweig kommt und die Unterhaltung, die gerade begonnen wurde, bereits nach drei Sätzen abbricht. Höflichkeit spielt hier keine Rolle mehr. Zeit ist schließlich Geld und effizientes Netzwerken soll Ziel unserer Bemühungen sein. Kürzlich habe ich selbst eine etwas befremdliche Situation auf einer Veranstaltung erlebt, bei der sich übermäßig viele Berater, vor allem aber Rechtsberater getummelt haben. Ich stand mit einer Gruppe Anwälten an einem Stehtisch, als eine weitere Person sich zu uns stellte, jedem die Hand gab, verbunden mit der Frage nach unserer jeweiligen Profession. Als sich auch die letzte Person in der Runde als Berater zu erkennen gegeben hat, drehte sich der Neuankömmling auf dem Absatz um und sagte: „Na dann schönen Abend noch."

Sie werden beim Lesen bemerkt haben, dass Netzwerken nicht als Selbstzweck oder Auftragshascherei gemeint sein kann. Die gute Nachricht ist: Sie müssen sich nicht in diesen Strudel der Multi-Kommunikation und des Maximal-Netzwerkens hineinziehen lassen. Ein sinnvolles und erfolgsversprechendes Netzwerken ist immer ein gesunder Mittelweg zwischen Effizienz und Großzügigkeit, verbunden mit Regeln der Höflichkeit und persönlichen Werten, die Sie im Umgang mit anderen Menschen pflegen wollen.

Daher wollen wir unser Augenmerk auf die sinnvollen Optionen lenken und virtuelle wie reale Netzwerke gezielt und mit einem guten Zeit-Augenmaß nutzen. Wir wollen ein zielgerichtetes Beziehungskonstrukt aufbauen, statt wahllos Kontakte zu sammeln und unsere Portfolien damit zu überfüllen. Wir wollen Mehrwerte schaffen und selber profitieren. Wir wollen im Verbund mit anderen erfolgreich sein, Synergien herstellen, voneinander lernen und reale Beziehungen schaffen, die Teil des Koordinatensystems unseres Geschäftserfolgs sein sollen.

3. Voraussetzungen für erfolgreiches Netzwerken

Die wahrscheinlich wichtigste Voraussetzung, um ein produktives Netzwerk aufzubauen, ist bereit zu sein, **den Schreibtisch**

und die eigene Komfortzone zu verlassen. Was einfach klingt, ist für viele schon die größte Hürde. Wie oft formulieren wir unsere Anliegen an Mandanten oder Kollegen in Form einer E-Mail anstatt zum Telefonhörer zu greifen. Warum überkommt uns ein spürbares Unbehagen, wenn es darum geht, wildfremde Leute anzusprechen und mit ihnen eine Unterhaltung aufzubauen? Ja sogar Kollegen aus unserer eigenen Kanzlei, die wir noch nicht persönlich kennengelernt haben, machen uns gewissermaßen Angst.

Stellen Sie sich vor, Sie sind auf einer Fachveranstaltung und Sie betreten den Veranstaltungsraum, nachdem Sie Ihre Jacke an der Garderobe abgegeben haben. Sie blicken sich suchend im Raum um. Nicht etwa auf der Suche nach der Bar. Nein, Sie überprüfen den Raum nach bekannten Gesichtern. Wenn Sie eines entdeckt haben, ist der Abend schon gerettet. Erleichtert werden Sie auf die Zielperson zugehen und auf eine Unterhaltung hoffen, selbst wenn Ihr Gesprächspartner der größte Langweiler ist. Ein ganz ähnliches Phänomen ist bei kanzleiinternen Veranstaltungen zu beobachten. Was glauben Sie, tummelt sich gemeinsam am selben Stehtisch? Richtig. Es sind meist die Kollegen untereinander, die sich unter dem Vorwand der Kontaktpflege zusammengefunden haben. Es ist eben doch bequemer, sich mit Menschen zu beschäftigen, die man schon kennt. Doch gezielt vernetzen wird man sich auf diese Weise sicherlich nicht.

Schuld ist der innere Schweinehund, den man in genau diesen Situationen überwinden muss. Es kostet Kraft, sich dazu zu entschließen, an einen Tisch zu treten, an dem man niemanden kennt und eine Unterhaltung zu beginnen. Und es kostet Kraft, neue Menschen kennenzulernen. Genau aus diesem Grund schlagen wir so gerne den Weg des geringsten Widerstandes ein. Wenn Sie also beginnen wollen, sich ein Netzwerk aufzubauen, dann müssen Sie Ihren Schreibtisch verlassen. Treten Sie in realen Kontakt mit Menschen. Besuchen Sie **Veranstaltungen** oder treten Sie selber auf Veranstaltungen als Redner auf. Setzen Sie auf persönliche Kommunikation. Das Gute an der Komfortzone ist, dass sie sich erweitert, sobald Sie sie verlassen haben. Die Menschen, die Sie heute neu kennengelernt und sich vertraut gemacht haben, werden Sie auf der nächsten Veranstaltung wiedertreffen. So wächst Ihre Komfortzone. Sie werden gleichermaßen an Sichtbarkeit und Sicherheit gewinnen und ganz nebenbei Ihre Netzwerkaktivitäten starten.

Eine weitere wichtige Voraussetzung insbesondere hinsichtlich Ihrer Akquisebestrebungen, ist **ein langer Atem**. Manchmal dauert es Jahre bis aus einem Kontakt ein Geschäftserfolg erwächst. Das soll Sie keinesfalls demotivieren, denn für große Geschäfte braucht es **Vertrauen**. Und Vertrauen wächst nun mal nicht über Nacht. Es braucht eine ganze Reihe von positiven Kommunikationserfahrungen, die das Vertrauen ineinander festigen und die dann den Nährboden für eine gute, stabile Zusammenarbeit hervorbringen. Manchmal geht es aber auch überraschend schnell. Betrachten Sie Ihre Netzwerkaktivitäten wie ein Stück Land, das Sie beginnen zu bestellen. Erst ist da die bloße Erde, in die Sie etwas säen und die Sie mit den benötigten Nährstoffen und ausreichend Wasser versorgen. Plötzlich treiben kleine Pflänzchen, die langsam größer werden, erblühen und schließlich irgendwann ihre Früchte abwerfen. Das geschieht weitgehend von selbst, und doch muss der Gärtner die Grundlage dazu schaffen, den Verlauf begleiten, um dann schließlich zu erkennen, wann der Moment gekommen ist, die Früchte zu ernten.

Die dritte wichtige Voraussetzung zum Netzwerken ist eine grundsätzliche **Freude am Umgang mit Menschen**. Wer sich verhält wie jener wüste Kollege, der keine Lust auf Smalltalk mit seinen Anwaltskollegen hatte, und sich einfach unhöflich aus der Runde wieder verabschiedete, der muss sich nicht wundern, wenn er bei seinen Gesprächspartnern in schlechter

Erinnerung bleibt. Menschen, die mit großer Offensichtlichkeit nur auf Business aus sind, werden wenig Erfolg beim Netzwerken und Akquirieren haben. Denn Freude am Umgang mit Menschen heißt, **Interesse am Gegenüber** zu haben. Echtes Interesse. Entwickeln Sie also eine grundsätzliche Neugier den Menschen gegenüber, die Sie treffen und mit denen Sie im Berufsalltag kommunizieren. Das bringt gleich zweierlei Vorteile mit sich: Erstens, Sie erfahren so einiges, was Ihr Gegenüber beschäftigt, und zweitens, Ihr Gegenüber spürt das Interesse, das ihm von Ihnen entgegen gebracht wird. Er wird Sie als angenehmen Gesprächspartner in Erinnerung behalten.

Fazit ist: Die zeitliche Investition, die Sie für Ihre Kontakte tätigen, ist immer auch eine Investition in Ihre eigene Persönlichkeitsentwicklung, in Ihre sozialen Kompetenzen, die Sie insbesondere beim Netzwerken, vor allem aber beim Akquirieren dringend benötigen.

Die Voraussetzung für erfolgreiche Akquisition besteht darin, inhaltlich etwas bieten zu können. Wer in einer größeren Wirtschaftskanzlei tätig ist, wird sich am Anfang der Reputation seiner Kanzlei bedienen können und von der starken Marke profitieren, wenn es um Mandantenakquise geht. Langfristig geht es natürlich darum, als eigenständige Anwaltspersönlichkeit und als Teil, der diese Reputation ausmacht, wahrgenommen zu werden. Das heißt, dass Sie vom ersten Tag Ihrer Berufstätigkeit an in **Ihr eigenes Profil** investieren und systematisch Ihren Expertenstatus ausbauen müssen.

Das beginnt damit, dass Sie ein Thema zu IHREM Thema machen und andere daran teilhaben lassen. Den ersten Schritt dazu können Sie am Schreibtisch erledigen, **indem Sie publizieren**. Wer publiziert, dem wird automatisch mehr Autorität, Kompetenz und Glaubwürdigkeit zugesprochen. Publikationen schmücken Ihr Profil auf der Website Ihrer Kanzlei und verhelfen auch dazu, namentlich im World Wide

Web gefunden zu werden. Durch gute Publikationen kann man sich auch von Blendern abgrenzen und sich ein gutes Fundament zur Entwicklung eines Business Case legen. Zudem sind Publikationen die Basis, um etwas Eigenes verkaufen zu können. Sehen Sie die Publikation wie eine Zutrittsgenehmigung, ein Ticket, um andere, größere Akquisitionsbühnen betreten zu können.

4. Welcher Networkingtyp sind Sie?

„Networking – das ist doch nur etwas für extrovertierte Plaudertaschen. Das ist mir zu oberflächlich. Außerdem habe ich es nicht nötig, meine Leistungen oder mich selbst anzupreisen." – Haben Sie diesen Gedanken schon einmal gedacht? Wenn ja, dann sind Sie nicht alleine auf der Welt. In vielen Networking-Ratgebern, so auch in diesem, werden Sie dazu aufgefordert, auf Menschen zuzugehen und über Ihren eigenen Schatten zu springen. Sie sollen auf dem gesellschaftlichen Parkett brillieren, die Kunst der kleinen Unterhaltung elegant beherrschen und Ihre eigenen Kompetenzen wirkungsvoll inszenieren. All das sind Dinge, die der introvertierten Persönlichkeit eher fremd, ja sogar zuwider sind. Wenngleich das Thema Networking und Akquise natürlich von Haus aus extrovertierte Züge hat, so wäre es falsch, die introvertierten Akteure auszuklammern. Auch introvertierte Menschen können ganz vorzügliche Netzwerker und Akquisiteure sein. Sie tun es nur anders, sind deswegen aber nicht weniger erfolgreich. Um diese Variationen soll es in diesem Kapitel gehen. Ich möchte Ihnen vier verschiedene **Persönlichkeitstypen** vorstellen und es Ihnen damit leichter machen, sich selbst und Ihre eigenen Stärken beim netzwerken und akquirieren zu erkennen. Ich möchte Sie aber auch dazu anregen, sich neue Fähigkeiten anzueignen und das eigene Verhalten auf den

Prüfstand zu stellen. Denn Sie werden sehen, jeder Typ kann etwas von den anderen Typen lernen.

Typ I: Der Jäger

Wie der Name schon sagt, ist Typ I der klassische Kontaktjäger. Er denkt sehr genau darüber nach, wen er kennenlernen will, welche Informationen er braucht und was er selber gerne vermitteln möchte. Keinen Schritt tut er unüberlegt. Jede Aktivität in seinem Netzwerk ist auf Effektivität ausgerichtet. Daher kommt er im Smalltalk auch sofort auf den Punkt und scheut sich nicht, sein Gegenüber direkt mit seinem Anliegen zu konfrontieren. Er macht sich nicht tausend Gedanken darüber, wie sein Verhalten bei anderen ankommt und ob er den Adressaten damit womöglich überfahren könnte. Im Gegenteil: Er packt die Gelegenheit beim Schopf und riskiert durchaus auch ein ‚Nein'. Wer nicht wagt, der nicht gewinnt, ist sein Credo. Der Jäger kann es sich auch leisten, denn er hat einiges zu bieten. Er ist sehr gut verdrahtet, insbesondere mit den oberen Zehntausend. Ihn umweht auch immer der Hauch von Macht und Einfluss. Darauf legt er großen Wert. Man trifft ihn daher vor allem in elitäreren Netzwerken oder auf dem Golf-Platz. Er weiß genau, wo er hingehen muss, um seine Zielperson zu treffen. Auch der junge Jäger hat schon ähnliche Verhaltensweisen. Auf der internen Kanzleiveranstaltung weiß er schnell, mit wem er sich gutstellen muss und woher er wichtige Informationen bekommt. Er bringt sich geschickt in Position, weil er seine Umgebung wie ein großes Spielfeld wahrnimmt, auf dem es sinnvolle Allianzen zu bilden und selber erfolgreich zu spielen gilt. Ihn interessieren die großen Player der Wirtschaft und die ‚Big Deals'. Daher denkt er auch immer in größeren Dimensionen. Er kann sich sehr gut verkaufen und die Reputation seiner Kanzlei präsentieren. Dabei wird er von einem natürlichen Wettbewerbsgeist angetrieben. Er möchte der erste sein, der von der Unternehmensfusion erfährt, bevor es am nächsten Tag in der Zeitung steht und er möchte zu denjenigen gehören, die die Wirtschaft gestalten. Es ist eine sehr gute Schule, dem Jäger beim Jagen über die Schulter zu schauen. Bei ihm kann man lernen, wie man gezielt akquiriert und wie man ein Gespräch zu seinen Gunsten lenkt. Auf Veranstaltungen nutzt der Jäger perfekt seine Zeit. Am Anfang wird gescannt, wer alles vor Ort ist und wen man in welcher Reihenfolge begrüßt. In atemberaubender Geschwindigkeit werden im Smalltalk die wichtigsten Facts ausgetauscht. Und wenn alles Wichtige gesagt ist, dann gelingt es dem Jäger die Unterhaltung elegant zum Ende zu bringen und sich – meist noch mit der Verabredung zu einem Mittagessen – zu verabschieden. Die Jäger müssen dabei keine unangenehmen Zeitgenossen sein. Sie sind einfach nur sehr fokussiert auf ihr Ziel und effizient in der Kommunikation. Und ist das Ziel erreicht, kann sich auch der Jäger mal entspannen und gemütlich in der Zigarrenlounge ein Glas Wein genießen. Natürlich in Gesellschaft von Personen, die etwas Interessantes zu erzählen haben und die wieder seinen Ehrgeiz auf das nächste Ziel wecken.

Typ II: Der Partylöwe

Diesen Typ werden Sie sehr gut kennen. Er ist nämlich immer und überall zu sehen. Es gibt keine Party, keinen Empfang, keine Veranstaltung auf der er nicht eingeladen ist. Er ist bestens vernetzt in der Stadt, kennt Gott und die Welt und liebt es, unter Menschen zu sein. Betritt er einen Raum, so gibt es immer ein großes Hallo. Schon von weitem winkt er den bekannten Gesichtern zu. Im Smalltalk ist er stets zu Scherzen aufgelegt und ist ein wunderbarer Unterhalter. Ihm gehen niemals die Themen aus und es gelingt ihm bravourös eine lockere und entspannte Atmosphäre herzustellen. Dadurch, dass er so viele Menschen kennt, wird der Smalltalk eher ‚small' bleiben, da er schließlich mit so vielen Leuten sprechen muss. Doch wenn ihm eine Unterhaltung besonders Spaß macht, dann wird er auch verweilen. Mit diesem Typ wird Ihnen auf Veranstaltungen niemals langweilig und es ist durchaus sinnvoll, sich an seine Fersen zu heften: Zum einen, um von ihm die Kunst des kleinen galanten Gesprächs zu lernen, zum anderen, um neue Bekanntschaften zu machen. Schließlich wird er Sie jedem seiner Gesprächspartner gebührend vorstellen. Was den Partylöwen ebenso auszeichnet, ist seine Freude an Neuem. Er begeistert sich für ungewöhnliche Inhalte, Veränderungen und Herausforderungen, die anstehen und denkt gerne im Gespräch laut über mögliche Lösungen nach. Er ist ein guter Ideengeber und somit perfekt geeignet, um Business Development zu betreiben. Er ist in ganz unterschiedlichen Netzwerken unterwegs und hat auch das eine oder andere Pöstchen inne. So kann es sein, dass er sich sowohl im Vorstand eines Wirtschaftsclubs betätigt, als auch die Geschicke des ortsansässigen Jazz-Clubs lenkt. Natürlich ist er auch im Rotary Club, im Förderkreis der Staatsoper, bei der American Chamber of Commerce und im Rechtsausschuss der IHK zu finden. Darüber hinaus ist er selbst Initiator zahlreicher Veranstaltungen, sei es geschäftlich oder privat. Seine eigenen Partys sind legendär und er schart immer eine illustre Gesellschaft aus ganz unterschiedlichen Persönlichkeiten um sich. Er ist ein hervorragender Gastgeber, genießt es aber auch selber Gast zu sein. Bei der Weihnachtsfeier der Kanzlei kann er bis morgens um 5 Uhr noch an der Bar sitzen. Gerade weil er so umgänglich und kommunikativ ist, findet er sehr schnell Anschluss. Akquise passiert daher völlig nebenbei. So kann es durchaus passieren, dass er am Flughafen zufällig jemanden kennenlernt und nicht nur eine neue Bekanntschaft knüpft, sondern auch ein neues Mandat mit nach Hause bringt. Zudem ist er auch noch ein brillanter Verkäufer. Auch hier können wir viel von ihm lernen: Er kann mit seinen eigenen Themen begeistern, konzentriert sich aber trotzdem voll und ganz auf die Bedürfnisse seines Gegenübers. Das macht ihn zu einem vorbildlichen Akquisiteur.

Typ III: Der Kümmerer

Sollten Sie bei Ihren Netzwerkaktivitäten auf einen Kümmerer treffen, dann werden Sie sich sofort sehr wohlfühlen. Der Kümmerer ist ein Mensch, dem es vor allem darum geht, dem Gegenüber eine gute Zeit zu bescheren. Und das Interessante ist: Dazu muss er nicht einmal der Gastgeber sein. Er ist stets um das Wohl seiner Adressaten bemüht. Und das nicht nur im Hinblick auf das leibliche Wohl. Er agiert selber eher introvertiert und lässt die anderen glänzen. Sein Werkzeug ist die offene, interessierte Frage, kommentiert dabei wohlwollend mit „ah" und „oh" und drückt dem anderen damit sein ehrliches Mitgefühl beziehungsweise seine freudige Anteilnahme aus. Mit einem Kümmerer kann man einen Netzwerkabend ganz vortrefflich bestreiten und hat dabei immer das Gefühl, auf offene Ohren zu stoßen. Interessant zu beobachten ist, dass der Kümmerer dabei selber gar nicht viel tun muss. Sein Zuhören und seine Empathie reichen aus, dass man ihn in bester Erinnerung behält. Gelegentlich erlebt man ihn als hilfsbereiten Ratgeber, der selber den passenden Tipp parat hat oder jemanden kennt, der genau diese Problematik lösen kann. Und genau darüber empfiehlt er sich selbst am besten. Mit ihm kann man durchaus länger sprechen, denn wann trifft man schon einmal auf jemanden, der echtes Interesse zeigt. Im anfänglichen Smalltalk legt der Kümmerer Wert auf Atmosphärisches und testet die Verfassung seines Gegenübers. Schnell findet er jedoch ein passendes Thema, das sich vertiefen lässt. Das Gegenüber fühlt sich ernst genommen und packt im wahrsten Sinne des Wortes aus. In diesen Gesprächen, die natürlich etwas länger dauern, erfährt der Kümmerer viele interessante Details, vor allem aber auch emotionale Befindlichkeiten und Beweggründe. Und genau das ist es, was man von ihm lernen kann: Echtes, konzentriertes, wertschätzendes Zuhören. Und das ist gar nicht so leicht. Die Akquise hat der Kümmerer allerdings nicht wirklich im Sinn. Er tut sich sogar höchst schwer damit, denn er möchte dem anderen auf keinen Fall zu nahe treten oder gar mit eigenen Angeboten lästig werden. Doch dafür verfügt er über einige wenige substantielle Beziehungen zu anderen Menschen und genießt deren uneingeschränktes Vertrauen. Er knüpft bei Veranstaltungen auch eher an bestehende Beziehungen an, als sich um neue Kontakte zu bemühen. Die proaktive Kontaktaufnahme zu völlig fremden Personen mag er gar nicht. Dazu ist er zu schüchtern. Und mit seiner Beratungskompetenz hausieren zu gehen, mag er ebenso wenig. Dafür ist er zu bescheiden. Doch für andere Menschen da zu sein, das ist ihm wichtig. Und dieser Ruf umgibt ihn, wohin er auch geht.

Typ IV: Der Analytiker

Wenn Sie bei einem Stehempfang überraschenderweise nach dem offiziellen Vortrag einen weiterführenden Vortrag eines Gastes erleben, dann sind Sie wahrscheinlich in den Genuss eines Analytikers gekommen. Und Sie dürfen sich glücklich schätzen, denn normalerweise spricht der Analytiker nicht wirklich viel und schon gar nicht mit jedermann. Er steht gerne in sicherem Abstand zum Geschehen und beobachtet. Er ist auch eher der schweigsame beziehungsweise einsilbige Typ und fühlt sich nicht wohl bei öffentlichen Veranstaltungen und gesellschaftlichen Events. Auch an internen Anlässen möchte er nicht wirklich gerne teilhaben. Jede oberflächliche Kommunikation ist ihm ein Graus und er kann nicht verstehen, wozu dieses ganze Getue nützlich sein soll. Lieber arbeitet er an substantiellen Inhalten an seinem Schreibtisch und kümmert sich um die eine oder andere schriftliche Veröffentlichung. Wenn es aber dann doch mal ein spannendes Thema gibt, zu dem er etwas beitragen kann, dann kennt der Analytiker kein Halten mehr. Daten, Zahlen und Fakten hat er selbstverständlich parat und glänzt durch ungeheures Detailwissen. Trifft man bei einer Veranstaltung auf einen Analytiker, so profitiert man von dessen Expertise. Und niemand ist ein besseres Vorbild dafür, wie man aus einem Smalltalk einen Bigtalk macht. Mit weniger würde sich der Analytiker auch nicht zufrieden geben. Alles, was er erzählt, hat Substanz. Jede Unterhaltung wird zum Fachgespräch. Und genau das ist es, was ihn als Netzwerker auch erfolgreich macht. Man findet ihn nämlich vor allem da, wo das Fachgespräch auch gewünscht ist: Bei Branchentreffen, Expertenrunden, Fachtagungen und überall da, wo er etwas lernen oder vertiefen kann. Allerdings kann es passieren, dass der Analytiker im Gespräch Zeit und Raum vergisst und womöglich auch sein Gegenüber. Denn ist er erst einmal in seinem Element, lässt er nur selten von seinem Adressaten ab. Analytiker haben auch den Vorteil, dass sie die Akquise und die Netzwerkaktivität sehr sachlich angehen und den einen oder anderen Misserfolg nicht persönlich nehmen. Auch das kann man von ihnen lernen. Erfahren andere von seinem Spezialistentum, wird er als Gastreferent eingeladen oder als Experte zu Rate gezogen. Um diesen Ruf muss er sich allerdings stark bemühen, denn Eigenwerbung geht ihm nicht wirklich leicht über die Lippen. Was er sich auch erst aneignen muss, ist, die Aufmerksamkeit für sein Gegenüber zu schärfen. Ein Gespür zu entwickeln, was seinen Adressaten interessiert, um mit dem eigenen Vortrag dessen Bedürfnisse zu treffen, das ist die wichtigste Herausforderung des Analytiker, aber auch die größte Chance für seinen Erfolg.

Wer bin ich?

Hatten Sie beim Lesen schon den einen oder anderen Kollegen vor Ihrem geistigen Auge? Oder konnten Sie sich selbst womöglich in dem einen oder anderen Typen wiedererkennen? Man muss natürlich dazu sagen, dass diese Typologie vier Extreme darstellt und mit Klischees arbeitet. Oft gibt es Mischtypen. Man kann aber trotzdem die eigene Präferenz schnell herausfinden, indem Sie sich die Frage stellen, ob Sie eher introvertiert oder eher extrovertiert agieren. Extrovertierte Netzwerktypen sind der Jäger und der Partylöwe. Die anderen beiden gehören zu den introvertierten Typen. Im nächsten Schritt können Sie sich die Frage stellen, ob Sie eher am Menschen oder eher an der Sache orientiert sind. Die am Menschen orientierten Netzwerktypen sind der Kümmerer und der Partylöwe. Der Jäger und der Analytiker hingegen fokussieren eher die Sache. Das heißt, wenn Sie sich also für einen introvertierten Netzwerktyp halten, der vor allem an der Sache interessiert ist, dann sind Sie aller Voraussicht nach ein Analytiker.

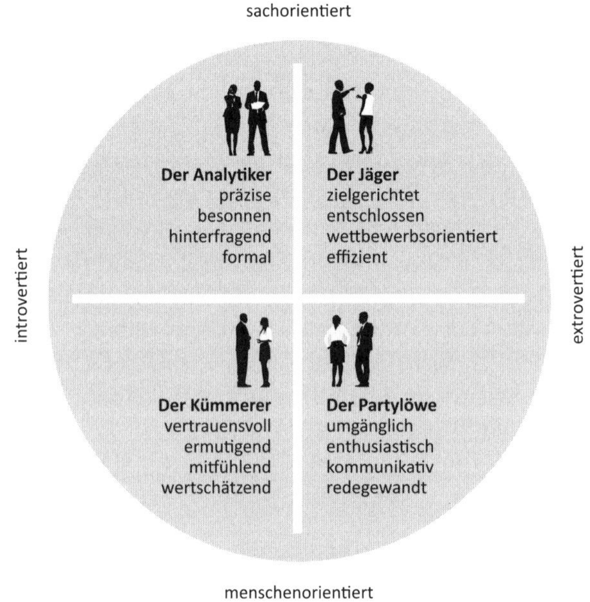

Abb. 1: Die unterschiedlichen Netzwerktypen (eigene Darstellung in Anlehnung an das DISG-Modell)

Wie reagieren die Typen aufeinander?

Natürlich muss man sich jetzt auch die Frage stellen, ob die einzelnen Typen überhaupt miteinander harmonieren oder nur mit Ihresgleichen erfolgreich netzwerken können. Die Antwort ist recht einfach, denn im Grunde brauchen sich die Typen gegenseitig und treffen im Normalfall auch regelmäßig aufeinander. Sogar auf einer internationalen Steuerfachtagung, bei der man vielleicht auf den ersten Blick davon ausgeht, dass die Teilnehmer vor allem aus Analytikern bestehen und den inhaltlichen Austausch und das Fachgespräch suchen, gibt es immer auch den einen oder anderen Jäger unter ihnen, der sich gezielt auf die Suche nach dem passenden Experten für eine Spezialfrage macht, oder den Kümmerer, der ganz nebenbei den Grundstein für eine stabile Kooperation legt. Auch Partylöwen finden sich unter den Teilnehmern. Spätestens nach dem offiziellen Teil werden wir sie scherzend und lachend an der Bar, umringt von anderen Teilnehmern sofort identifizieren.

Auch **Sympathien und Antipathien** spielen eine gewisse Rolle. Es fällt uns immer leichter mit jemandem zu sprechen, den wir mögen. Und wir mögen vor allem Menschen, die uns ähnlich sind. Doch auch am Arbeitsplatz kann man sich ja nicht immer aussuchen, mit wem man es zu tun hat. Der Analytiker wird die Unterhaltung mit dem Partylöwen höchst oberflächlich empfinden und ihn womöglich nicht zu seinen beliebtesten Gesprächspartnern zählen, doch wenn er Zugang zu bestimmten Zielpersonen haben möchte, könnte gerade der Partylöwe der richtige Türöffner sein. Umgekehrt braucht auch der Partylöwe gelegentlich den Analytiker, der eine Fachfrage präzise beantworten kann. Egal welcher Typ Sie sind, schärfen Sie Ihr Bewusstsein für die Stärken und Verhaltensbesonderheiten der jeweiligen anderen Typen und passen Sie Ihr eigenes Verhalten auf die Bedürfnisse Ihrer Gesprächspartner an. So hat jeder seinen Platz auf dem Spielfeld und kann sich erfolgreich da einbringen, wo es ihm jeweils sinnvoll erscheint.

Gilt das für Frauen und Männer gleichermaßen?

Diese Frage wird mir oft gestellt, insbesondere von Frauen, die ihre Netzwerkaktivitäten ausbauen wollen. Auch die Frage danach, ob Frauen anders netzwerken und akquirieren als ihre männlichen Kollegen, wird häufig gestellt. Es gibt einen Punkt, der wirklich auffällig ist: Frauen legen in beiden Fällen einen wesentlich größeren Wert auf den Sympathiefaktor. Ist das Gegenüber nicht sympathisch, wenden sich Frauen schneller ab, platzieren seltener ihre eigenen Themen und fühlen sich eingeschüchtert. Ist das Gegenüber hingegen sympathisch, laufen Frauen gerne Gefahr, die angenehme Atmosphäre zum Plaudern zu nutzen, statt das Gespräch systematisch auf für sie wichtige und relevante Themen zu lenken. Eine gute Atmosphäre wird dem Ausbau von Geschäftsbeziehungen vorgezogen. An diesen Stereotypen können Frauen sinnvoll arbeiten.

Insgesamt haben Frauen in den letzten Jahren enorm aufgeholt. Es gibt etliche Wirtschaftsclubs und andere Netzwerke nur für Frauen und auch die einstigen Männerdomänen wie Rotary & Co werden inzwischen auch von Frauen durchzogen. Und trotzdem werden Frauen gelegentlich spüren, dass es nicht ganz einfach ist, in ehemals reine Männer-Netzwerke vorzudringen. Zwar wird man als Gesprächspartnerin geschätzt und sicherlich auch ernst genommen, die Geschäfte werden dann aber doch mit dem männlichen Kollegen gemacht oder dem Buddy aus dem Golfclub. Das ist ein häufiges Phänomen, das Frauen im Business zu schaffen macht, doch hier gilt es, einen langen Atem zu haben, sich davon nicht beeindrucken zu lassen, sondern mit Entschlossenheit die eigenen Ziele zu verfolgen.

Was die verschiedenen Typen angeht, so kann man grundsätzlich sagen, dass Frauen sowohl Jägerinnen, Partylöwinnen, Kümmerinnen und Analytikerinnen sein können, das heißt, dass die Verhaltensmuster geschlechtsunspezifisch zu verstehen sind. Allerdings gibt es eine andere Wahrnehmung darauf. Eine Kümmerin, die zuhört und ihrem Gegenüber ihre ganze Aufmerksamkeit schenkt, spielt natürlich in einem Mann-Frau-Verhältnis nochmal eine ganz andere Rolle. Welcher Mann (und das gilt für alle Typen gleichermaßen) genießt nicht die Aufmerksamkeit einer Frau. Kümmerinnen müssen allerdings darauf achten, dass sie sich nicht aus Zurückhaltung oder Harmoniebedürfnis an einem Gesprächspartner festsaugen und sogar froh darüber sind, den Rest der Veranstaltung in ihrer Komfortzone bleiben zu können. Partylöwinnen haben es wahrscheinlich am leichtesten, was die Wahrnehmung anderer angeht. In Sachen Charisma stecken sie ihr männliches Pendant nämlich leicht in die Tasche. Präsentiert sich die Partylöwin als eloquente und spannende Gesprächspartnerin, hat sie bereits gewonnen.

Eine Analytikerin hat genau wie ihr männliches Pendant vor allem mit der eigenen Zurückhaltung zu kämpfen. Auf dem Podium wird sie auffallen, weil sie meist die einzige Frau ist. Das gilt vor allem in Expertenrunden. Das ist ein Vorteil, den sie für sich nutzen muss. Wenn es ihr nämlich gelingt, sich Gehör zu verschaffen und ihr Expertentum sichtbar zu machen, dann wird die Analytikerin nicht als graue Maus abgestempelt. Auffällig ist, dass Jägerinnen eher gemäßigt auftreten, obwohl sie wahrscheinlich von der Tatsache Frauen zu sein eher profitieren würden. Hier dominiert wieder die vornehme Zurückhaltung. Insbesondere in Konkurrenz zu männlichen Jägern verzichtet die Frau lieber auf das Machtgerangel und lässt den Männern den Vortritt.

Trotzdem gibt es meines Erachtens keine nennenswerten Nachteile als Frau. Da Frauen bei vielen Veranstaltungen immer noch prozentual weniger vertreten sind (es sei denn, Sie arbeiten in einer typischen Frauendomäne), werden sie eher geschätzt. Treten sie dann noch sichtbar in Erscheinung, werden sie es im Smalltalk sogar leichter haben. Oft profitieren gerade jüngere Frauen davon, von etwas älteren Herren umgarnt zu werden. Werten Sie diese Geste nicht ab, sondern nutzen Sie die Gunst der Stunde, um interessante Informationen zu sammeln, von den Erfahrungen des Gegenübers zu lernen oder wichtigen Personen vorgestellt zu werden. Ich persönlich habe als Frau sehr gute Erfahrungen gemacht, obwohl ich mich fast ausschließlich in Männerdomänen bewegt habe. Statt Ablehnung habe ich Unterstützung erfahren. Wichtig ist nur, dass Sie sich nicht als schmückendes Beiwerk oder charmante Unterhalterin darstellen, sondern entschlossen auch Ihre eigenen Inhalte und Ziele verfolgen.

Egal welcher Typ Sie sind und welches Geschlecht Sie haben, eines haben wir in diesem Zusammenhang gemeinsam: Wir sind alle Gärtner und bestellen unser ganz individuelles Feld. Dabei gelten die gleichen Gesetzmäßigkeiten für alle: Ob es um unser privates oder geschäftliches Umfeld geht, wer nicht sät, wird auch nichts ernten. Es gibt also keine Ausrede, sich der Möglichkeit der Mandantenakquise zu entziehen oder Netzwerk-Veranstaltungen nur den Selbstdarstellern zu überlassen. Den inneren Schweinehund überwinden muss jeder. Nutzen Sie einfach Ihre jeweilige individuelle Stärke und rüsten Sie Ihr rhetorisches Repertoire auf, um Ihre Expertise an den richtigen Orten und den richtigen Momenten sichtbar zu machen.

5. Was haben Networking und Mandantenakquise mit Rhetorik zu tun?

Akquise, das ist schon mehrfach angeklungen, ist eine ganz sensible Angelegenheit. Je unauffälliger und eleganter sie von statten geht, desto besser. Das bedeutet, dass wir auf unsere kommunikativen Kompetenzen zurückgreifen und strategisches Geschick beweisen müssen. Es reicht nicht aus, sich einen netten Spruch zurechtzulegen, um eine elegante Antwort auf die Frage nach Ihrer Berufstätigkeit aus dem Ärmel zu schütteln. Genauso wenig erfolgversprechend sind stereotype Verhaltensmuster. Das wäre auch zu schön, um wahr zu sein. Ich habe in der Vergangenheit einigen brillanten Akquisiteuren über die Schulter schauen dürfen und kann Ihnen sagen, dass es sich beim Akquirieren durchaus um eine Kunst handelt: Die Kunst Menschen zu verstehen, ihre Bedürfnisse und Vorstellungen nachzuvollziehen, aber auch ihr Interesse zu wecken, dabei verständlich zu kommunizieren, Vertrauen aufzubauen und am Ende selbst zum Vertrauten zu werden. Ein guter Verkäufer ist immer auch ein brillanter Kommunikator.

Das gleiche gilt für die **kleine Unterhaltung** auf einer Veranstaltung. Was aus der Beobachtung so leichtfüßig und unkompliziert anmutet, ist große Kunst. Denn spätestens, wenn Sie sich selbst einmal in einer vergleichbaren Situation wiederfinden, werden Sie feststellen, dass das galante Geplauder über das Wetter oder die gemeinsam erlebte Abendveranstaltung gar nicht so leicht über die Lippen geht. Wer also netzwerken und akquirieren will, wird um die Rhetorik nicht herum kommen. Denn jede zielgerichtete Kommunikation ist Rhetorik. Die meisten haben sich ihre rhetorischen Fähigkeiten über ‚Learning by doing' angeeignet. Auch die **Intuition** spielt in der täglichen Kommunikation eine wichtige Rolle. Obwohl gerade Juristen die Rhetorik für ihren Berufsalltag dringend brauchen, finden sich kaum Ausbildungsinhalte im Studium. Um so wichtiger ist es, sich die Systematik der Rhetorik noch nachträglich anzueignen, um die Ergebnisse von Kommunikation nicht dem Zufall zu überlassen. Die Kenntnis von Techniken und Stilmitteln bereichern das rhetorische Repertoire. Dabei reicht es allerdings nicht aus, sich lediglich mit ansprechender Literatur oder Ratgebern zu versorgen.

Die Rhetorik ist eine Kunst, die auch gezielt eingeübt werden muss. Dabei geht es nicht darum, sich Verhaltensweisen anzutrainieren, sondern vielmehr darum, ein Bewusstsein für das eigene Sprechen und Wirken zu erlangen. Das macht aus einem schüchternen Redemuffel noch keinen Bühnenstar, aber es erhöht sichtbar die Chancen, die eigenen kommunikativen Ziele zu erreichen und Ängste abzubauen. Ebenso stecken immer auch strategische Überlegungen dahinter, die wir an späterer Stelle genauer beleuchten wollen.

Networking als Persönlichkeitsbildung

Interview mit Hans Christian Blum, Partner, Fachanwalt für Erbrecht, Leiter Private Clients, CMS Hasche Sigle

Wird Networking und Business Development in Sozietäten mittlerweile richtig verstanden?
Meines Erachtens nicht. Es ist nach wie vor erschreckend, was viele Kollegen noch immer darunter verstehen. Oft sehe ich die Jäger und Sammler, die sich damit brüsten auf Veranstaltungen Bündel von Visitenkarten einzusammeln. Sehr eingänglich ist vielleicht folgendes Beispiel: Ein Kollege, der kurz vor dem nächsten Karriereschritt stand, kam mit folgender Frage auf mich zu: „Du bist doch gut im Netzwerken. Ich soll mir über mein Business-Case klar werden und Marketing machen. Können wir uns kurz zusammensetzen und Ideen entwickeln, wie ich Mandate akquiriere." Er saß mit einem Block und Stift vor mir und meinte dies tatsächlich ernst!

Warum funktioniert dies nicht?
Den Personen fehlt meist die Akquisitionskraft. Sie wissen und reflektieren überhaupt nicht, was sie da machen. Es ist völlig unkoordiniert und unüberlegt. Basierend auf Zufällen wird vorgegangen. Ähnlich ist der frühere Ansatz in Sozietäten: Der Mentor versorgt seinen Mitarbeiter mit Mandaten; dieser entwickelt diese weiter und wird dann bestimmt auch von anderen Personen und Unternehmen mandatiert.

Was bedeutet Akquisitionskraft?
Die Fähigkeit zum zielgerichteten und erfolgreichen Akquirieren. Voraussetzung ist, Bedürfnisse zu verstehen. Veränderungen am Markt, Trends, neue Themen erkennen. Neue Lösungsansätze entwickeln. Auch Rechtsanwälte und Steuerberater müssen innovativ sein.

Wie entwickelt eine Person ihre Akquisitionskraft?
Meines Erachtens ist dies ein Teil der Persönlichkeitsentwicklung. Es sind unterschiedliche Facetten zu berücksichtigen, die miteinander verbunden sind.

Jeder von uns hat Potentiale. Der Mentor hat diese zu fördern und den Mitarbeiter zu fordern. Sicherlich wird aus einem Ackergaul kein Rennpferd. So gibt es nun mal Personen, aus denen wird kein Pitchgott. Aber das ist ja auch nicht erforderlich. Ein wichtiger Bestandteil der Akquisitionskraft und des Networkings ist Authentizität. Es ist vergebene Liebensmüh, wenn ich unbedingt so werden will, wie der Rainmaker der Sozietät, wenn ich völlig anders ticke. Ich muss zunächst verstehen, wie ich selbst „funktioniere"; welche unterschiedlichen Typen es gibt, wie diese funktionieren usw. DISG ist beispielsweise ein sehr gutes Tool zur Vermittlung dieser Grundkenntnisse.

Weitere Voraussetzung der Akquisitionskraft ist das Zuhören und Verstehen; nicht nur bei den Mandanten sondern vor allem am Markt. Welche Bedürfnisse hat der Mandant, welche der Markt. Ein sehr guter Mandant sagte mir: „Es kann nicht sein, dass der Mandant seinem Berater sagen muss welche Unterstützung er benötigt. Der Berater muss so gut und so im Gespräch mit dem Mandanten sein, dass der Berater herausfindet, welche Unterstützung der Mandant benötigt.". Diese Anforderung ist sicherlich nicht für jeden Rechtsbereich übertragbar. Für den Bereich Private Clients, für den ich stehe, passt die Anforderung sehr gut. Die Bedürfnisse des Marktes zu erkennen und zu verstehen, ist jedoch weit schwieriger. Notwendig ist meines Erachtens der Austausch mit fachfremden Personen. In meinem Bereich sind dies Gespräche mit Family Offices, Bankiers, Vermögensverwalter etc.

Der dritte Baustein der Akquisitionskraft ist wohl der schwierigste. Die Innovation. Nur das „Ohr am Markt" zu haben genügt nicht. Die Akquisitionskraft erfordert, die artverwandten Bezüge zu verstehen. Es ist wie ein vernetztes Denken. Die Bedürfnisse sind in ein Gesamtbild zu setzen und Lösungsansätze zu entwickeln. Beide sind bedarfsgerecht zu verknüpfen, eine neue Gesamtlösung zu entwickeln. Es gibt immer ein Bedarf – Die Antwort auf eine erfolgreiche Befriedigung des Bedarfs ist die Innovation. Das erlerne ich nicht von heute auf Morgen, das muss sich entwickeln.

Was kann der Mitarbeiter vom Mentor verlangen?
Der Mentor muss die Fähigkeiten des Mitarbeiters ergründen, herausfinden, welche Qualitäten der Mitarbeiter hat und ihn zielgerichtet fördern, so dass er seine persönliche Akquisitionskraft entwickeln kann. Der Mitarbeiter sollte sich aber auch den richtigen Mentor aussuchen. Es wird Zeit, dass die Partner dies erkennen. Die Zeiten, in denen Bewerber es cool fanden, an Milliardendeals 7/24 zu arbeiten, sind out; Stärkung der Persönlichkeit ist in. Wer das nicht versteht, wird zukünftig Probleme haben, gute Mitarbeiter – von denen es ja immer wenige in große Sozietäten drängt – einzustellen.

Wir müssen den Mitarbeiter mehr Raum zum Entfalten geben. Sie müssen sich ausprobieren können. Es darf auch Misserfolge geben. Natürlich darf es zu keinem Schaden für Mandanten oder der Sozietät kommen. Mein Mentor hat mir in seiner eigenen Art sehr früh Eigenverantwortlichkeit eingeprägt. Auf die Frage, ob ich einen Referentenjob übernehmen soll, antwortete er mir: „Herr Blum, wir sind ein erfolgreiches Wirtschaftsunternehmen ... dies wollen wir bleiben." drehte sich um und ging. Ich selbst hatte das Glück bei den Wirtschaftsjunioren (www.wjd.de) einen Ort gefunden zu haben, in welchem ich mich in einem Kreis Gleichgesinnter ausprobieren konnte.

Gibt es den bestimmten Ort zum Netzwerken?
Manchmal werde ich ernsthaft gefragt, welcher Ort, welche Veranstaltung, welcher Kreis am besten für die Akquise geeignet ist. Also vergleichbar mit dem prall gefüllten Obstbaum, am besten mitten in der Stadt, verkehrsgünstig gelegen, von den anderen natürlich noch nicht erkannt, der nur darauf wartet gepflückt zu werden. Ich befürchte, diesen Ort gibt es nicht. Ich jedenfalls kenne ihn nicht. Ich brauche auch **den** Ort nicht. Ich brauche ein produktives Netzwerk.

Wie schafft man sich ein solches produktives Netzwerk?
Wenn ich „das Ohr am Markt" haben möchte, muss ich mir überlegen: Was ist der Markt? Welche Personen stehen für diesen Markt? Wo treffe ich diese Personen? Was ist für diese interessant? Was kann ich diesen bieten? Wie komme ich mit diesen in Kontakt? Wenn ich diese Fragen für mich und meinen Bereich beantwortet habe, dann finde ich auch heraus, an welche Orte ich zum Netzwerken gehen sollte und wie ich mir ein produktives Netzwerk aufbaue.

Wie haben Sie durch Ihre Netzwerkaktivitäten profitiert?
In vielfältigster Form. Durch die vielen Gespräche, durch den Austausch, durch das Entwickeln der eigenen Akquisitionskraft bin ich oft zur richtigen Zeit am richtigen Ort, erkenne Trends und Veränderungen. Dies führte nicht nur zu interessanten Mandatierungen sondern auch zu interessanten, artfremden Projekten. So habe ich beispielsweise einer Bank geholfen, das Estate Planning zu etablieren; Personen unterstützt, die sich im Bereich Wealth Management/Family Office selbständig gemacht haben. Aber es ist eine stetige Weiterentwicklung. Ich lerne jeden Tag hinzu.

„Der Zufall trifft nur einen vorbereiteten Geist."

Louis Pasteur

II. Vom Jurastudium bis in die Vorstandsetagen – Networking mit System

Obwohl man in den ersten Berufsjahren meist weder Veranlassung noch zeitliche Kapazität hat, sich um Netzwerk- und Akquisetätigkeiten zu bemühen, sind gerade diese Jahre besonders wertvoll. Der regelmäßige Austausch mit ehemaligen Referendariatskollegen, ein ehrenamtliches Engagement in einem Verband oder Aktivitäten in Juniororganisationen sind wertvolle Beschäftigungen, für die man sich durchaus ein bis viermal im Monat Zeit nehmen sollte. Gerade vor dem Hintergrund, dass ein Netzwerk nur langsam wächst, kann man ohnehin nicht früh genug damit anfangen. Vergessen Sie also nicht Ihre Freunde oder Kommilitonen, sobald Sie Ihren ersten Arbeitsvertrag unterzeichnet haben und sich nun in das Berufsleben stürzen. Denken Sie eher daran, dass alle anderen Kollegen aus Ihrer AG oder diejenigen, die Sie auf Ihren Stationen kennengelernt haben, aber auch diejenigen, mit denen Sie sich im gleichen Verband, im Chor, in Organisationen engagieren, dass auch diese Personen Arbeitsverträge unterzeichnen und sich für eine bestimmte Laufbahn entschieden haben. Zudem werden wir alle älter, auch wenn man das als Berufseinsteiger erst einmal verdrängt. Doch nicht nur rein zeitlich betrachtet. Auch intellektuell werden wir älter. Wir wechseln die Positionen, wir übernehmen mehr und mehr Verantwortung. Und plötzlich, und wie schnell liegen die ersten 10 Berufsjahre hinter einem, sind Ihre ehemaligen Kommilitonen selber Partner in anderen Kanzleien, leiten Rechtsabteilungen in Unternehmen oder haben selbst Unternehmen gegründet. Die Zeit bleibt für uns alle nicht stehen. Und das ist in diesem Kontext ganz positiv gemeint.

Diejenigen, die bereits einige Berufsjahre hinter sich haben und sich dafür interessieren, ihr Netzwerk zu (re-)aktivieren, werden erstaunt sein, was sich in der Zwischenzeit so alles getan hat bei den alten Freunden und Kollegen. Mit einigen ist man vielleicht ohnehin in Kontakt geblieben, doch auch die in Vergessenheit geratenen könnte man bei der einen oder anderen Netzwerkveranstaltung wiedertreffen.

Mit zunehmenden Berufsjahren wird auch von Ihnen erwartet, dass Sie selbständig akquirieren und einen eigenen **Business Case** entwickeln. Sicherlich ist es immer besser, bereits über ein stabiles Netzwerk zu verfügen, um sich zu gegebener Zeit mehr den strategischen Netzwerkaktivitäten zuwenden zu können. Egal in welcher Phase Ihres Berufslebens Sie sich befinden, je systematischer Sie beim Netzwerken und Akquirieren vorgehen, desto größer sind Ihre Erfolgsaussichten. Dieses Kapitel soll Ihnen Aufschluss darüber geben, wie Sie sich erreichbare Ziele setzen können, wie Sie Qualität in Ihr Adressportfolio bringen, welche Orte Sie zum Netzwerken am besten aufsuchen und welche strategischen Überlegungen Sie anstellen können, wenn Sie sich ein gut funktionierendes Netzwerk aufbauen wollen. Auch die Frage, wie Sie Ihre Kontakte sinnvoll pflegen, soll zum Schluss beantwortet werden.

Bevor wir uns mit diesen Fragen auseinandersetzen, ist es wichtig, die drei verschiedenen Stufen des Networkings kennenzulernen:

Stufe I: Das operationale Netzwerken

Diese Netzwerkaktivität ist die Basis für all Ihre Netzwerkbemühungen und wahrscheinlich auch die einfachste, da sie dort stattfindet, wo Sie gerade die meiste Zeit verbringen, nämlich an Ihrem Arbeitsplatz. Kollegen, Vorgesetzte, Mandanten – Sie haben täglich mit so vielen Menschen zu tun, auch wenn Ihnen das auf den ersten Blick wahrscheinlich gar nicht so vorkommt, doch Ihr tägliches Umfeld ist eine wahre Fundgrube für sinnvolle Netzwerkaktivitäten. Fangen wir mit der einfachsten Form der Netzwerkpflege an: Die Kommunikation in der Kaffeeküche, das tägliche Mittagessen, der Austausch mit anderen Fachabteilungen im Rahmen eines Mandats. Ganz beiläufig entstehen hier Beziehungen. Etwas gezielter kann es dann bei Kanzleifesten, Praxisgruppentreffen oder sonstigen kanzleiinternen Zusammenkünften werden. Hier können Sie gezielt auf ausgewählte Personen zugehen und sich vorstellen. Besonders sinnvoll ist natürlich der Kontakt zu **Kollegen** von anderen Standorten, die im gleichen Rechtsgebiet tätig sind oder zu Kollegen aus Abteilungen, mit denen Sie gerade zusammenarbeiten oder künftig zusammenarbeiten werden. Ebenso können Sie auch initiativ auf Partner und Entscheidungsträger zugehen, die seit vielen Jahren der Kanzlei oder der Unternehmung angehören, sich vorstellen oder sich für deren Themen, die gerade am Stehtisch besprochen werden interessieren. Viele scheuen sich davor, ältere oder höherrangige Personen in Ihren Unternehmen anzusprechen. Oft aus Höflichkeit, manchmal aber auch aus falscher Bescheidenheit oder sogar Angst. Schließlich möchte man ja nicht als Schleimer oder Opportunist unangenehm auffallen. Doch was gibt es für eine bessere Möglichkeit, sich intern zu vernetzen, wenn nicht bei Veranstaltungen, bei denen man sich ohnehin begegnen soll?

Auch Ihre **Mandanten** oder die Ansprechpartner auf Arbeitsebene in den Unternehmen, mit denen Sie täglich zu tun haben, mit denen Sie per E-Mail korrespondieren, telefonieren oder bis in die Nacht hinein zusammenarbeiten, sollten Sie ins Visier nehmen. Gerade im Transaktionsgeschäft aber auch bei allen anderen Projekten, die zeitlich limitiert sind, arbeiten Sie mit den Mandanten so eng zusammen. Und nach dem Closing Dinner oder spätestens dann, wenn ein neues Mandat auf dem Tisch liegt, ist alles vergessen. Sie stürzen sich in die neue Aufgabe – aus den Augen aus dem Sinn. Auch diese

Personen gehören zu Ihrem Netzwerk, das sich völlig natürlich aufgebaut hat und das Sie auch nach Abschluss des Mandats im Auge behalten sollten.

Ebenso zählen auch alle Fachveranstaltungen zum operationalen Netzwerken. Hier geht es darum, sich mit Vertretern des gleichen Rechtsgebiets zu treffen und die Fachexpertise zu schärfen.

Stufe II: Das persönliche Netzwerken

Die zweite Stufe, die Sie erklimmen können, ist Ihr persönliches Netzwerk. Diese Aktivitäten reichen aus Ihrem Berufsalltag heraus und sind demnach eine echte zeitliche Investition. Die gute Nachricht ist, dass es sich hierbei vor allem um Ihre persönlichen Interessen handeln kann. Sie spielen gerne Fußball mit Ihren Freunden aus dem Studium? Sie treffen regelmäßig Ihre Kommilitonen bei Stammtischen? Sie singen im Chor? Sie engagieren sich seit Jahren in einem Verein? Viele dieser Netzwerkaktivitäten sind bereits mit unseren **persönlichen Interessen** verknüpft. In diesem Fall können Sie ganz mühelos Netzwerken, weil nicht das Netzwerken als Selbstzweck darüber steht. Im Vordergrund steht immer das Hobby, das Interesse, der persönliche Kontakt. Und trotzdem umgibt man sich mit Menschen, die auch alle einer Profession nachgehen, die sich Expertenwissen angeeignet haben, die sich in bestimmten Bereichen auskennen und Karriere machen.

Wenn Sie keine dieser Aktivitäten bislang in Ihrem Portfolio haben, aber gerne Ihr Netzwerk außerhalb Ihres Berufslebens erweitern wollen, dann empfiehlt sich ein Blick in die Vergangenheit: Welches Hobby haben Sie aus Zeitmangel an den Nagel gehängt? Wo liegen Ihre persönlichen Interessen? Literatur, Kunst, Oper? Es gibt zahlreiche Fördervereine, Clubs und Freundeskreise, die sich zum Beispiel den schönen Künsten widmen. Treffen Sie Gleichgesinnte, mit denen Sie gemeinsam einer Ausstellungseröffnung beiwohnen oder sich im

Rahmen der Vereinstreffen regelmäßig zusammenfinden und sich austauschen. Wahrscheinlich geht es nicht um Jura oder das Big Business, denn bei Ihren persönlichen Netzwerkaktivitäten geht es meist um andere Themen. Themen, die sie verbindet, wie die schönen Künste oder der Sport und bei denen Sie gleichzeitig in Beziehungen zu anderen Menschen investieren.

Ebenso gibt es Organisationen, die den Netzwerkgedanken bereits fokussieren, wo es aber (noch) nicht gezielt um Akquise geht. Meist haben diese Netzwerke eine bestimmte Zielgruppe im Fokus: Führungskräfte, Unternehmer, Frauen, das Handwerk, Nachwuchskräfte – die Liste kann beliebig fortgesetzt werden. Interessant ist eine **Mitgliedschaft** dann, wenn Sie sich mit unterschiedlichen Disziplinen austauschen und an Veranstaltungen teilnehmen wollen, die ganz vielfältige thematische Ausrichtungen haben. Innerhalb dieser Vereinigungen gibt es immer Arbeitskreise, die an ausgewählten Schwerpunktthemen arbeiten, sei es Politik, Gesellschaft, Unternehmertum, Wirtschaft, Bildung oder Internationales. Sie können sich mit Ihrer Expertise in den Bereich Ihrer Wahl einbringen oder lediglich interessante Veranstaltungen besuchen. Die profitabelste Netzwerkarbeit ist in jedem Fall die, bei der Sie sich selbst einbringen und andere Menschen darüber mit Ihnen eine positive Kooperationserfahrung machen. Diese positive Erfahrung ist die Grundlage für Empfehlungen und spätere Akquisitionserfolge. Insofern ist auch diese Investition eine sinnvolle.

Stufe III: Das strategische Netzwerken

Die dritte Stufe geht nun über das persönliche Engagement und die spielerische Neugier hinaus. Hier geht es um **klare Ziele**, die man erreichen möchte. Das setzt voraus, dass Sie sich darüber im Klaren sind, wohin Ihre Akquisitionsbemühungen reichen sollen. Beim strategischen Netzwerken definieren Sie sehr genau die Zielpersonen oder Zielgruppen, die

Sie erreichen möchten. Sie suchen Veranstaltungen auf, wo sich Ihre Mandantschaft bewegt, Sie erarbeiten Konzepte, wie Sie bestimmte Kooperationen aufbauen können, Sie schmieden Pläne, wie Sie sich und Ihre Expertise an den richtigen Stellen sichtbar machen und setzen diese konsequent um. Mit Sicherheit ist das strategische Netzwerken die Königsdisziplin, insbesondere, wenn es um eindeutige Akquisitionserfolge oder Ihre Karriereziele gehen soll. Doch eine günstige Voraussetzung für Strategie ist immer, dass Sie das Spielfeld kennen und im Spiel des Netzwerkens geübt sind. Diese Voraussetzungen schaffen Sie sich über das operationale wie auch das persönliche Netzwerken, wo es vielleicht noch nicht um konkrete Ziele geht, wo Sie aber Ihre Kompetenzen im Umgang mit unbekannten oder höherrangigen Personen, die Kontaktaufnahme, den Smalltalk, das Finden von gemeinsamen Themen, das Zuhören, generell Ihre Kommunikationsfähigkeiten schulen können.

Alle drei Stufen hängen miteinander zusammen und ergeben als Ganzes ein gewaltiges Potential an Möglichkeiten. Möglichkeiten, sich bekannt zu machen, sich mit Entscheidern zu vernetzen, Informationen zu gewinnen, Engagement zu zeigen und mit anderen zusammenzuarbeiten.

1. Ziel oder Zufall – wo soll es hingehen?

Wenn Menschen sich für Netzwerke interessieren und ihre Kontakte reaktivieren, sind das eindeutige Indikatoren dafür, dass eine Veränderung bei ihnen im Gange ist. Denn in solchen Fällen wird einem in der Regel bewusst, dass die Antwort auf eine Frage oder die Lösung eines Problems nicht in den eigenen vier Wänden gefunden werden kann. Es treibt uns förmlich hinaus. Im Grunde ist ein solcher Veränderungsprozess eine gute Gelegenheit, mit dem Netzwerken zu beginnen, wenn gleich man nicht erwarten darf, dass sich ein sofortiger Erfolg einstellt. Echte Beziehungen brauchen immer Zeit.

Ebenso wenig darf es dazu führen, dass man das Interesse an der Netzwerkarbeit in dem Moment wieder verliert, sobald das Ziel erreicht, die Frage beantwortet oder das Problem gelöst wurde. Denken Sie nur an so manche ‚Freunde' von früher, die Tag und Nacht bei Ihnen am Küchentisch saßen, weil sie gerade von ihrer Freundin oder ihrem Freund verlassen wurden und ab dem Tag nie mehr gesehen wurden, an dem sie sich wieder neu verliebt hatten. Netzwerken und echte Beziehungen müssen von einer gewissen **Kontinuität** leben. Sie haben schließlich einen Ruf zu verlieren – und zu gewinnen.

Oft verleitet uns allerdings ein akuter Handlungsdruck dazu, in blinden Aktionismus zu verfallen und uns auf Kontaktjagd zu begeben. Wir springen auf jeden Zug auf, der an uns vorüberfährt und verschwenden unsere wertvolle Zeit mit Kontakten, die uns nicht wirklich weiterbringen. Ziellosigkeit ist der größte Fehler, den man in diesem Zusammenhang begehen kann.

Werden Sie sich daher als erstes über Ihre Zielsetzung klar.

Unterscheiden Sie dabei zwischen dem großen Bild, dem sogenannten ‚Big Picture' und den kleinen Schritten und Maßnahmen, die Sie zu Ihrem Ziel bringen sollen. Zielüberlegungen wie „Wen möchte ich kennenlernen?", „Welches Netzwerk ist das richtige für mich?", „Wo möchte ich mich engagieren?" sind noch zu punktuell. Denken Sie in größeren Zusammenhängen und illustrieren Sie in Gedanken Ihr großes Bild.

Ihre Ziele sollten sich dabei immer an Ihrer erwünschten Rolle und dem jeweiligen Inhalt orientieren. Ein Ziel könnte zum Beispiel sein, mehr **Branchenexpertise** im Bereich ‚Erneuerbare Energien' aufzubauen. Ihre erwünschte Rolle ist in diesem Fall, zum Experten in diesem Bereich zu werden.

Es könnte aber auch sein, dass es Ihr Ziel ist, als Experte im Bereich ‚Erneuerbare Energien' **wahrgenommen zu werden.** Oder aber, Sie bewerben sich um die Partnerschaft und möchten mit einem pointierten **Business Case** im Bereich ‚Erneuerbare Energien' überzeugen. Jedes Ziel fokussiert eine andere Rolle und zieht unterschiedliche Netzwerkaktivitäten nach sich.

Fall I: Sie wollen Branchenexpertise aufbauen

In diesem Fall wird es wichtig sein, relevante Veranstaltungen, Messen und Branchentreffen ausfindig zu machen. Des Weiteren geht es darum, Vortragsveranstaltungen oder Podiumsgespräche zu besuchen.

Ihre Aktivitäten:

- Mit unterschiedlichsten Akteuren ins Gespräch kommen
- Wichtige Player identifizieren
- Aktuelle Trends erkennen

Fall II: Sie wollen als Experte wahrgenommen werden

Wenn Sie als Experte wahrgenommen werden wollen, geht es vor allem darum, selber auf dem Podium zu sitzen bzw. als Vortragender aufzutreten.

Ihre Aktivitäten:

- Interne Vortragsaktivitäten anbahnen
- Externe Veranstalter identifizieren und Vorschläge für Vorträge machen
- Netzwerke anderer nutzen und sich als Referent empfehlen lassen
- Fachgespräche mit anderen Experten führen

Fall III: Sie wollen Ihren Business Case positionieren

Wenn es darum geht, Ihren Business Case im Bereich ‚Erneuerbare Energien' zu positionieren, werden Sie vor allem interne Marketing-Aufgaben wahrnehmen müssen, genauso wie es Ihnen gelingen muss, Ihre Geschäftsidee an den Mandanten heranzutragen.

Ihre Aktivitäten:

- Interne Fürsprecher für Ihren Business Case ausmachen
- Wirtschaftlichkeit und Relevanz des Themas belegen
- Expertentum nachweisen
- Kontakte zu potentiellen Mandanten anbahnen
- Akquisitionsstrategie konkretisieren

Ziele können sehr komplex sein, und doch ist es wichtig, dem Kind einen Namen zu geben, beziehungsweise präzise zu formulieren, um was es Ihnen genau geht. Je weniger Zeit Sie zur Verfügung haben, desto wichtiger wird Ihre Überlegung hinsichtlich Ihres genauen Zieles sein.

Um diese **Ziele umzusetzen**, können Sie folgende Überlegungen anstellen:

- Wer kann Ihnen helfen, Ihr Ziel zu erreichen?
- Wohin müssen Sie gehen, um Ihr Ziel zu erreichen?
- Was müssen Sie sagen bzw. worüber müssen Sie sprechen, um Ihr Ziel zu erreichen?
- Bis wann oder in welcher Zeitspanne möchten Sie Ihr Ziel erreichen?

Manchmal wirkt es einschüchternd, wenn man sich mit seinen eigenen Zielen auseinandersetzt, gerade weil die Umsetzung oder der Weg dorthin noch nicht absehbar ist. Doch hier kann ich Ihnen Mut zusprechen. Wenn Sie wissen, dass Sie in die Berge reisen, dann müssen Sie für den Anfang noch nicht konkret benennen, auf welchen Berg Sie steigen wollen. Das Wichtige ist zunächst, dass Sie sich mit Bergsteigern umgeben,

Gespräche über das Bergsteigen führen, Erfahrungsberichte über das Bergsteigen lesen und sich eben nicht im Netzwerk der Tiefseetaucher bewegen. Haben Sie einen konkreten Berg bereits im Visier, dann konzentrieren Sie Ihre Aktivitäten auf genau diesen Berg und dessen Besonderheiten.

Ein klares Ziel vor Augen hilft immer, sich zu fokussieren, insbesondere, wenn man nicht viel Zeit zur Verfügung hat. Investieren Sie daher Ihre Zeit in ein klares **Zielbild** und entwickeln Sie einen Instinkt dafür, was Ihrem Zielbild dient und was nicht. Im Grunde stellt sich Ihr Bewusstsein ganz von selbst darauf ein: Wenn Sie als Paar ein Kind erwarten, dann sind in Ihrer Umgebung plötzlich alle schwanger. Wenn Sie einen weißen 6er BMW erwerben wollen, sehen sie ihn plötzlich zigfach auf der Straße. Diese Zufälle ergeben sich durch Ihre fokussierte Aufmerksamkeit.

Abschließend möchte ich noch hinzufügen, dass Sie Ihr Ziel nicht nur auf Ihr Berufsleben reduzieren müssen. Denken Sie ganzheitlich und integrieren Sie Ihre jeweiligen Ziele in das große Bild Ihres Lebens.

2. Qualität statt Quantität – das Adressbuch sondieren

Viele, die sich zum ersten Mal mit dem Thema Netzwerken beschäftigen, haben oft die Befürchtung, bei Null anfangen zu müssen. Dabei beginnt systematisches Netzwerken nicht damit, nach neuen Kontakten zu suchen, sondern erst einmal zu sehen, was Sie bereits haben. Und Sie werden erstaunt sein, wie viele Menschen bereits zu Ihrem Netzwerk zählen. Allein wenn Sie die Kontakte aus Ihrem Telefon überblicken, kommt schon eine beträchtliche Anzahl zusammen. Die Problematik besteht eher darin, dass wir über zu viel oberflächliche Kontakte verfügen, wohingegen substantielle Beziehungen eher Mangelware sind.

Was glauben Sie, über wie viele Kontakte Ihr Netzwerk verfügt? Gut, wir konkretisieren die Anzahl der Personen etwas: Schätzen Sie einmal, wie viele Personen, ob privat oder geschäftlich, Sie ohne weiteres (auch wenn Sie sich derzeit nicht in räumlicher Nähe befinden) anrufen könnten, um sich zum Mittagessen zu verabreden? 10? 100? 1000?

Es gibt Schätzungen, dass jeder Mensch im Schnitt ein bestehendes Netzwerk von ca. 250 Personen hat. Sie können das nicht glauben? Dann fangen Sie einmal an, eine Namensliste zu erstellen. Am einfachsten geht es, wenn Sie alle Namen aufschreiben, die Ihnen spontan einfallen. Dann gehen Sie in Gedanken an die Orte, an denen Sie viel Zeit verbracht haben: Schule, Studium, Referendariat, Arbeitgeber, Sportvereine oder sonstige Vereinigungen, in denen Sie sich engagiert haben. Sie sehen, es werden immer mehr. Und dabei konzentrieren wir uns noch immer auf die Personen, die wir sofort anrufen könnten und die sich zu einem Mittagessen mit uns treffen würden, wenn wir Sie nur darum bäten.

Machen Sie den Kreis noch größer: Denken Sie an Ihre Familie. Gerne blendet man die Familie aus dem eigenen Netzwerk aus, doch auch die Familienbande bergen so manche Vorteile. Zum einen ist es leicht, Kontakt zu jemanden aus der eigenen Familie aufzunehmen, zum anderen gibt es auch in Ihrer Familie Geschwister, Cousins oder Cousinen, Onkel, Tanten oder deren angeheiratete Partner, die meist auch einer beruflichen Tätigkeit nachgehen. Wie sehr freut man sich darüber, einen Arzt, einen Anwalt, einen Handwerker oder sonstige hilfreiche Berufsgruppen in der Familie vertreten zu haben. Und es geht noch weiter, denn Sie haben noch viele andere vergessen. Um die Bestandsaufnahme abzuschließen, blättern Sie einfach in alten Kalendern und stöbern in vergangenen Terminen. Sie können auch das gute alte Telefonbuch zur Hand nehmen und anhand der Vornamen oder Nachnamen weiter in Ihrer Erinnerung graben und so weitere Namen assoziieren. Ruck zuck kommen

Sie auf eine beträchtliche Anzahl an Personen, die bereits zu Ihrem engeren Netzwerk gehören.

Clustern Sie Ihre Kontakte!

Wenn Sie mit Ihrer Kontakt-Bestandsaufnahme befasst sind und Sie womöglich auf über 250 Kontakte gekommen sind, dann werden Sie sich sicher fragen, wie man die Kontakte am besten sortiert, denn es ist klar, dass man nicht permanent mit 250 Personen in Kontakt sein kann.

Bei der Sortierung gibt es verschiedene Möglichkeiten. Viele sortieren Ihre Kontakte nach Rubriken wie Geschäft, Privat, Familie, Sport o. ä. Ich persönlich bin ein großer Freund einer **Funktions-Sortierung**. Das bedeutet, dass Sie sich vorher Gedanken machen, welche Funktion der jeweilige Kontakt für Sie haben kann. Hier könnten Sie Ihre Kontakte zum Beispiel in folgende Kategorien einteilen:

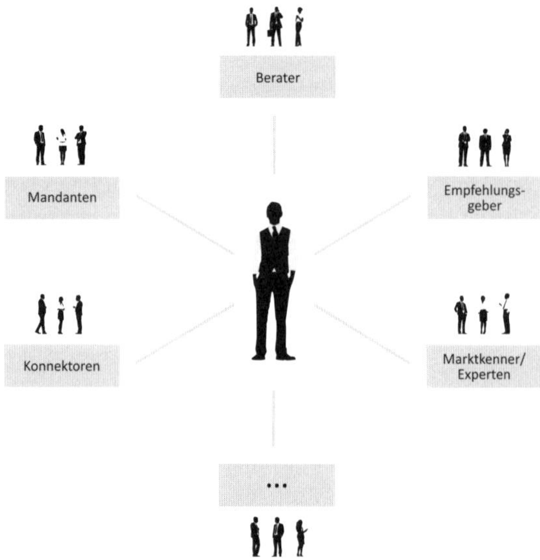

Abb. 2: Kontakte Clustern

Mandanten sind diejenigen Kontakte, mit denen Sie bereits in einem Mandat zusammengearbeitet haben, mit denen Sie gerade regelmäßig zu tun haben oder mit denen Sie in der Vergangenheit intensiv zusammengearbeitet haben.

Kollegen sind die Kontakte, mit denen Sie in Ihrer Kanzlei zusammenarbeiten. Dazu zählen auch Partner und Sekretärinnen, genauso wie ehemalige Kollegen.

Berater sind die Personen in Ihrem Netzwerk, die Sie in verschiedenen Angelegenheiten um Rat fragen können. Das können enge Freunde sein, oder auch Persönlichkeiten, die sich aufgrund ihrer Lebenserfahrung als Ratgeber qualifizieren.

Unter **Empfehlungsgeber** lassen sich diejenigen zusammenfassen, die Sie und Ihre Arbeit kennen oder die auch in ganz anderen Kontexten mit Ihnen bereits zusammengearbeitet haben. Das könnte zum Beispiel eine ehrenamtliche Tätigkeit gewesen sein oder ein soziales Projekt. Hierbei müssen Sie nicht zwangsläufig juristisch gearbeitet haben. Auch andere positive Eigenschaften oder Kompetenzen bleiben in Erinnerung.

Konnektoren wiederum sind die Personen, die Ihnen die Tür zu bestimmten Themen- oder Personenkreisen öffnen können. Meist sind es selbst erfahrene Netzwerker, die Gott und die Welt kennen und die auf sämtlichen Veranstaltungen eingeladen sind. Sie zeichnen sich durch die Eigenschaft aus, dass Sie Menschen zusammenbringen können, indem Sie deren Gemeinsamkeiten erkennen. Es ist immer gut, Konnektoren in seinem Netzwerk zu haben, da sie bei Veranstaltungen eine gewisse Multiplikatorenrolle übernehmen.

Bleiben noch die **Marktkenner** und **Experten**. Diese Personengruppe zeichnet sich vor allem durch Ihr hohes Detailwissen in einer Branche oder Ihre jahrelange Erfahrung in einem bestimmten Tätigkeitsbereich aus. Wenn Sie sich in Ihrer Mandatsarbeit zum Beispiel mit einer bestimmten Technologie oder einer sehr speziellen Branche beschäftigen, ist es durchaus hilfreich, Experten zu kennen, die womöglich Antworten auf Ihre offenen Fragen haben oder die Einschätzungen abgeben, die für Ihr Verständnis von Bedeutung sein können.

Sie können diese Funktionssortierung nach Belieben erweitern oder verändern. Jeder hat seine eigenen Kategorien. Und auch die Zuordnung wird sich immer wieder verändern. Entscheidend ist, dass Sie sich darüber bewusst werden, welchen Nutzen Sie aus Ihrem Netzwerk ziehen können.

Ergänzen Sie Ihr Netzwerk!

Wenn Sie nun Ihr Kontaktportfolio überblicken, dann prüfen Sie es auch unter dem Blickwinkel der Heterogenität. Ein Portfolio, das in allen Ihren Kategorien aus 90% Rechtsanwälten besteht, ist in Ihrem Fall nicht unrealistisch. Schließlich umgeben Sie sich bereits seit Jahren mit dieser Berufsgruppe. Ein werthaltiges Netzwerk zeichnet sich neben einem thematischen Schwerpunkt immer auch durch Vielfalt aus. Bennen Sie daher am besten mögliche Zielpersonen, die Ihnen für Ihr Portfolio noch fehlen. Das könnten potentielle Mandantengruppen sein oder aber auch andere Berufsgruppen, die mit Ihrem beruflichen Kontext nicht in Verbindung stehen. In dem Moment, wenn Sie Ihr Netzwerk zum Beispiel durch einen Ingenieur erweitern möchten, der Experte im Bereich Automatisierung ist, dann werden Sie dank der gedanklichen Fokussierung leichter auf einen solchen Kontakt stoßen. Manchmal begegnen einem aber auch durch Zufall sehr interessante Menschen, die nicht explizit auf der ‚Wunschliste' für Ihr Kontaktportfolio standen. Diese besonderen Begegnungen resultieren dann schlichtweg aus Ihrer Offenheit und Neugier an anderen Menschen und bereichern Ihr vorhandenes Portfolio.

Priorisieren Sie Ihre Kontakte!

Prioritäten zu setzen ist eine ganz wesentliche Arbeitstechnik, die Sie in Ihrem Berufsalltag brauchen, um effizient zu sein. Das gilt auch bei Ihren Kontakten. Jetzt geht es nämlich darum, Ihre Kontakte in unterschiedliche Kategorien zu sortieren. A, B und C. Um Ihnen hier das schlechte Gewissen zu nehmen, kann ich Ihnen sagen, dass erfahrene Netzwerker genau so vorgehen und gar nicht anders vorgehen können, denn der Faktor Zeit wird es Ihnen bereits erschweren, mit allen Kontakten gleich oft in Kontakt zu treten. Manche Kontakte erfordern eine intensivere Pflege, bei manchen reicht der freundliche Gruß zum Geburtstag oder die obligatorische Weihnachtskarte.

Ihre **Priorität A** werden maximal 10 Personen sein. Diese Personen spielen für Sie gerade eine wichtige Rolle, sei es, weil Sie sich in ein neues schwieriges Thema einarbeiten oder Sie einen besonderen Karrieresprung vorhaben, weil Sie an Ihrem Business Case feilen oder schlicht den Kontakt zu diesen Menschen besonders schätzen.

Kontakte, denen Sie Priorität A verliehen haben, haben immer auch eine enge Korrelation mit Ihrem übergeordnetem Zielbild. Gerade diese 10 Kontakte müssen Sie hegen und pflegen. Und wenn Sie Ihr Jahr in Kalenderwochen betrachten, dann bedeutet das, dass Sie diese Kontaktgruppe bei 46 Kalenderwochen (abzüglich 6 Wochen Urlaub) genau 4,6 mal im Jahr sehen können, wenn Sie pro Woche ein persönliches Treffen ansetzen. Also jeden Kontakt ca. alle 2 Monate ein Mal. Das ist nicht wirklich viel. Und doch genug, wenn man diese Aktivitäten neben der Arbeitszeit realisieren muss. Nun stellen Sie sich vor, Sie müssten allen Ihren Kontakten die gleiche Aufmerksamkeit zuteil werden lassen. Sie würden wahnsinnig werden, kaum Zeit für Ihre Arbeit mehr haben und an Privatleben geschweige denn Familie wäre gar nicht mehr zu denken. Daher macht es Sinn, seine Kontakte zu priorisieren. Das bedeutet auch nicht, dass der eine Mensch mehr Wert hat als der andere. Es bedeutet lediglich, dass Sie Ihre Netzwerkarbeit als Teil Ihres Business und Ihrer Karriere betrachten und sich systematisch und effizient damit auseinandersetzen.

Diese 10 Kontakte sollten Sie nicht nur regelmäßig telefonisch oder per Mail kontaktieren. Diese Personen sollten Sie regelmäßig real treffen. Sei es zum Mittagessen, zum After-Work-Drink oder bei Veranstaltungen. Wichtig ist der echte, persönliche Austausch, am besten unter 4 Augen. Business-Lunches eignen sich dafür ganz vorzüglich, weil man die nötige Ruhe und Aufmerksamkeit hat, sich dem Gegenüber ganz zu widmen. Bei Veranstaltungen steht meist das eigene Netzwerken im Vordergrund und Sie werden nicht über den gewöhnlichen Smalltalk hinauskommen.

Die Kontaktgruppe, die Sie der **Priorität B** zugeordnet haben, umfasst meist die Kontakte, mit denen Sie in der Vergangenheit viel zu tun hatten, die nun aber aktuell keine große Wichtigkeit für Sie haben. Dennoch zählen Sie zu Ihren guten Kontakten, bei denen es wichtig ist, sich nicht aus den Augen zu verlieren. Das bedeutet eine regelmäßige Kommunikation. Gelegentliche Anrufe, Geburtstagsgrüße, mal eine E-Mail, um sich kurz in Erinnerung zu rufen, eine Einladung zu einer Veranstaltung – die Möglichkeiten, in Kontakt zu bleiben, sind hier sehr vielfältig. Wichtig ist, dass Sie Ihre B-Kontakte im wahrsten Sinne des Wortes auf dem Schirm haben und sie gleichmäßig übers Jahr hinweg kontaktieren. Hier empfiehlt es sich eine **Wiedervorlage** zu entwickeln, die Sie in Ihre Wochenplanung integrieren. Sie können sich sogenannte Kontaktlisten erstellen, die Sie systematisch abarbeiten. In diesem Fall sind auch die sozialen Netzwerke Gold wert, da Sie wunderbare Anknüpfungspunkte für Ihre Kommunikation liefern. Hinweise zu Geburtstagen, Veränderungen in der Position, Neuigkeiten – ein kurzer Blick in Ihr Xingportal oder in LinkedIn schaffen immer Möglichkeiten mit Ihren Kontakten in echtem Kontakt zu bleiben und den Hinweis übers Netz als Anlass zum Gratulieren oder für eine kurze Nachricht zu nutzen. Bei effizienter Arbeitsweise können Sie mit einer Investition von 10 Minuten am Tag sinnvolle Kontaktpflege via Xing und LinkedIn betreiben.

Auch hier hilft eine einfache Rechnung. Nehmen Sie 30 Kontakte, die Sie als B-Priorität eingestuft haben und 46 Kalenderwochen. Zwei regelmäßige Kontaktaufnahmen pro Person zu Weihnachten und zum Geburtstag sind Pflicht. Dazu kommen nochmals mindestens zwei Kontaktaufnahmen im Jahr. Das bedeutet, dass Sie pro Kalenderwoche 1–2 Personen aus Ihrem B-Netzwerk kontaktieren sollten. Das kann man gut schaffen. Ein Anruf, eine Mail – ein freundlicher Gedanke, der immer positiv zu Ihnen zurückkommen wird.

Und dann gibt es noch die **C-Priorität**. Das sind die vielen Personen, die Sie kennengelernt haben, bei Veranstaltungen, im Referendariat, bei Seminaren, im Job – wo auch immer. Dazu gehören alle Menschen, die Ihnen in guter Erinnerung geblieben sind und mit denen Sie zumindest in Kontakt bleiben möchten. Hier gilt die Geburtstags- und Weihnachtsgruß-Option. Und auch sehr hilfreich: Neujahrs- bzw. Sommerempfänge oder Veranstaltungen, bei denen Sie auf einen Schlag ganz viele dieser Personen wiedersehen. Wenn Sie allen auch noch zum Geburtstag gratulieren möchten, sind das ca. 200 pro Jahr. Das sind im Schnitt wieder 4–5 Personen pro Woche. An Weihnachten gibt es dann die große Aktion. Doch auch hier mein Tipp: Lieber ein paar nette persönliche Zeilen an weniger Personen, als an alle einen elektronischen Gruß.

Diese Listen spiegeln auch immer nur eine **Momentaufnahme** wider. Neue Kontakte kommen dazu, Prioritäten können sich jederzeit ändern, insofern müssen Sie Ihre Kontaktübersichten regelmäßig aktualisieren und neu kategorisieren. Summa summarum bedeutet das für Sie dennoch einen überschaubaren Aufwand.

Richten Sie sich eine Kontaktdatenbank ein!

Sobald Sie Ihr Portfolio überblickt haben, ist es sinnvoll, eine Kontaktdatenbank zu pflegen. Ihre Kanzlei wird Ihnen mit Sicherheit das hauseigene CRM-System zur Verfügung stellen.

Meist ist die interne Kontaktdatenbank auch mit Ihrem Mailprogramm verbunden. Ich empfehle Ihnen, darüber hinaus Ihre eigene Kontaktdatenbank aufzubauen. Am leichtesten gelingt das, indem Sie Dienste wie Xing oder LinkedIn nutzen. Vorteil ist, dass Sie lediglich den Kontakt in Ihr Portfolio aufnehmen müssen, dieser dann aber selbst seine Kontaktinformationen pflegt. So sind Sie immer auf dem neuesten Stand. Darüber hinaus ist es ratsam, trotzdem eine Namensliste zu führen, die Ihre jeweiligen Kategorien beziehungsweise Ihre Prioritäten enthält. Mehr zum Thema Kontaktmanagement und -pflege finden Sie auf den hinteren Seiten.

3. Wohin gehen als Rechtsanwalt – sinnvolle Orte zum Netzwerken

Die nächste Frage, die im Zuge systematischen Netzwerkens beantwortet werden soll, ist die Frage, wo man denn am besten hingeht, wo Networking, aber auch Akquise stattfinden kann. Die erste Antwort ist ganz einfach: Sie können überall Networking betreiben – im Zug, auf Ihren Urlaubsreisen, beim Spazierengehen, bei Abendveranstaltungen, beim Abholen Ihrer Kinder im Kindergarten, in der Warteschlange beim Metzger – überall wo Sie Menschen begegnen und wo sich Ihnen die Möglichkeit eines kommunikativen Austauschs bietet. Doch wir wollen uns dieser Frage noch etwas konkreter und vor allem systematischer nähern. Es wäre zu schön, um wahr zu sein, wenn man immer genau wüsste, wohin man gehen muss, um den gewünschten Erfolg zu erlangen. Verabschieden Sie sich daher von dieser Vorstellung, denn DEN einen Ort gibt es nicht. Vielmehr ist es wichtig, dass Sie sich bewusst für unterschiedliche Orte entscheiden und diese auch bewusst für unterschiedliche Aktivitäten nutzen. Dazu gehören Orte, die mit Ihrer Arbeit zu tun haben und Orte, die nichts mit Ihrer Arbeit zu tun haben.

Sprechen wir über die **Orte, die mit Ihrer Arbeit zu tun haben:** Hier verfolgen Sie das Ziel, sich mit Gleichgesinnten oder Kollegen auszutauschen, Präsenz zu zeigen oder um Aktuelles und Neuigkeiten aus Ihrem Bereich zu erfahren. Die Gelegenheiten hierfür sind vielfältig: Ob das kanzleiinterne Veranstaltungen sind, Fachveranstaltungen, Seminare, Branchentreffen, Ausschusstätigkeiten o. ä. – entscheidend ist, dass Sie in Ihrer Rolle als Rechtsanwalt und Experte für bestimmte juristische Fragestellungen oder als Lernender auftreten. Bei diesen Gelegenheiten geht es darum, über Inhalte sprechen zu können, mit denen Sie sich auskennen oder durch den Dialog mit Experten Ihr Wissen zu vertiefen.

An den **Orten, die nichts mit Ihrer eigenen Arbeit zu tun haben,** verfolgen Sie auch ein anderes Ziel: Hier wollen Sie über den eigenen Tellerrand hinausschauen, Sie wollen Ihren Interessen nachgehen oder sich mit völlig fremden Themen auseinandersetzen. Bei diesen Gelegenheiten werden Sie neue Denkimpulse oder Ideen bekommen oder einfach mal frischen Wind hineinlassen. Auch hier gibt es zahlreiche Gelegenheiten: Literaturclubs, Sportvereine, Wirtschaftszirkel, Stammtische. Im Vordergrund stehen aktuelle gesellschaftliche Themen, Kunst, Kultur, Privates, Politik u.v.m. Wenn Sie jetzt sagen, das seien genau die Netzwerkaktivitäten, die Sie aus Zeitgründen eher vernachlässigen könnten, dann muss ich Ihnen sagen, dass beide, die berufsnahen wie die berufsfremden Orte, gleichermaßen wichtig für Ihr Kontaktportfolio sind. Sie verfolgen darin nur unterschiedliche Ziele. In Ihren eigenen Kreisen arbeiten Sie an Ihrer Karriere und an Ihrer Expertise. In fremden Kreisen arbeiten Sie daran, sich als Persönlichkeit mit Ihrer Expertise auch außerhalb Ihres beruflichen Spielfeldes sichtbar zu machen. Für Akquisitionszwecke eignet sich eher die Welt außerhalb, da Ihre Mandantschaft eher seltener bei Fachveranstaltungen vertreten ist und die Anzahl an Rechtsberatern immer dominiert. Oftmals stürzen sich die Berater geradezu auf die Unternehmensvertreter. Und genau hier kann Ihnen das Gleiche passieren wie das, was ich Ihnen eingangs über den unhöflichen Anwaltskollegen berichtet habe, der sich schon bei der Begrüßung gleich wieder verabschiedet hat, nur weil ihm zu viele Kollegen am Tisch waren.

Die Örtlichkeit bringt auch eine weitere Dimension mit sich: Sie gibt die Rolle vor, in der Sie sich befinden. Sie sind nämlich entweder **Teilnehmer einer Veranstaltung** oder **Gastgeber bzw. Initiator einer Veranstaltung.** Beide Varianten erfordern unterschiedliche Kompetenzen. Während Sie als Gast mit weniger, dafür vielleicht eher ausgewählten Personen kommunizieren oder aber sich nach Lust und Laune mit unterschiedlichen Menschen austauschen können, schlüpfen Sie als Gastgeber in die **Rolle des Kümmerers**, des Verantwortlichen. Der Gastgeber unterhält sich mit seinen Gästen, heißt sie willkommen, spricht einige Takte mit ihnen, stellt sie einander vor, wendet sich dem nächsten zu. Eigentlich sollte uns die Rolle des Gastgebers wesentlich leichter fallen, weil es sich aus dieser Rolle völlig natürlich ergibt, auf fremde Menschen zuzugehen. Dennoch machen wir gerade bei Mandantenveranstaltungen immer eine andere Erfahrung. Statt in die Gastgeberrolle zu schlüpfen und die Chance einer proaktiven Kommunikation mit den Gästen und den Mandanten zu nutzen, stehen die Anwaltskollegen lieber in kleinen Grüppchen zusammen und meiden den Kontakt zu fremden Personen. Klar. Die Komfortzone, da ist sie wieder. Vielleicht ist Ihnen aber auch diese Rolle noch nicht klar geworden. Schließlich hat ja die Kanzlei oder der Partner eingeladen. Man selber ist ja nur das kleine Licht. Genau darin liegt der Denkfehler. Schlüpfen Sie aktiv in die Rolle des Gastgebers. Denn auch Sie tragen diese Rolle allein durch Ihre Kanzleizugehörigkeit sichtbar auf Ihrem Namensschild.

Weitere Orte für Networking sind, wie bereits erwähnt, Ihre Vereine, Clubs, Chöre – ob Freizeit oder Business, netzwerken kann man immer. Wesentlich schwieriger ist die Frage zu beantworten, **wo man am besten akquirieren kann**. Die Vorstellung ist immer noch recht archaisch. Man zieht hinaus in die Welt des Business, hat Pfeil und Bogen bereit, und wenn das Zielobjekt erscheint, es zum Greifen nahe ist, dann zieht man den Pfeil aus dem Köcher, spannt den Bogen, schießt, trifft und schleppt die erlegte Beute heim in die Kanzlei, schlachtet sie dort mit den Kollegen aus und feiert den großen Jagderfolg. Ganz so funktioniert das Akquirieren leider nicht. Akquise spielt sich selten an nur einem Ort ab. Meist gibt es zahlreiche Szenenwechsel bevor man zur Unterschrift schreitet. Es beginnt zum Beispiel mit der unverbindlichen Kontaktaufnahme bei einer Veranstaltung. Es folgt ein gemeinsames Mittagessen. Es vergeht Zeit. Man korrespondiert auf elektronischem oder telefonischem Weg. Man trifft sich zu weiteren Mittagessen. Die erste Einladung zur Besprechung in der Kanzlei findet statt. Womöglich schon wieder ein Mittagessen. Wieder eine Besprechung. Diesmal beim Mandanten. Und dann endlich: Die Beauftragung. Da können schon ein paar Monate ins Land gehen. Die Vorstellung, bereits am ersten Abend mit einem Auftrag nach Hause zu gehen, ist utopisch. Das soll es zwar schon einmal gegeben haben, doch das sind eben die Ausnahmen, die die Regel bestätigen. Gerade in Ihrem Metier ist es eher unangemessen, bei einer Veranstaltung direkte Akquise zu betreiben. An den offiziellen Orten stehen daher eher die Kontaktpflege und der persönliche Austausch im Mittelpunkt. In Frankreich zum Beispiel ist es sogar ein Affront, während des Mittagessens vom Geschäft zu sprechen, geschweige denn gezielt zu akquirieren. Erst nach dem Dessert sind kurze Andeutungen möglich, die dann im Büro zu einem anderen Zeitpunkt vertieft werden. Die Franzosen sind absolute Meister der indirekten Akquise bei gekonntem Smalltalk und eleganter Unterhaltung.

Überhaupt ist der **indirekte Weg** meist der vielversprechendere. Wenn Sie sich beim Golfclub anmelden, weil Sie glauben, das sei ein vielversprechender Ort, um Geschäfte zu machen, doch es fehlt Ihnen die Leidenschaft für das Golfen, dann werden Sie auch keine Geschäfte machen. Gleiches gilt für den exklusiven Businessclub. Nur weil Sie den Mitgliedsausweis in der Tasche und den Jahresbeitrag überwiesen haben, heißt das noch lange nicht, dass Ihnen jetzt die Mandanten die Tür einrennen. Der Ort ist die eine Sache. Die andere ist, was Sie daraus machen. Wählen Sie daher den Ort nicht mit dem Ziel aus, dort Geschäfte zu machen, sondern gehen Sie an den ausgewählten Ort, weil Sie dort golfen, spannende Leute treffen oder Ihren Interessen nachgehen können. Alles andere ergibt sich dann auf indirektem Weg.

Vielleicht hilft es Ihnen, wenn Sie statt in Orten in **Anlässen** denken. Lassen Sie mich in aller Kürze die besten Anlässe zum Netzwerken und (indirektem) Akquirieren noch einmal nennen:

- Gehen Sie in jedem Fall zu kanzleiinternen Veranstaltungen
- Suchen Sie sich abwechselnde Gesellschaft zum Mittagessen
- Nehmen Sie an kanzleiinternen Mandantenveranstaltungen teil und schlüpfen Sie hier in die Rolle des Gastgebers
- Besuchen Sie aber auch die Veranstaltungen Ihrer Mandanten oder Events, bei denen Sie Ihre Mandantschaft oder Ihre Zielgruppe antreffen

Auch Messen sind beliebte Netzwerktreffen. Nutzen Sie Großveranstaltungen wie Sommerfeste, Weihnachtsfeiern, Neujahrsempfänge von renommierten Verbänden oder Einrichtungen, wo Sie einen großen Teil Ihres Netzwerks antreffen. Nehmen Sie darüberhinaus am öffentlichen Leben Teil, machen Sie sich sichtbar und treten Sie an den unterschiedlichsten Orten mit Menschen in Kommunikation. Das wird Ihnen auf lange Sicht die Angst nehmen, auf fremde Menschen zuzugehen, und Sie in Ihren Taktiken schulen.

Der beste Anlass bzw. die beste Gelegenheit für Akquise ist übrigens immer das laufende Mandat und der operative

Kontakt zu Ihrem Mandanten. Das heißt, wenn Sie Ihren Mandanten am Telefon zu einer juristischen Frage beraten, dann könnten Sie auch immer ein bisschen weiterdenken und künftige Projekte lancieren, indem Sie Bedürfnisse und Ziele heraushören, Vorschläge machen und Ideen platzieren. Je wärmer der Kontakt, desto leichter wird es Ihnen fallen, zu akquirieren. Je kälter, desto größer ist die Hürde.

4. Kontakten mit Köpfchen – strategisch Netzwerken

Zeit ist Geld, sagt der Volksmund. Zeit ist vor allem endlich. Und daher weit mehr wert als Geld. Zeit ist unsere wertvollste Ressource. Networking kann schnell zur Zeitfalle werden. Daher ist es sehr wichtig, dass Sie umsichtig mit Ihrer Zeit umgehen und Ihre Netzwerkaktivitäten strategisch vornehmen. Ich habe im folgenden einige Strategieüberlegungen angestellt, die Ihnen dabei helfen sollen, Ihre ganz eigene und für Sie passende Strategie zu entwerfen. Diese strategischen Ansätze haben keinen Anspruch auf Vollständigkeit. Vielleicht dienen Sie Ihnen als Denkimpulse oder Leitplanken, damit Sie Ihre Ziele leichter erreichen können.

Die Investment-Strategie

Stellen Sie sich vor, Sie haben eine Million Euro gewonnen und überlegen sich nun, wie Sie das Geld am besten investieren wollen, sodass Sie möglichst lange von Ihrem Gewinn profitieren. Wahrscheinlich werden Sie einen Teil des Geldes für kurzfristige Ausgaben vorsehen. Es spricht ja auch nichts dagegen, ein bisschen verschwenderisch zu sein und das Leben zu genießen. Ebenso werden Sie aber auch Ihr Geld in langfristige und mittelfristige Anlagen investieren. Bei diesen Überlegungen wird es Ihnen vor allem darauf ankommen, möglichst zukunftsfähige, vor allem aber profitable Investments zu tätigen. Ziel Ihrer Investition soll schließlich sein, Ihr Kapital so anzulegen, dass Sie langfristig von den Zinsen leben werden. Für Ihr Netzwerkportfolio sind das in erster Linie **Investitionen in Beziehungen zu potentiellen Mandanten, Fachexperten und Konnektoren.**

Genau so sollten Sie es auch mit Ihren Netzwerkaktivitäten handhaben. Jede Veranstaltung, die Sie besuchen, jeder geschäftliche Kontakt, den Sie aufbauen, ist eine Investition. Eine Investition in Zeit und Aufmerksamkeit. Überlegen Sie sich daher vorher, welche ‚Anlagestrategie' Sie verfolgen. Wie bei allen Investitionen kann man zu Beginn noch nicht hundertprozentig feststellen, ob und wann es einen Return on Invest geben wird. Doch ein guter Investor prüft die Vorzeichen, holt sich Informationen und Erfahrungswerte ein. Lassen Sie sich daher von ausgewählten Personen wie zum Beispiel Ihrem Mentor, erfahrenen Netzwerkern, Partnern Ihres Vertrauens oder Freunden beraten. Dabei können Sie sich an diesen Fragen orientieren:

- Kleininvestitionen oder eine Großinvestition?
- Was ist der Markt? Was ist Ihr Spielfeld?
- Welche Personen stehen für diesen Markt?
- Wo treffen Sie diese Personen?
- Welches Netzwerk, welche Referententätigkeit ist für Ihre Zwecke sinnvoll?

Doch was tun, wenn sich Ihre Bemühungen nicht auszahlen und nichts Verwertbares zurückkommt? Seien Sie an dieser Stelle ruhig egoistisch und ziehen Sie vor allem rechtzeitig die Konsequenzen. Es gibt viele Schwätzer und Hochstapler unter den Netzwerkern. Ziehen Sie sich aus diesem Investment zurück und distanzieren Sie sich von Zeitfressern. Ein Rückzug ist kein Beinbruch. Lernen Sie nur aus Ihren Fehlern. Eine präzise Analyse wird Sie vor der nächsten Fehlinvestition bewahren, weil Sie vielleicht die Vorzeichen dafür schneller erkennen und bewusst andere Wege einschlagen können. Behalten Sie auch immer den Überblick über Ihre Gesamtanlagestrategie. Seien Sie fokussiert hinsichtlich Ihrer Zielsetzung, ohne dabei verbohrt zu sein. Kommunizieren Sie Ihre Erwartungen und Ziele und lenken Sie die Gespräche auf die Inhalte, die wichtig für Sie sind. Ihr Umfeld wird sich schnell bereinigen. Übrig bleiben die wirklich substantiellen Kontakte, die Ihnen die gewünschte Rendite einbringen.

Die Commitment-Strategie

Networking muss ein fester Bestandteil Ihres Terminkalenders sein, wenn Sie systematisch netzwerken wollen. Absurderweise wird das persönliche Engagement in diesem Bereich von Partnern und Kollegen oft nicht wirklich goutiert. Zwar wird erwartet, dass Sie langfristig Ihren eigenen Business Case aufbauen und eigene Mandanten akquirieren, doch die nötigen Aktivitäten hierfür werden nicht unterstützt, im schlimmsten Fall sogar unterbunden. Sie sollen vor allem an die Profitabilität Ihrer Arbeit denken, Billable Hours produzieren und zunächst einmal am Schreibtisch Ihren Dienst tun. Natürlich sollen Sie auch eloquente Vorträge halten, Ihren Mandanten brillant beraten und über eine herausragende Expertise verfügen. Doch viele der gewünschten Fähigkeiten können Sie nur durch gezielte Netzwerkaktivitäten erwerben, einmal ganz davon abgesehen, dass Sie Ihren eigenen Marktwert dadurch enorm steigern. Das Motto, „Wasch mir den Pelz, doch mach mich nicht nass“ geht selten auf. Inzwischen gibt es mehr und mehr Partner in den Großkanzleien, die genau diese Fähigkeiten Ihrer jungen Mitarbeiter fördern und die Notwendigkeit von zusätzlichen Aktivitäten außerhalb der Kanzlei sehen.

Sicher können Sie Ihre Netzwerkaktivitäten auf eigene Faust angehen, doch Sie riskieren damit einen höheren Zeitaufwand, weil Sie Ihre private Zeit jenseits Ihrer Arbeitszeit dafür aufwenden müssen. Ebenso vergeben Sie sich die Möglichkeit, durch Ihr Referat unterstützt zu werden und womöglich einen wesentlichen Beitrag zur Entwicklung Ihrer Praxisgruppe oder Ihres Teams zu leisten.

Daher sollte Ihr Ziel sein, das Commitment Ihres Partners zu erwirken. Um dieses Ziel zu erreichen, müssen Sie sorgfältig vorgehen: Das bedeutet, dass Sie, je nach Zielsetzung, bereits am Jahresanfang oder zu Beginn des Fiscal Years den Veranstaltungskalender überblicken und wichtige Fachtagungen, Messen oder sonstige Veranstaltungen ausfindig machen. Nehmen Sie sich dafür am besten einen Tag Zeit. Recherchieren Sie und stellen Sie alle für Sie relevanten Netzwerke, Termine und Orte zusammen. Doch damit nicht genug. Überprüfen Sie anhand der ausgewählten Veranstaltungen nochmals gründlich, inwiefern diese Ihren persönlichen Zielen, vor allem aber den Zielen Ihrer Praxisgruppe dienen:

- Welchen Mehrwert schaffen Sie mit Ihren Netzwerkaktivitäten für die Weiterentwicklung Ihres Referats?
- Sind Ihre Aktivitäten angemessen für Ihre jeweilige Position?
- Ist die Anzahl an Aktivitäten wirtschaftlich vertretbar?
- Kommen Sie damit auch niemandem, vor allem nicht Ihrem Partner in die Quere?

Nicht empfehlenswert ist es zum Beispiel als Berufseinsteiger Mitgliedschaften anzustreben oder zur Diskussion zu stellen, die typischerweise Partnern vorbehalten sind. Dies könnte zu Irritationen führen. Überhaupt sollten Sie darauf achten, mit Ihren Vorschlägen möglichst keine Befindlichkeiten zu berühren.

Überlegen Sie dann im nächsten Schritt, wie Sie Ihren Partner von Ihren Plänen überzeugen könnten. Wie nutzen Sie ihm persönlich? Und in welchem Fall würde er Ihre Aktivitäten unterstützen? In einem persönlichen Gespräch (dafür eignet sich im übrigen auch das Jahresfeedbackgespräch ganz hervorragend), können Sie dann Ihr Vorhaben, gerne auch Ihre langfristige Zielsetzung darlegen und Ihren Partner um seine Einschätzung bitten. Stellen Sie Ihre Veranstaltungstermine in einem größeren Kontext dar. Erläutern Sie, wohin Sie sich gerne entwickeln möchten. Vielleicht ergänzt er Ihre Vorschläge, vielleicht korrigiert er Sie auch und rät zu anderen Aktivitäten. Fragen Sie auch, wo er Sie gegebenenfalls unterstützen könnte. Vielleicht besteht ja auch die Möglichkeit Ihren Partner auf bestimmte Veranstaltungen zu begleiten, um von ihm zu lernen oder als Experte eingeführt zu werden. Wenn Sie Ihren Partner diesbezüglich einbinden, ihn als Sparring-Partner und Mentor nutzen, haben Sie eine wesentlich höhere Realisierungsquote. Denn sein Commitment ist gleichzeitig auch Ihr Erfolgsdruck und Controlling-Instrument – einmal ganz davon abgesehen, dass Sie als Mitarbeiter einen engagierten und weitsichtigen Eindruck hinterlassen.

Sollten Sie auf Ablehnung stoßen, dann ist auch das eine wertvolle Erkenntnis. Denn dann können Sie sich überlegen, ob Sie das Referat wechseln, sich einen anderen Mentor suchen oder grundsätzlich in einem solchen Umfeld weiter tätig bleiben wollen. Seien Sie aber nicht überrascht, wenn Ihr Engagement anfangs kritisch beäugt wird. Viele Führungskräfte haben Angst, an Macht und Einfluss einzubüßen, wenn Sie Macht und Einfluss teilen sollen. Das ist zwar keine gute Eigenschaft, aber durchaus eine menschliche Reaktion und in Partnerschaftsorganisationen häufig vorzufinden. Gehen Sie daher behutsam vor und zeigen Sie, dass Sie niemandem etwas wegnehmen, sondern vielmehr etwas beisteuern wollen.

Die Vorbereitungs-Strategie

Weniger ist mehr – das dafür aber richtig! Je besser Sie sich auf jede einzelne Netzwerkaktivität vorbereiten, desto effizienter werden Sie sein. Ohne Ziel und geschärfte Aufmerksamkeit auf eine Veranstaltung zu gehen, kann zur reinen Zeitverschwendung werden, es sei denn, das Glück meint es sehr gut mit Ihnen. Um diesem Glück etwas auf die Sprünge zu helfen, lohnt es sich in jedem Fall, einige schnell erledigte Vorbereitungen zu treffen. Die wichtigste Vorbereitung ist die thematische Einstimmung. Studieren Sie die Agenda, die Titel der Vorträge, die Lebensläufe der Referenten und die jeweiligen Ausschreibungstexte. Entwickeln Sie virtuelle Fragen an das Thema:

- Was interessiert mich besonders?
- Was könnte für die Beratung meiner Mandanten sinnvoll sein?
- Welche Aspekte möchte ich erklärt wissen?
- Welche Fragen habe ich an die Referenten?

Je detaillierter Sie mögliche Fragen an das Thema formulieren, desto besser werden Sie vorbereitet sein. Denn jede einzelne Frage, jeden Gedanken können Sie für die kleine Unterhaltung danach am Stehtisch nutzen, ob im Gespräch mit den Referenten oder anderen interessanten Teilnehmern. Den noch größeren Effekt können Sie erwirken, wenn Sie Ihre Frage im Plenum stellen. Das schafft neben der fachmännischen Beantwortung immer auch Aufmerksamkeit auf Ihre Person. Beachten Sie, dass Sie wirklich nur pointierte Fragen stellen oder kurze Beiträge leisten. Langatmige Ausführungen und selbstdarstellerische Erfahrungsberichte wirken hier eher kontraproduktiv. Wenn Sie eine bestimmte Zielperson adressieren möchten, gilt es zusätzlich, sich Gesprächs-Anknüpfungspunkte zurechtzulegen. Diese Vorbereitung ist auch für interne Veranstaltungen ratsam. Gerade dort können Sie mit der Anwesenheit bestimmter Partner oder Kollegen, also Ihren ausgewählten Zielpersonen rechnen. Auch für Vier-Augen-Gespräche beim Mittagessen mit Kooperationspartnern, Mandanten oder sonstigen Adressaten sollten Sie immer vorbereitet sein.

- Was wollen Sie wissen?
- Was könnte Ihren Gesprächspartner interessieren?
- Welchen Gedanken, welche Idee, welchen Vorschlag, welches Produkt wollen Sie platzieren?

Wie oft kommt es vor, dass man gerade bei Business Lunches völlig ziel- und planlos ist. Dabei sind diese zwei Stunden, die Sie beim Mittagessen verbringen, unendlich wertvoll. Fallen Sie nicht mit der Tür ins Haus, aber lenken Sie das Gespräch bewusst auf die Themen, die Sie gerne adressieren möchten. Stimmen Sie sich gedanklich auf Ihren Gesprächspartner ein und vergegenwärtigen Sie sich seine derzeitige Situation:

- Welche Erkenntnisse haben Sie aus dem letzten Gespräch?
- Was beschäftigt Ihren Gesprächspartner wahrscheinlich?
- Was bewegt seinen Markt?

Sich auf ein Gegenüber vorzubereiten ist auch immer ein Zeichen der Wertschätzung und des Respekts. Man wird Ihnen diese innere Haltung anmerken.

Gewöhnen Sie sich ebenso an, die Teilnehmerliste von Veranstaltungen einzusehen, sofern Ihnen eine solche zur Verfügung gestellt wird. Oft kann man beobachten, wie alte Netzwerkhasen während einer Vortragsveranstaltung fleißig die Liste studieren und sich suchend im Raum umsehen, um etwaige Zielpersonen ausfindig zu machen. Die Idee dahinter ist natürlich sinnvoll, die Vorgehensweise allerdings indiskutabel. Daher empfehle ich Ihnen, bereits im Vorfeld Ihre Zielpersonen zu bestimmen und beim Check-in am Registration Desk die Namensschilder zu überblicken. Stellen Sie sich zu Beginn der Veranstaltung in die Nähe des Eingangs und beobachten Sie die Menschen, die hereinkommen. Den einen oder anderen kann man schon persönlich begrüßen und man hat gleichzeitig einen guten Überblick, wer alles da ist, ohne sich während eines Vortrags suchend umzublicken.

Die Produktivitäts-Strategie

Wer produktiv sein möchte, muss sein Ohr am Markt haben und neugierig darauf sein, Neues zu entwickeln. Produktivität darf hier nicht mit Fleiß verwechselt werden. Sie resultiert aus Ihrer Fähigkeit aufmerksam zuzuhören, zu verstehen und vernetzt zu denken. Reflektieren Sie daher:

- Welche anderen Disziplinen haben Berührungspunkte mit Ihrem Thema?
- Wie kommen Sie in Kontakt mit diesen?
- Welche Perspektiven auf Ihr Thema gibt es?

Wer produktiv sein möchte, muss auch Ergebnisse produzieren. Auf Veranstaltungen oder Clubtreffen gehen und immer nur ein bisschen quatschen, dafür ist Ihre Zeit zu wertvoll. Auch Verabredungen zum Mittagessen mit dem Mandanten können Sie sich sparen, wenn Sie nur nett plaudern wollen. Fakt ist, dass man sich viel zu oft trifft, ohne dass irgendetwas dabei herauskommt.

Natürlich gehören der Plauderton und auch die lockere Unterhaltung über den letzten Urlaub zum Networking dazu. Schließlich geht es um Beziehungspflege. Doch nehmen Sie sich vor, beim Networking produktiv, sprich ergebnisorientiert zu sein. Das muss nicht heißen, dass Sie immer ein neues Mandat mit nach Hause nehmen müssen. Produktiv zu sein kann auch bedeuten, dass Sie mit Ihrem Gesprächspartner brainstormen, ob und was man gemeinsam machen könnte; dass Sie Tipps und Anregungen bekommen oder selber Tipps und Anregungen vermitteln konnten. Produktiv sein heißt, Mehrwerte zu schaffen, für das Gegenüber wie für sich selbst. Überprüfen Sie daher vor allem gegen Ende Ihr Gespräch auf Produktivität:

- Gibt es ein konkretes Ergebnis?
- Konnten Sie Ihrem Gesprächspartner nützlich sein?
- Wie geht es weiter?

Diesen Stil können Sie bei jeder Ihrer Netzwerkaktivität pflegen. Und Sie werden merken, wie gut das bei Ihren Adressaten ankommt. Zum einen prägen Sie damit Ihr Image als konstruktiver und gewinnbringender Gesprächspartner. Sie können die Rolle des Problemlösers übernehmen, genauso wie die des Sparring-Partners oder des Ideengebers. Zum anderen profitieren Sie selber, weil Sie durch diese Strategie eigene Fragestellungen lösen können und die beste Grundlage für Akquise geschaffen haben.

Die Reziprozitäts-Strategie

Die Reziprozität gehört zu den psychologischen Grundprinzipien. Sie kennen dieses Prinzip bestimmt sehr gut, da täglich Situationen entstehen, die ihnen ein reziprokes Verhalten abverlangen. Stellen Sie sich vor, ein Kollege kommt zu Ihnen ins Büro und bringt Ihnen unaufgefordert eine Tasse Kaffee in Ihrer Lieblingsvariante mit. Was tun Sie? Natürlich werden Sie sich darüber freuen und sich höflich bedanken, doch Sie werden ebenso auf eine passende Gelegenheit warten, Ihrem Kollegen den gleichen Dienst zu erweisen oder ihm eine vergleichbare Freude zu machen. Besonders auffällig tritt das Reziprozitätsgesetz auch bei Weihnachtskarten in Erscheinung. Was tun Sie, wenn Sie eine Karte von jemandem erhalten, dem Sie noch keine Karte geschrieben haben? Schnell schicken Sie noch eine Weihnachtskarte hinterher oder setzen die Person auf die Liste für das nächste Jahr, sollte es für dieses schon zu spät gewesen sein. **Do ut des** – so heißt das Prinzip auf Lateinisch. Ich gebe, damit Du gibst.

Nutzen Sie diese Strategie für Ihre Netzwerkaktivitäten. Bieten Sie Ihre Hilfe an, bevor Sie um Hilfe gebeten werden. Erweisen Sie Ihrem Gesprächspartner kleine Gefälligkeiten. Das müssen keine großen Geschenke sein, die im Zeitalter von Compliance ohnehin problematisch sind. Das kann der exklusive Zugang zu Informationen sein, die Empfehlung an einen Kontakt in Ihrem Netzwerk, ein nützliches Dokument, das Sie kostenfrei zur Verfügung stellen, eine Einladung zu einer Veranstaltung, bei der Sie Ihr Gegenüber auf die Gästeliste setzen, der hilfreiche Tipp aus Ihrer Expertise.

Vertrauen Sie allerdings nicht nur darauf, dass sich Ihr Gesprächspartner schon irgendwann und irgendwie dafür revanchieren wird, sondern tragen Sie selber Ihr Anliegen zu gegebener Zeit vor. Ihre Vorleistung wird nicht in Vergessenheit geraten sein. Und nur selten wird Ihnen Ihr Wunsch verweigert. Ist dem trotzdem so, dann wissen Sie zumindest, wer ab sofort nicht weiter zu Ihrem engeren Netzwerk gehören wird. Zumal Menschen, die immer nur nehmen, ohne zu geben sich schnell unbeliebt machen. Sie selber werden als nützlicher Kontakt in Erinnerung bleiben.

Die Selbstmarketing-Strategie

Wenn Sie das Wort Selbstmarketing hören, haben Sie mit Sicherheit vor allem den Selbstdarsteller im Sinn. Der aufgeblasene Superanwalt, der mit jedem Wort betont, was er für ein Super-Typ ist, was er für Super-Mandanten berät und für welche Super-Kanzlei er tätig ist. Dass diese Selbstdarsteller auch super-unattraktiv sind, muss ich Ihnen wohl kaum erläutern. Natürlich muss Ihre Zielgruppe davon erfahren, dass Sie ein Super-Typ sind, doch das tun Sie am besten nicht direkt, sondern wählen die Selbstmarketing-Strategie, die über Bande spielt. Dazu können Sie sich an folgenden Gedanken orientieren:

Prägen Sie Ihre Marke!

Marken zeichnen sich dadurch aus, dass Sie einen hohen Wiedererkennungswert haben. Das setzt voraus, dass Sie sich damit auseinandergesetzt haben, womit Sie von Ihrem Umfeld wiedererkannt werden wollen. Wenn Sie sich die vorangegangenen Strategien nochmals vergegenwärtigen, dann wird Ihnen auffallen, dass bereits einige Kompetenzen eines erfolgreichen Netzwerkers angeklungen sind, die durchaus markentauglich sind. Es ist nicht verkehrt, im eigenen Umfeld als Problemlöser, Ideengeber, guter Zuhörer oder ergebnisorientierter Denker bekannt zu sein. Sie haben es in der Hand, mit welchen Verhaltensweisen Sie auf dem Parkett auffallen und welchen Stil Sie Ihrer Netzwerkaktivität verleihen wollen. Das bleibt übrigens auch Ihren Kanzleikollegen beziehungsweise den Partnern nicht verborgen. Mit Engagement und Weitsicht ebnen Sie sich systematisch Ihren Karriereweg.

Machen Sie Ihr Netzwerk und Ihre Netzwerkaktivitäten sichtbar!

„Tue Gutes und rede darüber." – Diesen Ausspruch werden Sie kennen. In unserem Fall geht es allerdings mehr darum, mit interessanten Personen zu sprechen und die Quintessenz dieser Unterhaltung oder des Gedankenaustauschs wiederum anderen sichtbar zu machen. Das heißt, „Führe interessante Unterhaltungen, und rede darüber." Wenn Sie erwähnen, welche Erkenntnis Sie gewonnen haben, machen Sie sich interessant. Noch interessanter machen Sie sich, wenn Sie die Quelle dieser Information benennen. Zu hören, dass Sie mit Herrn Prof. Wirtschaftsweise oder Frau Landtagsabgeordnete verkehren, beziehungsweise bei einer Vortragsveranstaltung teilgenommen haben, um Herrn CEO zum Thema Innovation sprechen zu hören zeigt, dass Sie kein Schreibtischtäter sind, sondern Ihr Ohr am Markt haben.

Bringen Sie sich in Position!

Ob Sie im Vorstand eines Ausschusses tätig sind, einer Referententätigkeit nachgehen oder an anderer Stelle Verantwortung tragen – all das sind gute Möglichkeiten, um Selbstmarketing zu betreiben. Ich werde regelmäßig gefragt, wie man denn überhaupt in solche Positionen kommt. Muss man nicht jahrelange Vorarbeit dafür leisten? Die Antwort ist Jein. Sicherlich gibt es Positionen, in die man nicht so ohne weiteres vordringt, doch in den meisten Fällen reicht es, Interesse zu äußern, Verantwortung übernehmen zu wollen. Gerade Vereine und Verbände leben vom Ehrenamt. Sprechen Sie die Verantwortlichen einfach direkt an. Sie werden überrascht sein, wie schnell Sie in Position kommen. Das gleiche gilt im Übrigen für Ihre interne Position. Arbeiten Sie daran, dass Sie für ein bestimmtes Thema stehen oder innerhalb Ihrer Organisation Verantwortung übernehmen. Das kann zum Beispiel bedeuten, dass Sie zum zentralen Ansprechpartner für Referendare und Hilfskräfte werden oder sich in einem Veranstaltungs-Komitee einbringen. Die Möglichkeiten sind vielfältig.

Machen Sie Ihre Expertise sichtbar!

Vorträge zu halten, ob kanzleiintern oder bei externen Veranstaltungen ist immer eine gute Gelegenheit, die eigene Expertise sichtbar zu machen. Doch auch in der ganz normalen Unterhaltung mit Ihrem (potentiellen) Mandanten können Sie Selbstmarketing betreiben. Sie müssen sich angewöhnen, gerade im Gespräch mit Nicht-Juristen komplexe juristische Sachverhalte leicht verständlich darzustellen. Versteht Ihr Gegenüber, was Sie sagen und hat Ihr Gesprächspartner einen Erkenntnisgewinn, dann hinterlassen Sie immer einen kompetenten Eindruck. Besonders positiv kommen auch anschauliche Fallbeispiele an. Das gleiche gilt für Ratschläge und hilfreiche Hinweise aus der Praxis.

Werden Sie zum Konnektor!

Menschen sinnvoll zusammenzubringen und Empfehlungen für Kontakte auszusprechen, ist die wohl wirksamste Form des Selbstmarketings. Es sagt nämlich nicht nur etwas über Ihr eigenes Netzwerk, sondern auch etwas über Sie persönlich und Ihre Werte aus. Stellen Sie sich vor, Sie werden bei einer Veranstaltung durch Ihren Gesprächspartner einer dritten Person vorgestellt. Dabei erwähnt dieser nicht nur Ihren Namen, sondern hebt auch in knappen Worten Ihre Expertise, Ihre Funktion oder einfach nur Ihre interessante Unterhaltung von eben wertschätzend hervor. Diese kleine Würdigung wird dazu führen, dass Sie sich selber geschmeichelt fühlen und einen guten Start in die folgende Unterhaltung haben werden. Der Dritte wird sich freuen, eine so interessante Person kennenlernen zu dürfen, ganz davon abgesehen, dass ihm wahrscheinlich eine ähnliche Würdigung zuteil geworden ist, denn auch er muss schließlich vorgestellt werden. Der Konnektor ist immer derjenige, dem die Sympathien von beiden Seiten zuspielen. Bleibt es dann nicht nur beim Austausch von Höflichkeiten, sondern steckt auch ein **Synergiegedanke** dahinter, hat der Konnektor gewonnen. Jemand, der Synergien schafft und daran interessiert ist, dass das Gegenüber weiterkommt, wirkt großzügig und souverän. Außerdem macht er sich interessant und als wichtiger Kontakt unentbehrlich. Diese Eigenschaft zahlt immer auch auf Ihr eigenes Selbstmarketing-Konto ein.

Geschicktes Selbstmarketing zu betreiben ist eine Kunst und hat, wie Sie sehen, recht wenig mit inszenierter, lautstarker Selbstdarstellung zu tun. Dennoch müssen Sie dafür sorgen, dass man Sie wahrnimmt, dass Sie sichtbar werden und dass man bestimmte Inhalte und Kommunikationserfahrungen mit Ihnen verbindet. Jede Kommunikationssituation bietet immer auch die Möglichkeit für Selbstmarketing, da alles, was Sie sagen, alles, was Sie tun, immer eine Wirkung bei Ihrem Gesprächspartner hinterlässt, die mit Ihrer Person verbunden ist. Spielen Sie also über Bande und hinterlassen Sie den Eindruck, den Sie gerne hinterlassen möchten.

Die Controlling-Strategie

Um wirklich systematisch zu netzwerken und die Ergebnisse Ihrer Arbeit zu überprüfen, brauchen Sie immer einen Kontrollmechanismus. Dadurch, dass Erfolge beim Netzwerken nicht in der Anzahl neuer Kontakte oder besuchter Veranstaltungen gemessen werden können, müssen wir auf ein anderes Kontrollinstrument setzen. Ein Mechanismus ist bereits angeklungen: Wenn Sie Ihren Partner oder Ihren Mentor in Ihr Vorhaben einbeziehen, sind Sie in Bringschuld und können das Thema nicht einfach wieder ad acta legen. Es geht darum, Ihr strategisches Thema systematisch zu verfolgen, dranzubleiben, es zu einer Art Dauerbrenner werden zu lassen, auch wenn der Schreibtisch eigentlich keine zusätzliche Kapazität zulässt. Es ist wie mit der Sportstunde, die Sie sich mühsam aus den Rippen schneiden, die aber auch einen festen Platz in Ihrer Agenda hat.

Wichtig ist, dass Sie Ihr Networking- und Akquisevorhaben immer vor Ihrem geistigen Auge sehen. Es ist keine zusätzliche Tätigkeit, sondern wesentlicher Bestandteil Ihres Business. Um sich die Gesamtthematik regelmäßig vor Augen zu führen, können Sie sich zum Beispiel ein Whiteboard in Ihr Büro hängen, auf das Sie Ihre Gesamtstrategie in Form eines **Mind-Maps** visualisieren. Malen Sie sich Ihr Aktivitätsportfolio förmlich an die Wand, notieren Sie Ihre Veranstaltungen und pinnen Sie gegebenenfalls eingesammelte Visitenkarten interessanter Kontakte an die entsprechende Stelle. Es ist motivierend, das eigene Zielbild immer weiter zu vervollständigen. Es veranschaulicht Ihnen aber auch, an welchen Stellen Sie noch nachrüsten können. Zu guter Letzt ist es eine wirkungsvolle Erinnerungsstütze, was Sie sich im Jahr an Aktivitäten vorgenommen haben und welche Kontakte Sie ggf. reaktivieren können. So wird aus einem Kontrollinstrument auch ein wirkungsvolles Kontaktpflegetool.

Fazit: Kontakte mit Köpfchen sind der Schlüssel zu einem profitablen Netzwerk

Sich erfolgreich ein Netzwerk aufzubauen ist also keine Frage der Begabung, des Persönlichkeitstyps oder des Zufalls, sondern vielmehr eine Frage des Willens, der Planung und der systematischen Herangehensweise. Dass ein solches Netzwerk und Ihre damit einhergehende Akquisekraft nicht über Nacht entstehen, ist klar. Es baucht Zeit. Und es braucht Kontinuität.

Doch wie lange dauert es wirklich?

Wenn Sie die Zeit ab Ihrem Eintritt in den Beruf in **Netzwerkarbeits-Abschnitte** einteilen müssten, dann können Sie **die ersten 3 Berufsjahre** dafür aufwenden, sich eine gute Basis für Ihr Netzwerk zu schaffen. Vernetzen Sie sich innerhalb Ihrer Kanzlei, sondieren Sie die Netzwerklandschaft und wählen Sie sich eine geeignete Plattform aus, um Ihre Networking-Kompetenzen zu trainieren.

Die nächsten 5 Jahre dienen dazu, Ihr fachliches Profil zu schärfen und sich mit Ihrer Expertise sichtbar zu machen. Sorgen Sie dafür, dass Sie sich sowohl intern, als auch extern einen Namen machen. Publizieren Sie, halten Sie Vorträge und nehmen Sie an fachlich relevanten Veranstaltungen teil. Zum Schluss dieses Zeit-Abschnitts werden Sie auch Ihren Business Case formulieren können, der auch Voraussetzung für eine Partnerschaft in Ihrer Kanzlei sein wird.

Egal welchen Weg Sie einschlagen, ob Partnertrack oder einen alternativen Karriereweg, Sie werden **die kommenden 10 Jahre** bereits von Ihrer Netzwerkaktivität profitieren können. Denn nun beginnt die Phase, in der Sie sich im Premiumbereich bewegen. Sie werden zu exklusiven Veranstaltungen eingeladen, sitzen im Vorstand relevanter Vereinigungen, werden empfohlen, können Geschäfte auf dem Golfplatz machen. Das klingt zwar etwas abgedroschen, ist aber letztlich Ausfluss der Qualität und der Stabilität Ihrer Beziehungen, die Sie über die Jahre hinweg aufgebaut haben. Entscheidend ist, dass Sie jetzt wirksam akquirieren können.

Die nächste Dekade ist dann die echte **Erntezeit**. Ca. 20 Jahre Netzwerk-Engagement liegen hinter Ihnen. Sie haben interessante Aufsichtsratsmandate, sind Ehrenvorsitzende, werden für Ihr Engagement gewürdigt und müssen nur noch die Fäden Ihres Netzwerks ziehen. Doch Vorsicht: Ruhen Sie sich nicht auf diesen Lorbeeren aus. Pflegen Sie dieses Netzwerk sorgfältig und bleiben Sie offen für neue Begegnungen.

5. So bleiben Sie in Kontakt – Tipps zur Kontaktpflege

Wenn wir erfolgreiche Netzwerker sein wollen, müssen wir zu leidenschaftlichen Gärtnern werden. Diese Metapher ist bereits an anderer Stelle aufgetaucht. Beziehungen sind wie Pflanzen, Sie müssen sie regelmäßig gießen, damit sie wachsen und gedeihen, vor allem aber stabile Wurzeln entwickeln können. Das bedeutet, dass wir eine große Aufmerksamkeit bei unseren Netzwerkaktivitäten auf die Pflege unserer Beziehungen richten müssen.

Es ist wichtig, auch hier mit einer gewissen Systematik vorzugehen. Wenn Sie zum Kapitel der Kontakt-Bestandsaufnahme zurückblättern, wird Ihnen eine wesentliche Voraussetzung für die erleichterte Kontaktpflege wieder in Erinnerung kommen. Alles steht und fällt mit der **Priorisierung** und der Einordnung Ihrer Kontakte in Kategorien. Das sollten Sie unbedingt tun, um einen Überblick über Ihr Netzwerk, aber auch eine bessere Handhabe zur Pflege Ihres Netzwerks zu gewinnen.

Bei der Kontaktpflege unterscheiden wir zwischen der kurzfristigen und der langfristigen Pflege. Die kurzfristige Pflege gilt vor allem dem Neu-Kontakt oder auch jenem Kontakt, den Sie reaktiviert haben. Wenn Sie bei einer Veranstaltung eine interessante Person kennengelernt oder eine vielversprechende Unterhaltung geführt haben, können Sie folgende **Regeln zur kurzfristigen Kontaktpflege** in Erwägung ziehen:

1. Sorgen Sie bereits während der Unterhaltung dafür, dass Sie **Anknüpfungspunkte zur Vertiefung** Ihres Kontakts schaffen. Das können unterschiedlichste Möglichkeiten sein:
   - Sie können den Wunsch zur Fortsetzung Ihrer Unterhaltung beim Mittagessen o.ä. konkretisieren
   - Sie können Ihrem Gesprächspartner Informationsmaterial zusagen, das Sie ihm übersenden wollen
   - Sie können ihm die Teilnahme an einer Veranstaltung anbieten, zu der Sie Zugang haben und die für ihn von Interesse ist
   - Sie können Ihrem Gesprächspartner versprechen, einen Kontakt für ihn herzustellen

   Die Möglichkeiten sind vielfältig. Wichtig ist, dass Sie alle Ihre Versprechen einhalten und das möglichst in einem Zeitfenster von maximal 48 h.
2. Übertragen Sie die Kontaktinformationen Ihres neuen Kontakts in Ihr **persönliches Kontaktmanagementsystem**. Am besten, Sie machen die Person über soziale Netzwerke wie Xing oder LinkedIn ausfindig und senden eine Kontaktanfrage. Wichtig ist dabei, dass Sie eine kurze persönliche Nachricht formulieren, am besten mit Hinweisen auf den Ort oder die Gelegenheit des Kennenlernens. Zum Beispiel: *„Sehr geehrter Herr Huber, vielen Dank für die anregende Unterhaltung gestern im Rahmen des Sommerempfangs. Es würde mich sehr freuen, mit Ihnen in Kontakt zu bleiben.“* Ihre Nachricht wird auf der Plattform bei Ihrem Kontakt gespeichert und wird Ihnen als Gedächtnisstütze dienen, insbesondere wenn einige Jahre nach dem Kennenlernen ins Land gegangen sind.

3. Übertragen Sie die Kontaktinformationen gegebenenfalls auch in das **CRM-System** Ihrer Kanzlei, sofern dieser als potentieller Mandant auch bei Kanzlei-Mailings angesprochen werden soll.
4. **Werten Sie Ihre Neu-Kontakte** auch nach Potential aus und sortieren Sie diese in die passende Kategorie Ihrer Prioritätenliste ein. Hierzu empfiehlt es sich, eine separate Namensliste zu führen, um einen Überblick über Ihr Kontaktportfolio zu behalten.
5. Machen Sie sich persönliche **Notizen zu Gesprächsinhalten** und ggf. besonderen Merkmalen Ihres Gesprächspartners. Hilfreich ist es auch, Ideen zu notieren, wie Sie diesem Kontakt nützlich sein können beziehungsweise wie Sie selber von diesem Kontakt profitieren könnten. Dazu eignet sich im Übrigen die Rückseite der Visitenkarte oder Ihre Namensliste.
6. Initiieren Sie, falls noch nicht geschehen, einen **Follow-up-Termin.** Das kann ein Business-Lunch sein oder ein Treffen bei einer anderen Gelegenheit. Hauptsache, Sie lassen nicht zu viel Zeit verstreichen. Dabei empfiehlt es sich, Ihren Kontakt anzurufen. Ein kurzer Anruf möglichst unmittelbar nach dem Treffen ist immer besser als eine E-Mail, weil Sie damit noch höhere Verbindlichkeit erzeugen. Das gilt natürlich nur für besonders vielversprechende Kontakte. Aber gerade ein guter neuer Kontakt braucht jetzt Aufmerksamkeit. Daher sollten Sie JETZT mehr Zeit in diesen Kontakt investieren. Zum einen, um den Kontakt auf Werthaltigkeit zu überprüfen, zum anderen, um der Beziehung Raum zum Wachsen zu geben. Gerade die jungen, vielversprechenden Pflänzchen brauchen viel Pflege.

Die **kurzfristige Kontaktpflege** hat den großen Vorteil, dass Sie völlig unkompliziert ist. Der Kontakt ist noch warm und die Tür zur Vertiefung steht weit offen. Es gibt kaum Widerstände, den Hörer in die Hand zu nehmen oder eine kurze

E-Mail zu formulieren und an das kürzlich stattgefundene Zusammentreffen anzuknüpfen. Je länger Sie warten, desto schwieriger wird es und desto lauter wird sich Ihr innerer Schweinehund zu Wort melden.

Die **langfristige Kontaktpflege** basiert auf einem Wiedervorlagesystem. Hier geht es darum, je nach Priorität regelmäßig in Kontakt zu treten. Die **Priorität A** sind die Premiumkontakte, die derzeit Ihrer besonderen Aufmerksamkeit bedürfen. Wie bereits erwähnt, sollten das nicht mehr als 10 Personen sein. Mit manchen von diesen Personen ist es relativ leicht, Kontakt zu halten, weil sie vielleicht mit Ihnen zusammen arbeiten, zu Ihrem Freundeskreis gehören oder durch einen anderen Umstand leicht verfügbar sind. Ein Feierabendbier, die gemeinsame Sportstunde, das regelmäßige Telefonat oder das monatliche Treffen im Club lassen sich recht unkompliziert in den Tagesablauf integrieren. Doch es werden mit Sicherheit auch einige Kontakte zu Priorität A gehören, die eine hohe strategische Wichtigkeit für Sie haben, doch nicht so leicht verfügbar sind. Bei diesen Kontakten geht es darum, sinnvoll zu planen, wann Sie sich treffen und warum Sie sich treffen. Der Trick ist, ein gemeinsames Thema zu schaffen, das Sie verbindet, an dem Sie gemeinsam arbeiten und von dem beide profitieren. Dann wird Ihre Beziehungspflege substantiell untermauert und nicht zum bloßen Selbstzweck.

Achten Sie auf **regelmäßigen Austausch unter vier Augen**. Business Lunches eignen sich hierfür besonders gut. Stoßen Sie die Kommunikation an und verabreden Sie sich. Diese Rechnung kennen Sie bereits: Bei 46 Kalenderwochen im Jahr und einem Business Lunch pro Woche, können Sie sich mit allen 10 Priorität-A-Kontakten im Schnitt 4–5 mal pro Jahr zum Mittagessen treffen. Das sollte sich einrichten lassen. Dadurch, dass Sie aufgrund Ihrer Zielsetzung ein gesteigertes Interesse an diesen Kontakten haben, werden Ihnen die Termine leicht von der Hand gehen. Wichtig ist trotzdem, dass Sie immer gut vorbereitet sind und Ihre Produktivitäts-Strategie im Blick haben, wenngleich bei Neukontakten natürlich im Vordergrund steht, einander besser kennenzulernen. Vielleicht werden Sie sich neben geschäftlichen Themen auch einfach nur mal über Sport oder Kultur unterhalten. Dagegen ist nichts einzuwenden. Im Gegenteil. Der Austausch von privaten Interessen oder Erfahrungen sind wichtiger Bestandteil der Vertrauensbildung. Entscheidend ist, dass eine tiefe und belastbare Beziehung entstehen kann.

Priorität A – Kontaktpflegetipps im Überblick

- Entwickeln Sie ein gemeinsames Thema
- Pflegen Sie eine kontinuierliche Kommunikation (auch telefonisch)
- Schaffen Sie Gründe und Gelegenheiten für Follow-up
- Treffen Sie sich zum Business Lunch
- Besuchen Sie Veranstaltungen, bei denen Sie aufeinander treffen

Priorität-B-Kontakte umfassen je nach Seniorität wahrscheinlich 30–50 Personen aus Ihrem Kontaktportfolio. Bei zwei Regelkommunikationen zum Geburtstag und zu Weihnachten, sollten Sie im Jahr weitere zwei Kontaktaufnahmen pro Person einplanen. Das heißt, Sie sollten pro Woche (wir rechnen wieder mit 46 Kalenderwochen) ein bis zwei Kontaktaufnahmen realisieren. Im Unterschied zu Ihren Priorität-A-Kontakten können Sie bei dieser Personengruppe recht spontan entscheiden, wer sich gerade zum Kontakten eignet, denn der Inhalt Ihrer Kontaktpflege ist nun ein anderer. Während es bei der Priorität A vornehmlich um konkrete gemeinsame Inhalte geht, geht es bei der Priorität B darum, sich in Erinnerung zu bringen. Dazu benötigen Sie lediglich einen Anknüpfungspunkt. Meist ergeben sich diese Anknüpfungspunkte durch einen Blick in Ihr **Xing oder LinkedIn-Portfolio.** Hier erfahren

Sie nämlich auf der Startseite, was sich bei Ihren jeweiligen Kontakten so tut: Wenn jemand die Kanzlei oder die Position wechselt, über neue Fähigkeiten oder Erfahrungen verfügt, die Promotion abgeschlossen oder eine neue Mitgliedschaft ergänzt hat – jeder pflegt sein eigenes Profil und informiert gleichzeitig alle seine Kontakte über aktuelle Veränderungen. Je nach Anlass können Sie gratulieren, Bezug nehmen, nachfragen – per Telefon oder per Mail. Natürlich haben Sie immer auch die Möglichkeit über Xing oder LinkedIn zu schreiben, doch ich empfehle Ihnen, gerade wenn es um Glückwünsche geht, den direkten Weg über die ‚echte' E-Mailadresse zu wählen oder am besten zum Hörer zu greifen.

Weitere Möglichkeiten der Kontaktpflege ergeben sich durch Ihre **tägliche Lektüre** von Newslettern, Mailings, Veranstaltungseinladungen oder der Tageszeitung. Was bei Ihnen vielleicht in der Ablage P landet, könnte ggf. für einen Ihrer Kontakte von Interesse sein. Lesen Sie also ab sofort auch mit den Augen anderer. Dazu hilft es, sich zum Beispiel zu Wochenbeginn die Namensliste Ihrer B-Kontakte anzuschauen, um sich manche Namen und Gesichter in Erinnerung zu rufen. Dadurch gelingt es Ihnen leichter, beim Lesen von Informationen an die gezielte Weiterverwertung zu denken und sofort zu wissen, wem Sie den Newsletter, den Zeitungsartikel, die Einladung o. ä. weiterleiten – natürlich mit ein paar netten persönlichen Zeilen dazu. Der Empfänger wird sich darüber freuen, dass Sie an ihn gedacht haben und empfindet die Information schon deshalb als wertvoll. Dieser Stil der Kontaktpflege schafft einen **Nutzen** für die Kontaktperson und bringt Sie elegant ins Spiel. Wenn Sie die Weiterleitung noch mit einer Nachfrage kombinieren, sind Sie wieder im Gespräch. Im besten Fall kommt Ihre Nachricht in einem günstigen Moment, der Ihre Beziehung wieder aufblühen lässt. Ansonsten war es eine nette Geste, für die sich der Empfänger freundlich bedanken und Sie wieder auf dem Schirm haben wird.

Gute Bekannte aus dem Referendariat oder dem Businessclub, ehemalige Kollegen, aber auch Mandanten, mit denen Sie sehr intensiv zusammengearbeitet haben und zu denen eine freundschaftliche Beziehung besteht, gehören auch zu Ihrem Priorität-B-Netzwerk. Bei dieser Zielgruppe eignet sich der sogenannte **‚Anruf ohne Anliegen'**. Wie oft ist man im Auto unterwegs, steht womöglich im Stau – diese Gelegenheiten eignen sich vorzüglich, um einen solchen ‚Anruf ohne Anliegen' zu tätigen. Einfach mal wieder hören, wie es dem anderen so geht und selber die neuesten Geschehnisse oder Projekte mitteilen. So bleiben Sie in Kontakt und Ihre Beziehung verkraftet es, wenn Sie länger nichts voneinander hören. Sollte dann eines Tages der Moment kommen, wo Sie gezielt auf diesen Kontakt zugreifen müssen oder Sie etwas Konkretes brauchen, dann ist die Überwindung zum Hörer zu greifen wesentlich geringer, als wenn Sie ewig nichts voneinander gehört haben. Zumal Sie dann nicht den Ruf riskieren, sich immer nur dann zu melden, wenn Sie etwas brauchen.

Priorität B – Kontaktpflegetipps im Überblick

- Nehmen Sie sich pro Woche zwei Kontakte von Ihrer Kontaktliste vor
- Machen Sie täglich einen 10-minütigen Social-Media-Check und überblicken Sie die Neuigkeiten aus Ihrem Netzwerk
- Nutzen Sie jegliche spontane Anknüpfungspunkte für Ihre Kommunikation
- Leiten Sie Informationen weiter je nach Interessengebiet
- Tätigen Sie ‚Anrufe ohne Anliegen'
- Besuchen Sie Veranstaltungen, wo Sie mehrere Personen gleichzeitig treffen

Es bleiben nun noch die Kontakte, die der Kategorie C angehören und damit den Rest Ihres Kontaktportfolios ausmachen.

Diese Kontakte können Sie mit Newslettern oder unverbindlichen Einladungen zu größeren Veranstaltungen versorgen. Es ist nicht nötig, regelmäßig persönlich zu kommunizieren. Vielleicht ergibt sich ein zufälliger Anknüpfungspunkt über die sozialen Netzwerke. Dann können Sie entscheiden, ob Sie diesen nutzen wollen. Manchmal ergibt sich ein persönlicher Kontakt aus einer Mailing-Aktion weil sich der Empfänger interessiert und eine Rückmeldung dazu gibt. Dann können Sie sich freuen. In diesem Fall verschieben sich gegebenenfalls sogar die Prioritäten.

Priorität C – Kontaktpflegetipps im Überblick

- Senden Sie Newsletter und Einladungen zu Veranstaltungen
- Nutzen Sie den Verteiler zur Multiplikation von Informationen
- Bearbeiten Sie persönliche Rückmeldungen

Noch eine Bemerkung zu Geburtstags- und Weihnachtskarten. Selbstverständlich ist das die beliebteste und einfachste Methode der Kontaktpflege. Doch immer öfter erhalten wir gerade zu Weihnachten personalisierte Massenmails auch von Personen, mit denen wir in regem Austausch stehen. Das wirkt enttäuschend und wenig wertschätzend. Gerade bei den Prio A und B Kontakten empfehle ich Ihnen die persönlichen, möglichst sogar handschriftlichen Zeilen. Sie sind um einiges wertvoller und werden auch nicht so ohne weiteres einfach weggeschmissen. Manche Weihnachtskarte wird sogar aufgehoben. Daher überlegen Sie sich gut, ob Sie nicht doch die Weihnachtszeit dafür nutzen wollen, dem anderen für seine guten Ideen, wertvollen Tipps, seine angenehme Gesellschaft, das erfolgreiche Projekt oder seine Freundschaft zu danken.

Pflegen und gepflegt werden

Zum Schluss habe ich noch einen letzten Tipp, wie Sie einen ganz anderen Kanal der Kontaktpflege nutzen können: Pflegen Sie Ihr eigenes Xing- oder LinkedIn-Profil. Aktualisieren Sie regelmäßig Ihre Fähigkeiten und Ihre Beratungsexpertise. Empfehlen Sie Ihrem Netzwerk interessante Artikel oder posten Sie sogar eigene Artikel, sofern Sie etwas publiziert haben. Sie können auf diesen Plattformen auch Einträge kommentieren oder Gruppen beitreten. So wie Sie die neuen Informationen Ihrer Kontakte als Anknüpfungspunkte für die Kontaktpflege nutzen, so schaffen Sie im Umkehrschluss auch eigene Anknüpfungspunkte für andere. Außerdem sind Sie durch Ihr proaktives Engagement sichtbar für Ihre Kontakte. Betreiben Sie diese Aktivität dosiert und mit Weitblick. Sie werden sehen, dass sich die kontinuierliche Kontaktpflege für Sie auszahlen wird.

Internes Netzwerk als Karrierebaustein

Interview mit Dr. Manfred Kessler, Geschäftsführer der KPMG Rechtsanwaltsgesellschaft mbH (KPMG Law) und Global Head des KPMG Legal Services Network

Warum ist das interne Netzwerken für Rechtsanwälte in einer Organisation wie der KPMG so wichtig?
Internes Netzwerken in einer Organisation wie der KPMG ist essentiell. KPMG hat deutschlandweit inzwischen rund 10.000 Mitarbeiter und bietet durch die Bereiche Steuerberatung (Tax), Wirtschaftsprüfung (Audit), Transaktionsberatung (Deal Advisory) sowie Unternehmensberatung (Consulting) sehr viele Ansatzpunkte, Mandanten aus sehr unterschiedlichen Bereichen zu beraten. Mit KPMG Law und der damit einhergehenden Rechtsberatung schließt sich der Kreis. Ein großer Vorteil einer solchen Organisation ist, dass unsere Beratungsideen interdisziplinär entstehen können. Wenn Spezialisten aus den verschiedenen Bereichen der Beratung und Prüfung zusammenkommen und ihre jeweilige Expertise einbringen, dann ist das der beste Nährboden für Business Development. Dabei treibt uns die Frage, wie wir unsere Mandanten voranbringen und gemeinsam Lösungen für die aktuellen Herausforderungen am Markt entwickeln können. Genau dafür müssen die Mitarbeiter in Kontakt miteinander sein und diesen Pool an Möglichkeiten nutzen.

Wie baut man sich ein solches Netzwerk als junger Mitarbeiter auf?
Das muss ganz klar vom Individuum ausgehen. Niemand wird Ihnen diese Arbeit abnehmen. Das heißt, dass sich gerade junge Mitarbeiter proaktiv um eine Vernetzung bemühen müssen. Und das ist nicht ganz einfach, denn das kostet Zeit.

Wie in allen Hochleistungsorganisationen geht es auch bei uns um Auslastung und Umsatzsteigerung. Gleichzeitig wollen wir aber auch unseren Mandanten immer wieder neue Lösungen anbieten und erwarten den interdisziplinären Austausch. Deswegen muss der Einzelne das Thema Vernetzung auf dem Schirm haben und ein Bewusstsein dafür entwickeln, gerade wenn er mit anderen Abteilungen aus dem Haus zusammenarbeitet. Und die Organisation muss ihrerseits diesen Prozess der interdisziplinären Kommunikation systematisch anregen und managen, trotz Auslastungsziel.

Es gibt gute Möglichkeiten, als junger Mitarbeiter zeitsparend in ein Netzwerk zu investieren. Das beginnt damit, dass man von Tag 1 an alle gebotenen Möglichkeiten nutzt, sich zu vernetzen. KPMG bringt z.B. alle Neueinsteiger aus allen Bereichen zu Beginn ihrer Tätigkeit zusammen. Diese Veranstaltung hat natürlich das Ziel, die neuen Mitarbeiter innerhalb der Organisation zu orientieren und ihnen einen Überblick über die verschiedenen Tätigkeitsfelder bzw. internen Angebote zu vermitteln. Doch genauso wichtig ist es für die Teilnehmer, diese Zusammenkunft auch aktiv zu nutzen. Die Kollegen, die man hier kennenlernt, bilden die Grundlage des internen Netzwerks. Natürlich liegt es in der Hand jedes Einzelnen und ist auch erwünscht, über die eigene Disziplin hinaus Kontakte zu knüpfen und diese auch nach der Einführungsveranstaltung weiter zu pflegen.

Ferner ist es ratsam, sich proaktiv bei Kollegen und Vorgesetzten im Haus vorzustellen. Auch hier kann man die zahlreichen internen Weiterbildungsveranstaltungen sowie Social Events, wie z.B. Weihnachtsfeiern oder Betriebsausflüge gut nutzen. Man muss sich einfach zu den Leuten dazu stellen, die Sie noch nicht kennen. Doch sollte man auch im Daily Business die Gelegenheit beim Schopf packen und auf die entsprechenden Personen zu gehen. Dazu gehört auch das Mittagessen mit dem Audit-Kollegen oder das Feierabendbier mit dem Team.

Man sollte auch dafür sorgen, dass man möglichst schnell Vorträge bei internen Veranstaltungen halten darf. Der nächste Schritt ist dann, auch extern die eigene Expertise sichtbar zu machen. Selbstmarketing ist in einer so großen Organisation wie der KPMG ungemein wichtig.

Ein anderes Instrument, das dem Networking dient, sind soziale Netzwerke. Ein aussagekräftiges Profil bei Xing mit einem seriösen Bild ist immer ein gutes Aushängeschild. Fortgeschrittene können auch gezielt Themen sichtbar machen oder Kontaktanfragen bezüglich ihrer Targets starten.

Im Grunde entwickelt sich das interne Netzwerk ganz von selbst, wenn man die richtigen Impulse setzt. Voraussetzung dafür ist immer die persönliche Bereitschaft und das Engagement.

Wie haben Sie Ihr Netzwerk aufgebaut?

Ich habe mich damit, wie viele Berufseinsteiger, zunächst eher schwer getan. Damals arbeitete ich in der Steuerabteilung der KPMG. Die Arbeit hat mir immer sehr viel Spaß gemacht, schon durch die gestellten hohen fachlichen Anforderungen, den häufig interdisziplinären Bezug und die ausnahmslos spannenden großen Mandate. Ich unternahm auch bereits vorsichtige Erstversuche in Sachen Akquise, doch der Erfolg ließ zunächst auf sich warten. Als ich im Jahr 2000 als Partner nach Stuttgart kam, wurde von mir erwartet, jetzt für die KPMG gezielt nach außen zu gehen. Und da hatte ich ein Schlüsselerlebnis: Im Team haben wir auf Basis einer kurz davor erfolgten Gesetzesänderung ein Reorganisationsmodell im steuerlichen Bereich entwickelt. Mit diesem Beratungsansatz sind wir dann an Unternehmen herangetreten und spürten sofort ein großes Interesse. Die Erkenntnis lag für mich darin, dass man Mandanten durch Kreativität und brillante fachliche Arbeit und einem schließlich daraus resultierenden Beratungsansatz überzeugen kann und muss. Das schafft enorm Selbstvertrauen und führte schließlich auch zu herausragendem Akquiseerfolg. Es nützt nichts, wenn man fachlich herausragend ist, aber niemand weiß es. Daher muss zu der fachlichen Qualität auch immer der Spaß daran gefördert werden, diese guten Ideen beim Mandanten zu adressieren. Das bedeutet: Arbeiten Sie gemeinsam an guten Ideen und gehen Sie dann raus, um diese Ideen zu verkaufen.

Ist das interne Netzwerk auch ein Akquiseinstrument?
Selbstverständlich resultieren Mandate aus dem internen Netzwerk. Sehr oft kommt es vor, dass wir von KPMG Law gemeinsam mit der KPMG AG zum Pitch geladen sind. Da kommt es auch darauf an, sich gemeinsam gut beim Mandanten zu präsentieren. Eine gute Zusammenarbeit kann man nicht vortäuschen. Die Chemie im Team muss von Anfang an stimmen.

Wenn Sie sich intern einen Namen gemacht haben, dann werden Sie mit Ihrer Expertise von den Kollegen anderer Bereiche auch schnell mal in ein Mandat involviert. Natürlich erwarten diese Kollegen dann auch, dass man sich einmal revanchiert. Doch genau diese Erwartungshaltung führt dazu, dass die Hemmschwelle für interne Netzwerkaktivitäten und Akquisebemühungen gesenkt und die Bereitschaft hierzu erhöht wird. Es ist das Do Ut Des-Prinzip, das wir als Organisation verfolgen und das sich für alle gleichermaßen auszahlt und für einen enormen Wettbewerbsvorteil sorgt.

Muss man netzwerken, um bei der KPMG erfolgreich zu sein?
Unbedingt! Doch die Frage ist natürlich berechtigt. In manchen großen Law Firms will man gar nicht unbedingt, dass die jungen Associates Akquisebemühungen zeigen. Eine interne Vernetzung ist natürlich auch dort erwünscht, kann aber mangels vergleichbaren interdisziplinären Beratungs-

angebots gar nicht so erfolgreich sein, wie bei uns. Bei der KPMG ist dies aber entscheidend. Jeder Associate ist gut beraten, wenn er für seine Bekanntheit im Unternehmen Sorge trägt und auch für ihn interessante Kontaktpersonen intern proaktiv ausfindig macht. Dies befördert die persönliche Karriere immens. Selten wird jemand außerhalb seines engeren Teams an seine Tür klopfen oder bei ihm anrufen, wenn er nicht die Voraussetzung dafür geschaffen hat. Gerade deswegen ist es so wichtig, die internen Möglichkeiten zur Vernetzung zu nutzen. Wie bieten an vielen Standorten z.B. sogenannte Happy Hours an, die diesen interdisziplinären Austausch fördern; daneben gibt es die bereits erwähnten standortbezogenen bereichsübergreifenden Onboarding-Veranstaltungen sowie standortüberreifende, dann aber fachbereichsbezogene Weiterbildungsveranstaltungen.

Auch beim Recruiting wird gezielt danach geschaut, welche Interessen oder Tätigkeiten der Kandidat bisher verfolgt hat. Ist er zum Beispiel aktives Mitglied in einem Sportverein, einer Partei oder einer sozialen Einrichtung, und hat er dort auch bereits Verantwortung übernommen? Solche Engagements sind für uns von großem Interesse, weil sie darauf schließen lassen, dass der Bewerber über ein Grundmaß an Netzwerkfähigkeit, sozialer Kompetenz und ggf. Organisationstalent verfügt.

Zu welcher Vorgehensweise raten Sie, wenn Sie bei externen Veranstaltungen akquirieren?

Ich würde mir vor der Veranstaltung zunächst die meistens verfügbare Teilnehmerliste genau ansehen. Dadurch erhalten Sie zunächst einen Überblick über die erwarteten Teilnehmer. Sollte Ihnen keine Teilnehmerliste ausgehändigt werden, empfiehlt es sich, einen Blick beim Registration Desk auf die ausgelegten Namensschilder zu werfen. Identifizieren Sie schließlich die Personen, die Sie interessieren und treten Sie proaktiv an diese heran. Wichtig ist natürlich, dass Sie auch ein passendes Gesprächsthema parat haben und am besten über gewisse Vorkenntnisse im Hinblick auf Ihren Wunschgesprächspartner oder dessen Unternehmen verfügen. Sich bei solchen Gelegenheiten über ein aktuelles fachliches Thema zu nähern, ist bei weitem erfolgsversprechender, als dauerhaft über das Wetter zu plaudern. Gleichwohl sollte man natürlich das Socializing beherrschen, um geschmeidig ins Gespräch zu kommen.

Ich persönlich empfinde das Nachfassen nach Veranstaltungen als wichtigsten Baustein im Akquiseprozess. Hier muss man mit viel Fingerspitzengefühl agieren und den schmalen Grad zwischen dadurch zum Ausdruck gebrachter Wertschätzung gegenüber der Person, die man kennengelernt hat, und etwaiger Aufdringlichkeit gehen. Nichts tun ist keine Alternative. Rufen Sie den potentiellen Mandanten an und vertiefen Sie den Kontakt zu ihm. Wenn Sie die Grundlage dafür im Gespräch gelegt haben und etwas Interessantes zu bieten haben, das ihm in seiner konkreten Situation helfen kann, dann wird Ihnen dieses Telefonat leicht von der Hand gehen. Die Informationen hierfür sollten Sie während des Gesprächs auf der Veranstaltung von ihm erhalten haben. Ist dies gelungen, war es für alle Beteiligten eine erfolgreiche Aktion und die Grundlage für künftige vertrauensvolle Zusammenarbeit mit einem neuen Mandanten.

„Die Redekunst ist die allerumfassendste Kunst“

Augustinus von Hippo

III. Rhetorische Strategien zum Netzwerken und Akquirieren

Kommen wir nun zur kommunikativen Umsetzung Ihrer Networking- oder Akquisitionsvorhaben. Es können sich noch so gute Situationen und Gelegenheiten ergeben, wenn Sie diese nicht rhetorisch zu verwandeln wissen, sondern nur sprachlos und ohnmächtig daneben stehen, sind alle Bemühungen im Grunde umsonst. Gerade deshalb ist es wichtig, sich zum einen die passende Strategie für bestimmte Anlässe zurechtzulegen, zum anderen aber auch über technisches Handwerkszeug zu verfügen, um Akquisitionssituationen erfolgreich zu meistern. Wer glaubt, man brauche nur eine große Klappe und jede Menge Selbstbewusstsein, der liegt falsch. Denn in erster Linie braucht man vor allem Köpfchen.

Die Rhetorik ist uns bekannt als Redekunst, dabei ist sie in erster Linie eine Denkkunst, bevor sie zur Redekunst wird. Sie hält ein umfangreiches Instrumentarium zur Entwicklung von Überzeugungsstrategien bereit und es sind genau diese Vorüberlegungen, die auch dazu führen, eine höhere Erfolgsquote beim Netzwerken und Akquirieren zu haben. Egal um welche kommunikative Herausforderung es geht, der Rhetoriker ist immer ein Stratege, der sich wie ein Schachspieler die verschiedenen Schritte überlegt und die möglichen Spielzüge seines Gegenübers antizipiert.

Rhetorische Strategien zu entwickeln kann mehr oder weniger aufwendig sein. Es kommt immer darauf an, was Sie vorhaben. Die rhetorische Strategie für einen Vortrag wird Sie wesentlich mehr Zeit kosten, als die rhetorische Strategie für ein Telefonat mit Ihrem Mandanten. Entscheidend ist, dass Sie überhaupt an eine entsprechende Vorbereitung denken. So oft gehen wir in Meetings, auf Veranstaltungen, rufen den Mandanten an oder halten sogar ganze Vorträge, ohne wirklich vorbereitet zu sein. Typische Aussagen sind: „Das wird schon irgendwie gut gehen", „Ich muss einfach gut drauf sein, dann wird das schon laufen" oder „Das mache ich immer spontan". Je länger wir im Beruf sind, desto mehr verlassen wir uns dabei auf unsere Routinen. Doch dass sich bei diesen Routinen womöglich auch Unachtsamkeiten oder sogar Fehler eingeschlichen haben, daran denken wir nicht.

Besonders gravierend wirkt sich das bei Präsentationen aus: Aus Zeitgründen greift man schon mal auf die Copy-&-Paste-Funktion zurück oder zieht automatisch Vorlagen aus dem Intranet heran, die man dann zu einer Präsentation zusammenfügt. Dabei muss man sich zu allererst fragen: WOZU präsentiere ich eigentlich? Erst dann kann man die passenden Informationen und Folien auswählen, die man benötigt, um das Ziel zu erreichen. Die Vortragsrealität zeigt nur allzu deutlich, dass die meisten Präsentationen reiner Selbstzweck sind. Dabei könnte man so vieles damit bewirken. Und genau hier greift die **Rhetorik als Denkkunst**.

Wenn Sie zum Beispiel an einem wichtigen Pitch teilnehmen oder vor einer größeren Verhandlung stehen, dann werden Sie sicher daran denken, genügend Zeit für die Entwicklung einer Strategie einzuplanen. Von der Erstellung des Mandantenprofils über die Auswahl der passenden Inhalte bis hin zur Gestaltung einer ansprechenden Dramaturgie – hier gibt es schließlich viel zu tun. Doch auch wenn Sie nur als Gast auf eine Veranstaltung gehen und hoffen, dort auf eine Ihrer Zielpersonen zu treffen, sollten Sie sich eine rhetorische Strategie zurechtlegen. Das gleiche gilt für den Anruf beim Mandanten, die kurze Selbstpräsentation, das Akquisegespräch oder die Anmoderation einer Mandantenveranstaltung – es ist immer sinnvoll zu wissen, was man bewirken will und mit welchen rhetorischen Mitteln man sein Ziel erreichen kann. Das gleiche gilt übrigens auch für die schriftliche Kommunikation.

Bei Ihren Networking- und Akquiseaktivitäten stehen grundsätzlich immer drei Dinge im Mittelpunkt, an denen wir uns auch für die Entwicklung rhetorischer Strategien orientieren werden:

- Wie kann es Ihnen gelingen, Vertrauen und eine Bindung zu Ihrem Gesprächspartner aufzubauen?
- Wie kann es Ihnen gelingen, Ihre Kompetenzen und die Kompetenzen Ihrer Kanzlei sichtbar zu machen?
- Wie kann es Ihnen damit gelingen, Bedarf bei Ihrem Gegenüber zu wecken?

Strategien zu entwickeln, ist immer mit sorgfältigem Nachdenken verbunden und damit auch mit einem Zeitaufwand. Dieser Zeitaufwand, aber auch die Komplexität, lassen sich mit Hilfe einer Systematik reduzieren. Aus diesem Grund möchte ich Ihnen zunächst eine Denkanleitung vermitteln, die Ihnen das Entwickeln von rhetorischen Strategien erleichtert. In den folgenden Kapiteln werden Sie dann Techniken kennenlernen, die Sie für die Umsetzung Ihrer rhetorischen Strategien in Networking- und Akquisesituationen brauchen werden.

1. Die Schnellstrategie für kommunikative Herausforderungen

Es gibt ein paar wenige Grundüberlegungen, die Ihnen dabei helfen werden, die richtigen Impulse für eine erfolgreiche Kommunikation zu setzen. Dazu sind lediglich drei Gedankenschritte nötig:

Schritt 1: Was ist Ihr Ziel?

Am besten, Sie gehen dabei vom Ergebnis aus und formulieren sehr präzise, was Sie erreichen oder was Sie mit Ihrer Rede bewirken wollen. Unterscheiden Sie dabei die **vordergründige** und die **hintergründige Zielsetzung.** Wenn Sie zum Beispiel einen Fachvortrag vor potentiellen Mandaten halten, dann ist Ihr vordergründiges Ziel, Ihre Zuhörer über das ausgewählte Thema zu informieren, offene Fragen zu beantworten oder typische Fallstricke aus der Praxis zu beleuchten. Ihr hintergründiges Ziel ist es wahrscheinlich, Beratungsbedarf zu wecken, von der Expertise Ihrer Kanzlei zu überzeugen und sich selbst als kompetenten Ansprechpartner darzustellen. Die vordergründigen Ziele bedienen dabei die Erwartungshaltung Ihrer Hörer, die hintergründigen Ziele Ihre eigenen. Die vordergründigen Ziele sind immer jene Ziele, die Sie explizit Ihrem Zuhörer gegenüber äußern, die hintergründigen Ziele sind diejenigen, die Sie erwirken, ohne sie explizit zu erwähnen. Dabei muss es Ihnen gelingen, die hintergründigen Ziele mit Hilfe der vordergründigen subtil zu transportieren. Das hat nichts damit zu tun, dass Sie Ihrem Adressaten womöglich absichtlich etwas Wesentliches vorenthalten wollen.

Oft kommen wir in Redesituationen, in denen wir selbst nur die vordergründige Aufgabenstellung erkennen und wahrnehmen. Wenn Sie zum Beispiel bei einem Praxisgruppenmeeting gebeten werden einen **Vortrag** zu halten, dann zielen Sie aller Voraussicht nach vor allem auf die Wissensvermittlung ab. Dass eine solche Situation immer auch eine interne Akquisesituation sein kann oder zumindest eine Gelegenheit darstellt, Ihre Expertise dem Partner und Kollegen sichtbar zu machen oder sich für den Themenbereich zu empfehlen, das kommt einem bei der Vorbereitung eher seltener in den Sinn. Letzteres entspricht aber genau jener hintergründigen Zielsetzung.

Die genau umgekehrte Problematik wird bei **Pitchpräsentationen** ersichtlich. Hier wird vor allem durch die häufige Verwendung von Marketingphrasen die hintergründige Zielsetzung zu stark in den Vordergrund gerückt, sodass der Mandant das Gefühl bekommen kann, einer Werbeveranstaltung beizuwohnen. Das gleiche gilt bei Recruitingveranstaltungen, bei denen Sie neue Mitarbeiter akquirieren wollen. Setzen Sie einfach einen anderen Fokus. Je genauer Sie also die vordergründige und hintergründige Zielsetzung formulieren und voneinander abgrenzen, desto leichter wird es Ihnen fallen, eine Denk- und damit auch eine Sprechrichtung zu finden.

Präzisieren Sie nun Ihre Zielüberlegung, indem Sie **drei weitere Fragen** für sich beantworten:

1. **Welche Botschaft(en) möchte ich transportieren?**
2. **Was soll mein Gegenüber von mir denken?**
3. **Was soll mein Gesprächspartner tun?**

Zu 1. Die Frage nach der **Botschaft** oder den Botschaften, wenn Sie mehrere haben, orientiert sich am besten daran, was sich Ihr Zuhörer oder Gesprächspartner als Kernbotschaft merken soll. Wenn man den Begriff der Kernbotschaft hört, denkt man immer an eine griffige, pointierte Formulierung, quasi an die Essenz eines Gedankens. Damit diese Essenz aber ankommt, müssen Sie sich sehr genau überlegen, was Sie dazu alles erklären oder veranschaulichen müssen. Beleuchten Sie die verschiedenen Perspektiven auf das Thema. Stellen Sie sich die Frage, wie Sie Ihre Kernbotschaft Ihrem Adressaten verdeutlichen können. Um das an einem Beispiel festzumachen: Nehmen wir an, Sie möchten den Mandanten darüber aufklären, dass kopierte Verträge aus dem Internet nicht rechtssicher sind und Sie ihm stattdessen empfehlen, Verträge grundsätzlich individuell aufbereiten zu lassen. Damit der Mandant diese Kernbotschaft verinnerlicht, müssen Sie ihm ausführlich veranschaulichen, welche unterschiedlichen rechtlichen und persönlichen Konsequenzen sich aus lückenhaften und unpräzise formulierten Klauseln ergeben könnten. Ebenso können Sie ihm darstellen, welche Chancen sich gleichzeitig für seine unternehmerischen Aktivitäten ergeben. Sie können Beispiele aus Ihrer Beratungspraxis heranziehen und bildhafte Szenarien entwickeln. Am besten, Sie erläutern Ihrem Mandanten noch zusätzlich die Eckpfeiler eines wasserdichten Vertrages. Damit überzeugen Sie nicht nur von Ihrer Kompetenz, sondern geben Ihrem Adressaten auch noch eine Systematik an die Hand, die das Thema für ihn noch besser greifbar macht.

Die Idee der Kernbotschaft als pointierte Formulierung hilft Ihnen nur in der Vorbereitung Ihrer Strategie und bei der Zusammenfassung Ihrer Ausführungen. Denn sie gibt Ihnen die inhaltliche Richtung und den Schwerpunkt Ihrer Ausführungen vor. Für sich allein funktioniert die Kernbotschaft in der Rede nur bedingt, da sie neben anderen Aussagen untergehen würde.

Zu 2. Die Frage, was Ihr Gegenüber von Ihnen denken soll, stellen sich die wenigsten Redner, dabei ist sie die Vorüberlegung schlechthin. In erster Linie möchte man natürlich überzeugend wirken, doch differenzieren Sie diesen Wirkungsbegriff. Am besten, wir greifen noch einmal das vorangegangene Beispiel auf: Sie halten einen Vortrag in Ihrer Praxisgruppe. Wenn Sie sich angesichts Ihrer Zielsetzung nun überlegen, welche Wirkung Sie mit Ihrem Vortrag erzeugen wollen, dann könnten das ganz unterschiedliche Wirkungsziele sein: **Engagiert** hinsichtlich Ihres Teams, **versiert** hinsichtlich des Themas, **praxisorientiert** hinsichtlich möglicher Anwendungsbereiche. Diese Art von Wirkungen sind im Grunde die Urteile Ihrer Zuhörer. Überlassen Sie diese nicht dem Zufall. Wenn Sie sich allein diese Wirkungsziele vornehmen, dann können Sie bei der Auswahl Ihrer Inhalte und Redemittel überprüfen, ob diese Ihren Wirkungszielen gerecht werden. Außerdem können Sie sich fragen: Worüber müssen Sie sprechen, um engagiert, versiert und praxisorientiert zu wirken. Ebenso schließt sich die Frage an, wie verhält sich ein Sprecher, der engagiert, versiert und praxisorientiert wirkt und dabei völlig authentisch ist. Allein diese Überlegungen werden Ihnen sehr viele Impulse für Ihren Redebeitrag geben, ohne dass Sie sich irgendwelche Techniken antrainieren müssen. In der Praxis hat sich erwiesen, dass Sie mit einem klaren Wirkungsziel vor Augen die passenden rhetorischen Mittel ganz intuitiv einsetzen werden. Ob diese die richtigen waren und die Rechnung am Ende aufgegangen ist, kann Ihnen natürlich nur der Adressat bestätigen. Genau für diesen Zweck ist es sinnvoll, sich regelmäßig Feedback einzuholen, sei es von Kollegen im Team oder auch anderer Stelle.

Zu 3. Die letzte Zielüberlegung geht dahin, sich damit auseinanderzusetzen, was genau Ihr Adressat am Ende tun soll, sprich, was Sie mit Ihrer Rede genau bewirken wollen. Nach Ihrem Vortrag beim Praxisgruppenmeeting gibt es unterschiedliche Handlungsaufrufe: Ihre Kollegen sollen Sie vielleicht ab sofort als Ansprechpartner bezüglich dieses Themenschwerpunktes kontaktieren, vielleicht soll Sie Ihr Partner mit diesem Vortrag bei einer Mandantenveranstaltung referieren lassen oder Sie möchten gemeinsam mit ausgewählten Kollegen eine neue Dienstleistung entwickeln. Entscheidend ist, dass Sie exakt formulieren, worauf Sie hinaus wollen und was nun als nächstes zu tun ist. Das kann je nach Hierarchie als Vorschlag oder als konkrete Handlungsaufforderung formuliert werden. Dieser Appell steht meist am Schluss Ihrer Rede und ist die logische Konsequenz aus den vorangegangenen Ausführungen.

Schritt 2: Wer ist Ihr Adressat?

Die nächste Überlegung zur Entwicklung einer Schnellstrategie orientiert sich an Ihrem Adressaten. Im Grunde beeinflusst die Frage nach Ihrem Zuhörer alles, denn er entscheidet am Ende darüber, ob Ihre Strategie aufgegangen ist. Setzen Sie sich daher sehr genau mit Ihrem Gegenüber auseinander. Dazu können Ihnen folgende Fragestellungen nützlich sein:

- Was interessiert mein Gegenüber, was ist wichtig für ihn?
- Was sind seine Motive, seine Ziele?
- Welche Erwartungen oder Befürchtungen hat er an mich und das Thema?
- Welchen Standpunkt vertritt er?
- Welche Argumente sprechen aus seiner Sicht für und gegen mein Thema?
- Welchen Nutzen oder persönlichen Mehrwert hat er durch mein Thema?

Wenn Sie sich in Ihren Hörer hineinversetzen und lernen, Ihr Anliegen, Ihre Inhalte oder Ihre Idee aus seiner Perspektive zu denken und zu durchleuchten, dann haben Sie die beste Grundlage für Akquise geschaffen. Denn nur so wird es Ihnen gelingen, die Bedürfnisse und Erwartungen Ihres Gegenübers zu treffen.

Der Schlüssel liegt dabei immer bei den jeweiligen Beurteilungskriterien des Adressaten. Als Adressat einer Information oder eines Vortrags urteilen wir auf ganz unterschiedlichen Ebenen. Zum einen scannen wir die Inhalte auf Verwertbares und Bekanntes. Wir spitzen die Ohren immer dann besonders, wenn es um die eigenen Belange, das eigene Fortkommen oder die Lösung des eigenen Problems geht. Doch ebenso scannen wir den Vortragenden selbst. Dabei achten wir wahrscheinlich auf unterschiedliche Dinge je nach Setting. Wenn Sie im Praxisgruppenmeeting sitzen und dem Vortrag eines Kollegen zuhören, dann werden Sie sicherlich nicht nur auf den Inhalt achten. Sie überprüfen den Referenten auf seine Kompetenz, seinen Sympathiefaktor und danach, ob er Ihnen womöglich gefährlich werden könnte. Auch wenn man im gleichen Team arbeitet, gibt es immer eine Rangordnung, die Auswirkungen auf die Wahrnehmung des Vortragenden und dessen Inhalte hat.

Sie merken schon, dass das **Adressatenkalkül** eine Tiefendimension hat, die man auf den ersten Blick vielleicht gar nicht wahrnimmt. Ein anderes Beispiel: Auch der mittelständische Unternehmer bei Ihrer Mandantenveranstaltung zum Thema Mindestlohn wird eigene Beurteilungskriterien an Ihre Veranstaltung ansetzen: Womöglich steht er gerade vor wichtigen personellen Entscheidungen. Vielleicht ist er auch gerade auf der Suche nach einem geeigneten Rechtsberater. Daher wird er die Vortragsveranstaltung auch dazu nutzen, die Referenten nach bestimmten Kriterien, mit Sicherheit aber auch nach ihren Beratungskompetenzen zu überprüfen. Ist der Referent sympathisch? Beantwortet er meine Fragen? Denkt er pragmatisch? Hat er gute Ideen? Könnte er gegebenenfalls der richtige Ansprechpartner für meine juristischen Fragen sein? Jetzt könnte die Powerpoint-Slide-Show auf blauem Hintergrund mit seitenlangen Zitaten aus Paragraphen und der abstrakten Bedenkenträgerei zum Akquise-Aus werden.

Das gleiche gilt übrigens für Beratungsgespräche, Recruitingveranstaltungen und Netzwerksituationen aller Art. Es geht immer um das Eine: Wie können Sie Ihre Zielgruppe erreichen, selbst wenn Sie nicht genau wissen, welche einzelnen Persönlichkeiten Sie erwarten. Eine grundsätzliche Auseinandersetzung mit dem Adressaten ist Zeichen Ihrer Empathiefähigkeit und eine gute Basis, miteinander in Kontakt zu treten. Selbst wenn Ihre Vorüberlegungen im schlimmsten Fall nicht genau zutreffen, so haben Sie dennoch Ihre ganze Aufmerksamkeit bei Ihrem Adressaten und das bringt Sie Ihrem Ziel in jedem Fall näher.

Schritt 3: Welche rhetorischen Mittel benötigen Sie?

Die Frage nach den rhetorischen Mitteln ergibt sich aus den beiden ersten Schritten und vollendet Ihre rhetorische Strategie. Schließlich geht es jetzt um das WIE. Wenn Sie Ihr Ziel konkretisieren und wissen, wen Sie vor sich haben werden, dann wird es auf der Hand liegen, wie Sie Ihre Themen transportieren müssen. Zum Teil werden Sie auf gängige und Ihnen bekannte Mittel zurückgreifen, vielleicht haben Sie auch selbst die zündende Idee, wie Sie Ihre Inhalte aufbereiten oder eine bestimmte kommunikative Herausforderung lösen wollen. Die Rhetorik bietet Ihnen einen nahezu unendlichen Fundus an Stilmitteln, Techniken und Kunstgriffen. Ziel ist es, sich die entscheidenden Herangehensweisen und Formulierungen zurechtzulegen, um aus der Sprachlosigkeit oder der reinen Zufallskommunikation herauszutreten.

Für Ihre Networking- und Akquisebemühungen möchte ich die wichtigsten Ansatzpunkte zusammentragen. Manche lassen sich vor allem auf konkrete Akquisitionssituationen anwenden, manche gelten für jedwede Kommunikation, die Sie im Berufsalltag haben. Sicherlich wird Ihnen einiges davon bekannt sein und vielleicht werden Sie gerade bei den Formulierungsbausteinen schneller lesen, weil Ihnen diese auf den ersten Blick so selbstverständlich vorkommen. Das Erstaunliche ist, dass gerade diese Selbstverständlichkeiten in der Praxis oft zum Hemmschuh werden. Ob es an der eigenen Nervosität liegt oder der Situation geschuldet ist – Fakt ist, dass wir plötzlich die scheinbar einfachsten Redesituationen nicht befriedigend meistern können. Nutzen Sie also die folgende Zusammenstellung rhetorischer Mittel und Redebausteine insbesondere für die konkrete Vorbereitung Ihrer jeweiligen kommunikativen Herausforderung oder Situation.

2. Smalltalk – Das kleine Gespräch mit der großen Wirkung

Beginnen wir mit einer kommunikativen Herausforderung, die auf den ersten Blick ganz harmlos und ungezwungen wirkt, der Smalltalk-Situation. Im Grunde verlaufen derartige Gespräche immer nach einem ähnlichen Muster. Das macht es uns leicht, die nötigen Techniken bereitzuhalten.

a) Sich und andere vorstellen

Eine häufig gestellte Frage, die Ihnen in der Smalltalksituation begegnen wird, ist die Frage nach Ihrer beruflichen Tätigkeit. Gerade weil diese Frage so vorhersehbar ist, können Sie sich vorzüglich darauf vorbereiten. Spontan ließe sich die Frage auch einfach nur mit einem Wort beantworten: Rechtsanwalt. Doch genau da sollte jetzt Ihre rhetorische Strategie greifen: Was genau ist Ihr Ziel und wen haben Sie vor sich? Nehmen wir an, Sie sind Fachanwalt für Steuerrecht und befinden sich im Gespräch mit einem Unternehmer. Im vorangegangenen kurzen Austausch hat sich bereits herausgestellt, dass sich Ihr Gesprächspartner mit dem Gedanken trägt, aus dem Unternehmen auszuscheiden. Diese Information könnten Sie nutzen, um Ihre Selbstpräsentation mit akquisetauglichen Inhalten anzureichern. Zum Beispiel könnten Sie auf die Frage *„und, was machen Sie so beruflich?"* folgendermaßen antworten: *„Ich bin Rechtsanwalt und berate vor allem Familienunternehmen dabei, den Überblick über den Steuerdschungel zu bewahren und Ideen zu entwickeln, wie unternehmerische und persönliche Ziele realisiert werden können. Das ist eine wirklich spannende Tätigkeit, gerade weil es darum geht, genau zu verstehen, was der Unternehmer vorhat."* Die Selbstpräsentation sollte immer darauf abzielen, Anknüpfungspunkte mit Ihrem Gesprächspartner zu schaffen und Interessen zu ‚matchen'. Das setzt voraus, dass Sie bereits im kurzen Gespräch einige Informationen über Ihren Gesprächspartner erfahren haben. Hören Sie genau hin, was Ihr Gegenüber von sich berichtet und fragen Sie interessiert nach, statt gleich mit Ihrer Selbstdarstellung zu kontern. Was die Selbstpräsentation angeht, so haben Sie unterschiedlichste Möglichkeiten, interessante Anknüpfungspunkte für das Gespräch zu schaffen:

- Sie können **thematische Schwerpunkte setzen:** *„Ich bin Anwalt in einer Großkanzlei und beschäftige mich vor allem mit der Ausgestaltung von Stiftungen."*
- Sie können **aktuelle Themen nennen:** *„Gerade arbeite ich an einem sehr interessanten Projekt, das sich mit xy beschäftigt."*
- Sie können **auf Personen verweisen, die Ihrem Gesprächspartner bekannt sind:** *„Ich bin Mitarbeiter von Herrn Dr. Maier aus dem Arbeitsrecht."*
- Sie können **einen Nutzen formulieren:** *„Ich arbeite im Steuerrecht und entwickle Lösungen, wie Unternehmen Steuern sparen."*
- Sie können **die Bedeutung Ihrer Tätigkeit** unterstreichen: *„Ich bin Rechtsanwalt und steuere internationale Unternehmensfusionen."*
- Sie können **auf Ihre Position und Erfahrung hinweisen:** *„Ich bin Partner in einer internationalen Großkanzlei und verantworte den Bereich Steuerrecht in Deutschland."*
- Sie können **Ihre Begeisterung zum Ausdruck bringen:** *„Ich habe eine großartige Tätigkeit. Ich darf jeden Tag international bekannte Marken schützen."*
- Sie können **Neugier wecken:** *„Eigentlich bin ich Rechtsanwalt, doch gerade bin ich eher Privatdetektiv."*

Wie Sie sehen, gibt es durchaus Alternativen, um sich interessant zu präsentieren und um Anknüpfungspunkte für einen Dialog zu schaffen. Je anschaulicher Sie sprechen, desto wirkungsvoller wird Ihre Selbstpräsentation sein. Wichtig ist, dass sich Ihr Gesprächspartner etwas darunter vorstellen kann, was Sie beruflich tun. Gerade Rechtsberater haben ein so abstraktes Arbeitsfeld, das durchaus erklärungsbedürftig ist. Belassen Sie es also nicht dabei, Ihr Rechtsgebiet zu benennen, sondern greifen Sie ein Beispiel aus der Praxis auf, in dem Sie veranschaulichen, was aus Ihrer Tätigkeit herausgekommen ist. Zum Beispiel: *„Ich habe gerade ein Familienun-*

ternehmen beraten, wie sie trotz ihrer internen Streitigkeiten eine gute Lösung für die Nachfolge finden können."

Achten Sie auch darauf, dass Sie nicht in **Substantivierungen** sprechen: *„Ich bin auf Unternehmensbewertungen spezialisiert."*, *„Ich mache klassisches Gesellschaftsrecht."* *„Mein Fachgebiet ist der gewerbliche Rechtsschutz."* Das ist eine typische Juristenkrankheit, die stets zur Folge hat, dass Ihre Tätigkeit für einen Nichtjuristen abstrakt bleibt und dadurch kaum Möglichkeiten schafft, Beratungsbedarf zu wecken. Beschreiben Sie lieber, was Sie genau für Ihren Mandanten tun. Das erzeugt sofort ein Bild und eine konkrete Vorstellung bei Ihrem Gegenüber.

Andere vorzustellen ist meist wesentlich einfacher. Und trotzdem können Sie auch hier verschiedene rhetorische Strategien verfolgen. Wer nämlich Personen vorstellen kann, hat schnell die Rolle des Konnektors inne und profitiert mehrfach:

- Sie können die **Kompetenzen** Ihrer Gesprächspartner lobend hervorheben: *„Kennen Sie bereits unseren Compliance-Experten? Herr Maier ist der absolute Spezialist, wenn es um Antikorruptionsmethoden geht."*
- Sie können die **Rollen** Ihrer Gesprächspartner sichtbar machen: *„Frau Meier ist übrigens nicht nur eine Berufskollegin, sie ist auch derzeit die Vorsitzende des Wirtschaftsclubs im Literaturhaus."*
- Sie können auf **übergeordnete Positionen** verweisen: *„Herr Dr. Huber verantwortet bei uns den Bereich Gewerblicher Rechtsschutz deutschlandweit."*
- Sie können **Anknüpfungspunkte** für das weitere Gespräch schaffen: *„Darf ich Ihnen Herrn Maier von der IHK vorstellen. Er beschäftigt sich genau wie Sie mit Fragen rund um das Thema Außenhandel."*

Andere vorzustellen bietet immer die Gelegenheit, die eigene **Wertschätzung** der Person gegenüber auszudrücken, aber auch für wertvolle Synergien im Gespräch zu sorgen. Manchmal bewahrt es die anderen Gesprächsteilnehmer auch vor Fettnäpfchen, weil Sie rechtzeitig auf die hierarchisch übergeordnete Rolle einer Person hinweisen, bevor man womöglich all zu vertraulich und locker weiterspricht. Allein durch diese Handlung zahlen Sie auf Ihr eigenes Selbstmarketing-Konto ein. Als Konnektor aufzutreten, zeugt immer von Galanterie und Kompetenz gleichermaßen. Und es könnte Ihnen noch anderweitig zugute kommen, dass Sie zwei Personen miteinander bekannt gemacht haben: Ist es Ihnen nämlich gelungen, ein Gespräch zwischen beiden in Gang zu bringen, haben Sie sich die Option geschaffen, das Gespräch elegant zu verlassen. Es gibt nichts Schlimmeres, als an einen Gesprächspartner aus Höflichkeit gefesselt zu sein. Nutzen Sie also diese rhetorische Möglichkeit, um sich verabschieden zu können und Ihren Gesprächspartnern gleichzeitig als wertvoller Synergiestifter in Erinnerung zu bleiben.

Es gibt noch einen Vorteil, der sich daraus ergibt, Menschen sinnvoll zusammenzubringen: Sie schaffen dadurch einen wertvollen Anknüpfungspunkt für ein **Follow-up-Gespräch**. Rufen Sie Ihren Kontakt wenig später an und fragen Sie nach, ob etwas aus dem neuen Kontakt geworden ist. Wenn Sie eine werthaltige Verbindung herstellen konnten und aus Ihrer Vermittlung womöglich sogar ein Geschäft entstanden ist, greift im besten Fall noch das psychologische Prinzip der Reziprozität. Ihre Kontakte werden sich zu gegebener Zeit auch bei Ihnen melden, um sich für die entstandene Verbindung zu bedanken. Auch den Erfolg Dritter können Sie als eigenen Networkingerfolg verbuchen.

b) Sich in ein Gespräch einbringen

Stellen Sie sich vor, Sie sind auf einem Stehempfang und an allen Stehtischen sind bereits angeregte Gespräche in Gang. Das ist kein Grund zum Verzagen, sondern eine wunderbare Gelegenheit, sich in einer ganz anderen Disziplin zu üben. Jetzt geht es darum, sich in ein laufendes Gespräch einzubringen, ohne es zu torpedieren. Oft steht die Befürchtung im Raum, dass man womöglich nur als Störenfried wahrgenommen wird. Lösen Sie sich von dieser Vorstellung, denn diese ist meist nur das Werk Ihres inneren Schweinehunds. Zudem sind Stehempfänge vor allem dazu gedacht, dass ein leichter Wechsel von Gesprächspartnern ermöglicht wird und dadurch eine Networking-Dynamik entstehen kann. Wer das tiefergehende, persönliche Gespräch sucht oder heikle Inhalte zu besprechen hat, der wird sich mit Sicherheit einen anderen Ort dafür aussuchen.

Treten Sie also beherzt an den Tisch und gehen Sie in die Offensive. Auch hier können Sie sich einige rhetorische Kniffe zurechtlegen, denn ein solcher Vorgang folgt auch gewissen Gesetzmäßigkeiten und einer typischen Reihenfolge:

- *Schritt 1:* **Treten Sie an den Tisch und stellen Sie sich kurz vor:** „*Guten Abend, darf ich mich bei Ihnen dazustellen?*" Im Normalfall wird Ihnen niemand den Tisch verweigern. Man wird etwas zusammenrücken und Ihnen Platz machen. Das ist ein guter Moment weiterzusprechen und höflich hinzuzufügen: „*Ernst Müller, mein Name. Ich wollte Ihr Gespräch nicht unterbrechen.*" Vielleicht werden sich die anderen Gesprächsteilnehmer ebenso kurz namentlich vorstellen und Ihnen die Hand schütteln. Ein geübter und galanter Netzwerker würde nun den Gesprächsinhalt für Sie zusammenfassen, um Ihnen die Möglichkeit zu geben, in die Unterhaltung einzusteigen.

- *Schritt 2:* **Hören Sie zunächst zu**, sobald das Gespräch wieder in Gang gekommen ist und kommentieren Sie lediglich mit aufmerksamem, freundlichen Blickkontakt oder einem gelegentlichen *„Hmm"*.
- *Schritt 3:* Jetzt ist es an der Zeit, sich zu Wort zu melden. Doch **stellen Sie zunächst interessierte Nachfragen,** statt Ihre Sicht der Dinge bereits kundzutun: *„Das ist ja sehr interessant, was Sie da erzählen. Aus welcher Branche kommen Sie denn?"* Diese Einstiegsfrage wird dazu führen, dass Sie Teil des Gespräches werden. Der Antwortende wird seine Ausführungen nun in Ihre Richtung sprechen. Als Fragesteller sind Sie jetzt der zentrale Ansprechpartner in der Runde. Das ist eine gute Gelegenheit weiter zu fragen und sich dabei selbst in Position zu bringen. *„Wie kam es, dass …"*, *„Womit haben Sie …"*, *„Wie viele …"* – die Palette an weiterführenden Fragen ist lang. Achten Sie nur darauf, dass Sie dosiert und wirklich interessiert fragen und Ihre Vorgehensweise nicht irgendwann einem Verhör ähnelt.
- *Schritt 4:* **Bringen Sie sich nun ebenfalls inhaltlich in die Runde ein**. Nutzen Sie dazu am besten eine **Gemeinsamkeit:** *„Ich habe auch die Erfahrung gemacht, dass …"*, *„Ich bin zwar aus einer ganz anderen Branche, doch ich kenne dieses Thema vor allem aus dieser Perspektive …"*, Gemeinsamkeiten im Gespräch zu finden heißt nicht, auf die erste Assoziation, die sich Ihnen bietet, aufzuspringen. Lassen Sie sich immer erst einmal auf Ihre Gesprächspartner ein und versuchen Sie genau zu verstehen, worum es inhaltlich geht. Das ermöglicht Ihnen auch, sich ein gutes Bild von Ihren Gesprächspartnern zu machen, um dann Ihre eigenen Anknüpfungspunkte pointierter zu setzen.

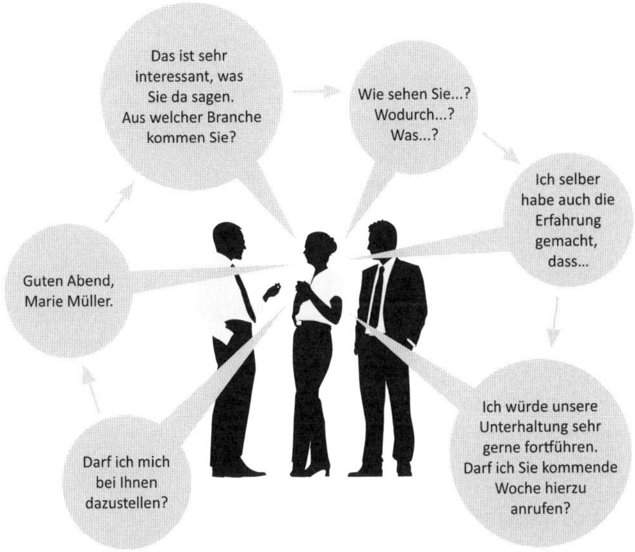

Abb. 3: Sich in ein Gespräch einbringen

c) Ein Gespräch eröffnen

Wenn Sie bei Veranstaltungen auf eine einzelne Person zugehen, wird Sie das immer etwas Überwindung kosten, denn Sie müssen das Zepter in die Hand nehmen und inhaltlich den ersten Gesprächs-Spielzug machen. Bei bekannten Personen wird Ihnen das wesentlich leichter fallen, als sich zu einer wildfremden Person zu stellen und das Gespräch zu eröffnen.

Bei bekannten Personen können Sie auf folgende Gesprächseröffnungsvarianten zurückgreifen:

- **Frage nach dem Befinden:**
  „Hallo Herr Maier, schön, Sie hier wiederzutreffen. Wie geht es Ihnen?"
- **Aufgreifen von bekannten Informationen:**
  „Was macht Ihr Buch?", „Wie war Ihr Sabbatical?", „Haben Sie Ihr Großprojekt schon abgeschlossen?"

- **Zeigen von Wertschätzung:**
  „Sind Sie heute extra für uns aus Hamburg angereist?"
- **Einsteigen mit dem aktuellen Anlass:**
  „Wie fanden Sie den Vortrag?"
- **Komplimente machen:**
  „Sie sehen so erholt aus. Waren Sie im Urlaub?"

Bei Ihnen **unbekannten Personen** geht es vor allem darum, einen Einstieg zu wählen, der dazu dient, sich als sympathischen und aufgeschlossenen Gesprächspartner zu zeigen, um dann eine ungezwungene Unterhaltung in Gang zu bringen. Je nachdem, wo Sie sich befinden, ist die erste Hürde schon damit genommen, wenn Sie sich der Person zuwenden und diese mit einer kurzen Frage ansprechen: Typische Eröffnungsfragen können sein:

- *„Sind Sie zum ersten Mal hier?"*
- *„Warten Sie auch auf den Zug nach München?"*
- *„Das sieht aber lecker aus. Wo haben Sie das her?"*
- *„Sind Sie auch Rechtsanwalt?"*

Und dennoch fällt gerade diese Gesprächseröffnung vielen schwer, obwohl man nicht viel falsch machen kann. Es gibt schließlich kein Gesprächskalkül, außer das Eis zwischen zwei einander unbekannten Menschen zu brechen. Wetter, Anfahrt, Essen, Trinken – gerade diese belanglosen Themen sind für den Gesprächseinstieg ideal und erfordern keine großen intellektuellen Sprünge. Nur Ihren inneren Schweinehund müssen Sie bezwingen. Führen Sie sich folgende Punkte vor Augen, um den ersten Schritt zu machen:

- Begegnen Sie dem anderen mit Freundlichkeit und Zuvorkommenheit
- Auch Ihr Gesprächspartner wird sich anfangs unwohl fühlen; sorgen Sie dafür, dass Ihre Unterhaltung dazu führt, dass Ihr Gesprächspartner an Sicherheit gewinnt

- Achten Sie darauf, etwas Positives zu sagen; Nörgeleien haben noch nie einen guten Eindruck hinterlassen
- Zeigen Sie aufrichtiges Interesse an Ihrem Gegenüber und hören Sie aufmerksam zu

Ist das Eis erst einmal gebrochen, steht einer substantielleren Konversation nichts mehr im Weg. Doch geistreich zu plaudern ist eine hohe Kunst, die man nicht unterschätzen darf. Wie findet man also ein geeignetes Thema, wenn es kein laufendes Gespräch gibt, in das man sich einklinken kann?

d) Gesprächsthemen finden jenseits von Anfahrt, Wetter & Co.

Im Grunde funktioniert Smalltalk immer nach dem gleichen Schema: Man greift einen Inhalt auf, bewertet ihn (meist positiv) und bittet den Gesprächspartner um dessen Einschätzung oder Erfahrungsbericht. Die Kunst besteht also darin, ein Thema zu wählen und die passende Frage dazu zu stellen, auf die Ihr Gesprächspartner ohne weiteres antworten kann und die ihn nicht in Verlegenheit bringt. Es gibt zahlreiche Themen, die sich für das kleine Gespräch eignen. Achten Sie bei der Wahl Ihres Themas jetzt auch auf Ihr rhetorisches Kalkül. Wohin soll die Unterhaltung führen? Was möchten Sie von Ihrem Gegenüber erfahren? Wie möchten Sie auf Ihren Gesprächspartner wirken? Je nach Rolle und Zielsetzung können Sie ganz unterschiedliche Taktiken vornehmen:

Sie können zum Beispiel **Bezug zur Veranstaltung** nehmen, auf der Sie sich gerade befinden. Meist gibt es zahlreiche Anknüpfungspunkte, ob Sie nun den Inhalt, den Referenten, den Veranstaltungsort oder den Veranstalter zum Thema machen. Je nach Zielsetzung können Sie Ihrer Unterhaltung eine bestimmte Richtung geben und unterschiedlich auf Ihren Gesprächspartner wirken:

- *„Das war ein sehr interessanter Vortrag. Haben Sie sich mit diesem Thema schon intensiver beschäftigt?"*
  Richtung: Fachgespräch
  Wirkung: am Inhalt und am Gesprächspartner interessiert, fachkundig

- *„Ich war letztes Jahr schon einmal auf dieser Veranstaltung und finde das Programm noch besser als im letzten Jahr. Was hat Sie bisher am meisten interessiert?"*
  Richtung: Meinungsaustausch, Darstellen der eigenen Rolle
  Wirkung: erfahren, interessiert, prüfend

- *„Ich habe heute zum ersten Mal diesen Referenten gehört. Und ich muss sagen, ich fand ihn sehr überzeugend. Kannten Sie den Referenten schon vorher?"*
  Richtung: Fachgespräch über Personen
  Wirkung: interessiert, begeistert, aufgeschlossen

- *„Das ist ein wirklich toller Veranstaltungsort. Ich bin ein großer Fan von moderner Architektur. Sind Sie auch zum ersten Mal hier?"*
  Richtung: persönliche Interessen, Fachgespräch über Architektur
  Wirkung: offen, interessiert

- *„Das ist jetzt meine vierte Veranstaltung, die ich beim Wirtschaftsclub besuche und ich bin jedes Mal überrascht, was dieser Verband auf die Beine stellt. Sind Sie Mitglied im Wirtschaftsclub?"*
  Richtung: Interesse am Verband
  Wirkung: wertschätzend, interessiert

Die Herangehensweise ist vom Aufbau her immer recht ähnlich: Sie formulieren ein persönliches, meist positiv konnotiertes Statement und geben Ihrem Gesprächspartner die Möglichkeit, dazu Stellung zu nehmen und seine eigene Sicht auf die Dinge zu formulieren. Steigt Ihr Gesprächspartner nicht darauf ein oder zeigt sich einsilbig, können Sie mit der selben Technik noch einmal nachlegen. Das heißt, Sie führen Ihren eigenen Kommentar noch weiter aus und fragen dann wieder nach der Meinung Ihres Gesprächspartners. Ist das Gespräch dann mal in Gang, können Sie nach Belieben Vertiefen. Und genau dahin wollen Sie schließlich kommen, um Ihren Gesprächspartner besser kennenzulernen und eine echte Kommunikationserfahrung mit ihm zu machen.

Andere Gesprächsinhalte, die sich für den Smalltalk eignen:

Familie und Privates

Es ist auffällig, wie häufig in Smalltalkgesprächen private Interessen und familiäre Informationen ausgetauscht werden: Der letzte Urlaub, der Umzug, der Garten, Baumaßnahmen am Haus, die Einschulung der Kinder. Insbesondere wenn sich die Gesprächspartner bereits etwas besser kennen, sind private Informationen ein beliebter Gesprächsaufhänger, um Nähe und Vertrautheit zu erzeugen oder zu vertiefen. Gerade aus diesem Grund eignen sich diese Privatheiten nicht wirklich für den Erstkontakt, es sei denn, Sie begegnen Ihrer Zielperson beim Abholen Ihrer Kleinsten im Kindergarten oder bei der Gartenparty bei Freunden. Im beruflichen Umfeld sollten Sie anfangs eher sparsam mit privaten Informationen sein. Je besser Sie sich kennenlernen, desto privater kann es dann werden. Erstaunlich ist, dass ausgerechnet Männer im Smalltalk mit anderen Männern gerne ausführlich über ihre Kinder sprechen, obwohl man das gemeinhin ja eigentlich eher den Frauen zuschreiben würde. Meine Erfahrung ist, dass Frauen im Business-Kontext wesentlich weniger über Familie und Kinder sprechen als ihre männlichen Kollegen. In diesen Konversationen lässt sich aber auch beobachten, dass Mann sich gerne mit den Leistungen der Sprösslinge brüstet. Insofern werden Gespräche über die Kinder gerne auch zu selbstdarstellerischen Zwecken genutzt.

Sport

Bundesliga, Vierschanzentouree, Olympia oder Tour de France – es gibt nahezu immer irgendwelche Sportereignisse, die gerade stattfinden und die man für das kleine Gespräch heranziehen kann, vorausgesetzt, man interessiert sich für sportliche Ereignisse. Je spezieller die Sportart und je außergewöhnlicher das Sportereignis, desto geringer die Wahrscheinlichkeit, dass beide Gesprächspartner inhaltlich mithalten können. Daher könnte die Unterhaltung dann schnell zum Erliegen kommen. Es sei denn, ein Gesprächspartner begeistert sich in der Unterhaltung leidenschaftlich zum Beispiel für das Fechten und lässt Sie an dieser Begeisterung teilhaben. Dann wird eine solche Unterhaltung wieder interessant, weil Sie dazulernen und gleichzeitig über ein besonderes Interesse Ihres Gesprächspartners, aber auch viel über dessen Persönlichkeit erfahren. Ansonsten eignen sich natürlich sportliche Großereignisse wie die Fußballweltmeisterschaft, die sogar Sportmuffel gelegentlich hinter dem Ofen hervorlocken.

Aktuelle Geschehnisse

Besonders gerne sprechen die Menschen über aktuelle Geschehnisse. Dabei geht es vor allem um den Neuigkeitswert einer Information, den man gerne mit anderen teilen möchte. Das können Wahlergebnisse oder Gesetzesänderungen sein, aber auch Naturkatastrophen, Terroranschläge oder die Flüchtlingskrise in Europa. Neben einer natürlichen Sensationsfreude bescheren aktuelle Geschehnisse oft auch Anlass zur kollektiven Besorgnis. Daher ist es vielen ein Bedürfnis, sich genau zu diesen Themen auszutauschen und ihre Gedanken und Gefühle dazu zu äußern. Schnell redet man dann doch über Politik, Religion oder andere kontroverse Themen, trotz eindringlicher Warnung vieler Smalltalkratgeber. Auch lokale politische Dauerbrenner wie Stuttgart 21, der Flughafen Berlin Brandenburg oder die Elbphilharmonie in Hamburg werden gerne für die kleine Unterhaltung herangezogen, je nachdem, was die Menschen vor Ort, die Wirtschaft oder die Politik eben gerade beschäftigt. Wichtig ist nur, dass Sie einige rhetorische Regeln beachten, wenn Sie sich auf dieses Terrain begeben:

- Formulieren Sie neutral und fassen Sie unterschiedliche Perspektiven auf das Thema zusammen
- Lamentieren Sie nicht
- Ereifern Sie sich nicht, wenn Sie Ihr eigenes Statement abgeben und hüten Sie sich vor extremen Meinungsäußerungen
- Greifen Sie andere nicht für Ihre Meinung an
- Heben Sie das Thema auf eine höhere Ebene und diskutieren Sie lieber philosophische Betrachtungen als punktuelle Inzidenzen
- Vermeiden Sie es, sich kritisch über Personen zu äußern
- Seien Sie versöhnlich und verbindend und denken Sie mit Ihren Gesprächspartnern besser laut über Lösungsmöglichkeiten nach

Gerade bei derartigen Smalltalkinhalten haben Sie die Chance besonders positiv aufzufallen. Zeigen Sie, wie konstruktiv Sie mit großen Problemstellungen umgehen, wie analytisch Sie denken und wie elegant Sie andere Meinungsäußerungen moderieren können.

Kultur

Kulturelle Themen sind die Edelsteine unter den möglichen Gesprächsinhalten beim Smalltalk. Sich über Kunst, Literatur, Musik, Theater oder Architektur zu unterhalten, ist immer auch ein Zeichen von Bildung und interdisziplinärem Interesse. In Frankreich kann eine erste Unterhaltung in diesem Kontext schnell zum Prüfungsgespräch werden. Wer sich in der sogenannten *cugé*, der culture générale, auskennt, wird als angemessenes Gegenüber wahrgenommen. Erst dann ist Akquise überhaupt erst möglich. In Deutschland wird das nicht ganz so streng gehandhabt und doch könnte Ihnen der espritreiche Diskurs über Kulturelles den Zugang in bestimmte Kreise oder den Respekt bestimmter Personen verschaffen. Investieren Sie daher in eine umfassende Allgemeinbildung.

e) Hierarchieübergreifend kommunizieren

Auch wenn allerorten die totale Hierarchielosigkeit proklamiert wird, es gibt sie noch und es könnte sich sogar fatal auswirken, wenn Sie bestehende Hierarchien einfach übergehen würden. Im Gegenteil: Das Berücksichtigen von Alter, Status, Position oder Reputation wirkt respektvoll und höflich. Oft ist der hierarchische Unterschied aber auch ein Hemmnis, miteinander ins Gespräch zu kommen. Der Jüngere scheut sich, den Älteren anzusprechen, der Facharbeiter scheut sich vor einer Unterhaltung mit dem Vorstandsvorsitzenden, erst recht, wenn es um Akquise geht. Doch das Ziel einer hierarchieübergreifenden Kommunikation sollte auch nicht die Akquise sein. Daher können Sie als Associate auf einer Veranstaltung getrost den Vorstandsvorsitzenden ansprechen. Bedienen Sie sich einfach folgender rhetorischer Strategien:

- **Wertschätzen Sie:** *„Herr Dr. Huber, bitte verzeihen Sie, dass ich Sie einfach so anspreche. Ich habe Ihr Buch gelesen und bin ein großer Fan Ihrer Ideen zur Nachhaltigkeit. Das wollte ich Ihnen einfach nur kurz sagen.“* Der CEO wird sich bedanken und Sie wahrscheinlich nach Ihrer Berufstätigkeit fragen. Antworten Sie kurz und verabschieden Sie sich danach wieder: *„Vielen Dank. Ich wünsche Ihnen noch eine gute Weiterreise.“*

- **Bedanken Sie sich** (sofern der CEO auch der Gastgeber ist): *„Herr Dr. Huber, ich wollte gerne kurz die Gelegenheit nutzen, mich bei Ihnen für diese tolle Veranstaltung zu bedanken. Ich bin Rechtsanwalt bei der Kanzlei XY und komme immer sehr gerne hierher. Michaela Meier mein Name."* Der CEO wird sich geschmeichelt fühlen, ein paar wenige salbungsvolle Worte sprechen und vielleicht eine höfliche Nachfrage bezüglich Ihrer Tätigkeit in Ihrer Kanzlei stellen.
- **Stellen Sie einen Bezug her:** *„Herr Dr. Huber, Sie werden mich nicht kennen, aber über meinen Chef bei der Kanzlei XY, Markus Schmitt, hatten wir in der Vergangenheit regelmäßig miteinander zu tun. Michaela Meier mein Name."* Der CEO wird sich kurz erinnern, einen freundlichen Kommentar zu Herrn Schmitt oder dem Projekt abgeben und Ihnen freundliche Grüße an Ihren Chef auftragen.
- **Interessieren Sie sich für eine spezielle Sache** (sofern der CEO auch der Referent ist): *„Herr Dr. Huber, bitte entschuldigen Sie, dass ich Sie einfach so unvermittelt anspreche. Ihr Vortrag hat mir eben sehr gut gefallen. Ich interessiere mich für die Industrie 4.0. Welche Unternehmen sind Ihrer Meinung nach Vorreiter in diesem Bereich?"* Der CEO wird Ihnen danken und Ihnen eine kurze Antwort dazu geben. Voraussetzung ist, dass Sie sehr punktuell fragen. Ausufernde Fragestellungen sind hier nicht zu empfehlen. Bedanken Sie sich nach der Antwort und verabschieden Sie sich.

Haben Sie nicht den Anspruch, eine tiefergehende Unterhaltung mit einer hierarchisch wesentlich höher gestellten Person zu führen. Meist werden diese ohnehin von gierigen Netzwerkern umringt. Hier müssen Sie sich auch nicht einreihen. Ergibt sich dennoch einmal die Gelegenheit, dann ergreifen Sie diese unbedingt beim Schopf. Alleine schon, um sich in der kleinen Konversation zu üben. Das Ziel ist zunächst, sich kurz sichtbar zu machen und einen positiven Eindruck zu hinterlassen.

f) Sich unverbindlich und verbindlich verabschieden

Irgendwann kommt immer der **Moment für die Verabschiedung**. Je nachdem wie ansprechend das Gespräch verlaufen ist und wie interessant die Gesprächspartner für Sie waren, können Sie sich entscheiden, ob Sie sich einfach nur höflich verabschieden oder ob Sie ein verbindliches Follow-up lancieren möchten. Merkwürdigerweise fällt es vielen Menschen schwer, sich **unverbindlich zu verabschieden**. Dabei muss man weder etwas verkaufen, noch hat man irgendeine andere Verpflichtung, dem Gespräch weiter zu folgen. Und trotzdem gibt es immer eine unsichtbare Hürde. Seien Sie einfach genauso beherzt, wie am Anfang: *„Es hat mich sehr gefreut, Sie kennenzulernen. Vielen Dank für das interessante Gespräch. Ich wünsche Ihnen noch einen schönen Abend.“* Alternativ können Sie eine Erklärung für Ihr Weggehen abgeben: *„Ich habe gerade einen Kollegen gesehen, den ich gerne begrüßen möchte. Es hat mich sehr gefreut. Auf Wiedersehen.“* Vermeiden Sie Ausreden, wie zum Beispiel, dass Sie zum Buffet oder zur Bar gehen möchten, wenn Sie dieses Gespräch beenden und eine neue Kontaktsituation schaffen wollen. Es könnte Ihnen nämlich passieren, dass Personen sich an Ihre Fersen heften.

Diese Variante der unverbindlichen Verabschiedung funktioniert nur dann, wenn Sie mindestens zu dritt sind. Sind Sie nur zu zweit, greift eine andere Methode der Verabschiedung, die Sie bereits an anderer Stelle kennengelernt haben: Stellen Sie Ihrem Gesprächspartner jemanden vor. Natürlich müssen Sie das Gespräch zwischen den beiden in Gang bringen, doch dann können Sie sich ohne schlechtes Gewissen elegant verabschieden.

Interessanter wird es, wenn Sie das Gespräch mit einem möglichst **verbindlichen Ergebnis** verlassen möchten. Meist ist im Gespräch schnell klar, ob ein gegenseitiges Interesse beziehungsweise ein Potential für Anknüpfungspunkte besteht. Seien Sie in diesem Fall zielstrebig und formulieren Sie Ihr Vorhaben folgendermaßen: *„Ich würde unsere Unterhaltung gerne fortsetzen. Darf ich Sie hierzu kommende Woche nochmals anrufen?"* Ihr Gesprächspartner wird diese Aufforderung mit dem Zücken seiner Visitenkarte quittieren und Ihnen damit ebenso die Möglichkeit geben, Ihre Visitenkarte zu überreichen. Wichtig ist, dass Sie einen konkreten Anknüpfungspunkt geschaffen haben. Das kann ein Telefonat sein, das können Unterlagen sein, die Sie Ihrem Gesprächspartner zukommen lassen wollen, das kann ein Mittagessen sein. Ein gutes Gespräch misst sich nicht daran, wie lange Sie miteinander gesprochen haben, sondern daran, was daraus folgen soll. Haben Sie also keine Angst, das Gespräch zu verlassen. Sofern Sie sich die Möglichkeit der Vertiefung eingeräumt haben, können Sie es bereits als Erfolg verbuchen.

Eine Schwierigkeit könnte sich ergeben, wenn Sie nur mit einer Person aus der Gesprächsrunde verbindlich verbleiben wollen, die anderen Personen Sie allerdings nur wenig interessieren. Hier können Sie den einfachen Weg gehen und bei einer unverbindlichen Verabschiedung mit allen Personen die Visitenkarten tauschen und bei der relevanten Person gegebenenfalls noch hinzufügen, dass Sie sich bei ihm melden werden. Alternativ können Sie Ihrer Zielperson auch im Nachgang eine E-Mail schicken und einen Vorschlag zur Vertiefung Ihres Gesprächs unterbreiten.

Legen Sie sich am besten immer einen Satz zur Verabschiedung zurecht und sprechen Sie ihn im passenden Moment ohne zu zögern aus. Sie werden sehen, dass Sie mit einer freundlichen, aber bestimmten Verabschiedung immer auch einen souveränen Eindruck hinterlassen.

g) Visitenkarten übergeben

Visitenkarten scheinen wie ein Relikt aus vergangenen Zeiten, wenn man die Möglichkeiten mobiler Datenbanken betrachtet und doch sind sie bis heute wichtiger Bestandteil unser Business-Kultur. In manchen Kulturen, wie zum Beispiel in Japan, ist die Übergabe von Visitenkarten sogar stark ritualisiert und kann dadurch schnell zum Fettnäpfchen werden, wenn man die Gepflogenheiten nicht beherrscht. Auch bei uns gibt es einige Regeln, die man sich nochmals vor Augen führen kann:

Wie übergebe ich meine Visitenkarte?

Übergeben Sie Ihre Visitenkarte nicht auf dem Kopf, sondern für Ihr Gegenüber lesbar. Dieser Übergabeprozess hat immer etwas Formelles an sich, daher nehmen Sie sich ein bisschen Zeit. Das gilt vor allem auch, wenn Sie eine Visitenkarte erhalten. Werfen Sie einen kurzen, würdigenden Blick auf die Karte, bevor Sie diese in der Innentasche Ihres Sakkos, in Ihrem Visitenkartenetui oder Ihrer Handtasche verschwinden lassen. Bei Meetings dürfen Sie die Karten als Gedächtnisstütze neben sich auf den Tisch legen. Achten Sie hier gegebenenfalls auf die Rangfolge.

Wann übergebe ich meine Visitenkarte?

Die Übergabe Ihrer Visitenkarte stellt meist den Abschluss eines Kennenlerngespräches dar. Im besten Fall werden Sie um Ihre Karte gebeten. Das können Sie bereits als Erfolg werten, denn mit dieser Frage, hat Ihr Gesprächspartner Interesse gezeigt, mit Ihnen in Kontakt zu bleiben. Wenn Sie selber den Wunsch haben, den Kontakt zu einer Person weiter zu vertiefen, können Sie ebenfalls ganz unverblümt nach seiner Visitenkarte fragen. Das lässt sich rhetorisch auch gut mit dem Wunsch nach einem Wiedersehen verbinden: „*Was halten Sie davon, wenn wir unsere Unterhaltung nächste Woche beim*

Mittagessen vertiefen?“ oder „*Darf ich Sie hierzu nochmals anrufen?*“

Wem übergebe ich meine Visitenkarte?

Auch wenn der Verdacht naheliegt, bei Veranstaltungen möglichst viele Visitenkarten unters Volk zu bringen, um das Netzwerk zu vergrößern, so ist genau das Gegenteil zu empfehlen. Seien Sie sparsam. Selbst wenn Sie nur eine einzige Visitenkarte übergeben haben, dann sollte das Ausdruck der Werthaltigkeit Ihres Kontaktes sein. Seien Sie auch im Umkehrschluss nicht enttäuscht, wenn die Visitenkartenausbeute bei einer Veranstaltung eher mager ausgefallen ist. Qualität geht immer über Quantität.

Ist ihr Gesprächspartner hierarchisch übergeordnet, gebietet es die Höflichkeit, den indirekten Weg zu wählen. Hier brauchen Sie einen guten Anknüpfungspunkt: Unterlagen, die Sie ihm senden, die Einladung zu einer Veranstaltung, die Sie gerne an ihn weiterleiten wollen, den Kontakt, den Sie für ihn herstellen möchten – jedes Ihrer Angebote ist damit verbunden, dass Ihr Gesprächspartner Ihnen seine Kontaktdaten mitteilen muss. Er wird seine Visitenkarte zücken und damit den Austausch einleiten.

Beachten Sie zusätzlich folgende Regeln:

- Der Ranghöchste in der Gruppe erhält zuerst die Visitenkarte
- Der Rangniedrigere fragt den Ranghöheren nicht nach einer Visitenkarte
- Der Gast überreicht seine Karte zuerst
- Bei zweisprachigen Visitenkarten ist die für den Empfänger bestimmte Sprache oben

Das kleine große Gespräch – eine Zusammenfassung

Die kleine Unterhaltung hat größere Wirkung als man denken möchte. In Wahrheit geht es nämlich nicht um das Wetter, die Anfahrt oder das aktuelle Ereignis. Unter dem Deckmantel der Belanglosigkeit, dem Austausch von Höflichkeiten oder der ritualisierten Kommunikation hinterlassen Sie die wahrscheinlich wichtigste Visitenkarte: Einen Eindruck Ihrer Persönlichkeit. Die Art, wie Sie diskutieren und mit Inhalten umgehen, der Umgangston, den Sie pflegen, das Wissen, über das Sie verfügen oder die Galanterie im Umgang mit anderen sind alles wichtige Hinweise darauf, wer Sie sind. Sie empfehlen sich darüber für das mögliche Geschäft, denn Smalltalk ist alles andere als Ringelpiez mit Anfassen. Im Smalltalk werden alle Kompetenzen, die sich ein Geschäftspartner zum Geschäftemachen wünscht, indirekt abgeprüft. Der Smalltalk fungiert wie eine Metaebene in der Kommunikation, über die Sie all Ihre Stärken und Kompetenzen implizit transportieren können. Sich diesen Situationen zu entziehen, ist keine gute Idee, denn wie sonst sollen potentielle Mandanten oder interessante Kontaktpersonen von Ihnen und Ihren Fähigkeiten erfahren. Nutzen Sie daher die kleine Konversation als Sprungbrett für das eigentliche Akquisegespräch.

3. Mandantenprofiling – Hauptmotive erkennen und nutzen

Wie bereits in der Schnellstrategie angeklungen, ist die Auseinandersetzung mit dem Adressaten der zentrale Gedanke für die Entwicklung Ihrer rhetorischen Strategie. Führen Sie sich Ihren Adressaten also genau vor Augen: Was genau interessiert ihn? Was beschäftigt ihn gerade? Womit hat er zu kämpfen? Wie können Sie ihm weiterhelfen oder mögliche Fragen beantworten? Je besser Sie sich mit der Lage, der Marktsituation oder den Zielen Ihres Gegenübers auseinandersetzen, desto leichter wird es Ihnen fallen, geeignete Inhalte und Argumente zu finden, um Bedarf für Ihre Dienstleistung zu wecken.

Trotzdem passiert es regelmäßig, dass man in der Akquisesituation auf Zahlen, Daten und Fakten zur Selbstdarstellung zurückgreift, die man – meist bedingt durch die tägliche Auseinandersetzung mit der Materie – selber als schlüssig und sinnvoll erachtet. Ebenso weisen wir voller Inbrunst auf bestimmte Assets unserer Dienstleistung hin und sind verwundert, dass der Mandant nicht darauf reagiert. Das liegt daran, dass genau diese sachlichen Argumente nur greifen, wenn sie mit dem Motivsystem des Adressaten korrelieren. Motive sind in erster Linie die Beweggründe, WARUM man sich für oder gegen etwas entscheidet. Psychologisch betrachtet ist ein Motiv auch eine relativ fest verankerte Persönlichkeitseigenschaft, die erklärt, warum ein Mensch eine bestimmte Art von Zielen als wichtig oder unwichtig bewertet. Wenn Sie also Zugang zum Motivsystem Ihres Gegenübers haben, können Sie Ihre Inhalte und Argumente genauso wie Ihren Kommunikationsstil dem jeweiligen Motiv anpassen und damit die Wahrscheinlichkeit eines Akquisitionserfolgs erhöhen.

Typische Motive sind zum Beispiel das Bedürfnis nach Sicherheit, nach Harmonie oder Kontrolle, aber auch die Freude am Wettbewerb, am Neuen und am Risiko. Manche Menschen entscheiden sich für oder gegen etwas, weil ihr Hauptmotiv im Gewinn von Macht und Status besteht. Andere lassen sich überzeugen, weil sie damit mehr Spaß und Abwechslung in ihrem Leben haben.

Umgekehrt können Sie auch die Reaktionen Ihres Gegenübers leichter deuten, denn auch mögliche Einwände, Widerstände oder Befindlichkeiten resultieren aus dem Motivsystem. So können Sie zum Beispiel noch so gründlich die Vorzüge eines Ehevertrags hinsichtlich der Schadensbegrenzung im

Scheidungsfall darlegen. Wenn Ihr Mandant von einem starken Harmoniebedürfnis getrieben wird, sind diese Vorzüge hinfällig. In diesem Fall könnte eher die Argumentationsstrategie der gegenseitigen Absicherung und des gerechten Ausgleichs greifen.

Jede Aussage, die Sie treffen, und sei sie noch so sachlich, wird also von Ihrem Gegenüber emotional interpretiert und bewertet. Entweder, Sie treffen mit Ihren Äußerungen oder Verhaltensweisen ins Schwarze und Ihr Gesprächspartner springt positiv darauf an oder es lässt ihn unberührt. Es kann natürlich auch passieren, dass Sie in regelrechte Fettnäpfchen treten und Ihr Gegenüber mit starker Ablehnung oder anderen emotionalen Ausbrüchen reagiert. Diese Eruptionen sind ein wichtiger Hinweis darauf, dass Sie ein ganz essentielles Motiv berührt haben und dass Sie Ihre rhetorische Strategie schnellstmöglich ändern müssen, um in der Sache zu reüssieren. Jeder Mensch reagiert anders. Das macht es auf den ersten Blick scheinbar unmöglich, von Anfang an die richtige Strategie für Ihr Akquisitionsgespräch zu wählen. Insbesondere wenn Sie die Zielperson nicht wirklich gut kennen. Und doch gibt es unterschiedliche Möglichkeiten, die Hauptmotive Ihres Adressaten zu antizipieren und damit gezielt zu bedienen. Eine Variante, den Gesprächspartner besser einzuschätzen, möchte ich Ihnen gerne vorstellen.

Dazu ist es hilfreich, sich die berufliche Position des Adressaten bzw. dessen Betätigungsfeld genau anzusehen, denn diese lassen meist einen konkreten Rückschluss auf sein Motivsystem zu. Diesen Antizipationsvorgang nenne ich **Mandantenprofiling.** In der untenstehenden Tabelle finden Sie eine Übersicht über mögliche Hauptmotive bei typischen Zielgruppen, mit denen Sie zu tun haben und dazu passende rhetorische Strategien:

	Hauptmotive	Rhetorische Strategie
Unter-nehmer, Inhaber, Geschäfts-führer, Investoren, Private Clients	**Leistung**	▸ Nehmen Sie die Rolle des Realisators ein und denken Sie unternehmerisch ▸ Respektieren Sie die ‚Patriarchenrolle' Ihres Gegenüber und ordnen Sie sich unter ▸ Stellen Sie das Ziel/das Vorhaben Ihres Mandanten in den Mittelpunkt und machen Sie es zu Ihrem eigenen ▸ Verfolgen Sie einen Full-Service-Ansatz ▸ Präsentieren Sie effizient und effektiv
	Profitabilität, Gewinn	▸ Betonen Sie, wie Ihr Mandant durch Ihre Hilfe seine Ziele erreicht, und was er dadurch steigern, gewinnen, beschleunigen kann
	Geschwindigkeit, Flexibilität, Veränderung	▸ Kommunizieren Sie ergebnisorientiert und fassen Sie sich kurz (Management Summary) ▸ Seien Sie proaktiv und engagiert, indem Sie bereits erste Realisierungsvorschläge oder erste Schritte knapp darlegen ▸ Verwenden Sie keine juristischen Fachbegriffe, sondern wählen Sie eine Sprache, die für Nicht-Juristen verständlich ist ▸ Zeigen Sie, dass Sie sein Tempo übernehmen und vorausschauend denken ▸ Verlieren Sie sich nie in rechtlichen Details

	Hauptmotive	Rhetorische Strategie
Rechtsabteilung	**Wettbewerb**	▸ Rechtliche Problemstellungen sind keine Hürden, sondern Herausforderungen ▸ Zeigen Sie ihm auf, wie er wettbewerbsfähig bleiben kann und wie er die Konkurrenz ausschaltet
	Macht, Status, Reputation	▸ Veranschaulichen Sie ihm, wie er durch Ihre Dienstleistung oder Ihr Produkt seinen Einflussbereich erweitert und die eigene Position stärkt
	Haftungssicherheit	▸ Nehmen Sie die Rolle des leistungsstarken Dienstleisters ein ▸ Verweisen Sie auf Ihre Expertise und vergleichbare Projekte, die Sie erfolgreich realisiert haben ▸ Zeigen Sie Fachwissen, ohne sich in Details zu verstricken
	Planbarkeit, Kontrolle	▸ Skizzieren Sie, wie die Ausgestaltung Ihrer Tätigkeit genau sein wird (Meilensteine, Budget, Abrechnung, Verlauf, etc.) und wie Sie Ihren Gesprächspartner inhaltlich unterstützen können
	interne Reputation	▸ Liefern Sie Argumente, die Ihr Adressat gegenüber seiner Geschäftsführung oder anderen Schnittstellen verwenden kann
	Status	▸ Begegnen Sie Ihrem Adressaten auf Augenhöhe und bieten Sie Ihre fachliche Unterstützung an ▸ Belehren Sie Ihren Gesprächspartner nicht, sondern führen Sie ein Fachgespräch

	Hauptmotive	Rhetorische Strategie
		▸ Bestätigen Sie Ihren Gesprächspartner in seiner Rechtsauffassung und ergänzen Sie diese gegebenenfalls
Öffentliche Hand	**Sicherheit, Nachhaltigkeit, Stabilität**	▸ Nehmen Sie die Rolle des verlässlichen Dienstleisters ein ▸ Zeigen Sie, wie Sie politische Ziele mit wirtschaftlichen Zielen vereinen ▸ Denken Sie an die politische Vertretbarkeit
	Transparenz, Organisation, Gründlichkeit	▸ Ziehen Sie schriftliche Materialien zur besseren Nachvollziehbarkeit heran ▸ Verweisen Sie auf systematische Abläufe ▸ Erklären Sie ausführlich und umfassend ▸ Erläutern Sie die einzelnen Schritte Ihrer Vorgehensweise und nehmen Sie Ihren Gesprächspartner damit an die Hand ▸ Kommunizieren Sie bodenständig und seien Sie sensibel im Bezug auf die Atmosphäre
Fachabteilungen	**Informationsgewinn, technische Realisierung**	▸ Nehmen Sie die Rolle des Sparring-Partners ein ▸ Zeigen Sie, dass Sie die jeweiligen fachlichen Anforderungen verstanden haben und dass Sie dabei unterstützen wollen, die Realisierung voranzubringen ▸ Kommunizieren Sie verständlich und umgänglich und verzichten Sie auf juristisches Fachsimpeln ▸ Geben Sie klare Anweisungen und definieren Sie die juristischen Rahmenbedingungen

Diese Profilingmethode können Sie für Ihre jeweilige Zielgruppe immer weiter verfeinern. Je besser Sie die Zielpersonen kennen, desto präziser können Sie die Hauptmotive antizipieren.

Im Grunde funktionieren Hauptmotive wie **Wirkungsziele**, die Sie sich für Ihre Kommunikation setzen können. Wenn Sie zum Beispiel bei Ihrem Gegenüber einen ausgeprägten Wettbewerbsgeist identifiziert haben, können Sie darauf setzen, dass dieser auf Argumente reagieren wird, die darauf abzielen, schneller, besser oder weiter zu sein als dessen Konkurrenz.

Eine solche Herangehensweise wird dazu führen, dass Sie andere Wege in Ihrer Kommunikation einschlagen, als die, die Sie üblicherweise einschlagen würden. Denn gerade die Kommunikation im Berufsalltag folgt gerne der Routine. Haben wir uns für die Akquise erst einmal eine ‚Masche' oder eine Vorgehensweise angewöhnt, so wird diese schnell zur Standardlösung. Doch je nachdem ob Ihr potentieller Mandant Unternehmer, Leiter der Rechtsabteilung oder Führungskraft im öffentlichen Dienst ist, braucht er auch seine eigene Ansprache, weil jeder auch seine eigenen Schwerpunkte setzt. Das gilt übrigens gleichermaßen für Kollegen, Vorgesetzte, Sekretärinnen und alle anderen Menschen, mit denen Sie zu tun haben.

Wenn Sie ein echter Profiler werden wollen, dann ist es sinnvoll, sich auch mit den persönlichkeitsspezifischen Verhaltensweisen Ihrer jeweiligen Adressaten auseinanderzusetzen. Dazu können Sie die gängigen psychologischen **Persönlichkeitsmodelle** heranziehen, wie zum Beispiel das DISG-Modell oder die Reiss-Profile. Lektürehinweise finden Sie im Literaturverzeichnis.

Machen Sie sich in jedem Fall mit anderen Denkweisen vertraut, ergründen Sie die Triebfeder bestimmter Verhaltensweisen und schulen Sie damit Ihr Einfühlungsvermögen und Ihre **Empathiefähigkeit.** Das sind die Grundlagen für die

Entwicklung rhetorischer Strategien. Auf diese Weise werden Sie nicht nur zum Mandantenversteher, sondern auch zum Mandantenflüsterer.

4. Den passenden Einstieg finden

Der nächste Ansatzpunkt für die Entwicklung rhetorischer Strategien, den Sie für Akquisegespräche nutzen können, ist die Frage, wie Sie Ihr Anliegen oder Ihren Vorschlag richtig einleiten. Es geht natürlich immer auch darum, den richtigen Moment zu finden, wann man sein Verkaufsangebot sinnvoll platziert. Das ist wiederum abhängig davon, wo Sie sich befinden. In einer informellen Situation, wie bei einem Mittagessen, gebietet es die Höflichkeit, zumindest nach dem gängigen Knigge, erst nach dem Hauptgang über Geschäftliches zu sprechen. Ich muss gestehen, dass ich bei **Business-Mittagessen** mit Vorständen, Managern oder anderen Entscheidungsträgern selten erlebt habe, dass man bis zum Dessert mit dem eigentlichen Thema wartet. Meist geht es schon recht schnell zur Sache, man will ja schließlich auch keine Zeit verschwenden. Lassen Sie sich hier am besten auf die Gepflogenheit Ihres Gesprächspartners ein.

Bei formelleren Anlässen, wie zum Beispiel in **Beratungssituationen** am Telefon oder am Besprechungstisch, sollten Sie Ihr Augenmerk zunächst auf das Anliegen oder die Gesprächsinhalte Ihres Gegenübers richten. Das ermöglicht Ihnen auch, auf einen guten Moment hinzusteuern, in dem Sie dann Ihren Beratungsansatz vorschlagen können. In beiden Fällen können Sie verschiedene Varianten nutzen:

Variante 1: Die Annäherung über ein Problem

Diese Variante ist wahrscheinlich die gängigste, mit Sicherheit aber auch die beliebteste unter Juristen. Hier greifen Sie eine

Problemstellung auf und skizzieren Ihrem Mandanten, welche Auswirkungen und welche Konsequenzen das Problem nach sich zieht und warum dadurch eine juristische Beratung sinnvoll ist. Typische Formulierungen könnten hier sein:

- *„Der Kauf eines Unternehmens birgt natürlich immer auch größere Risiken …"*
- *„Wenn Sie jetzt den Gesellschaftsvertrag so ohne weiteres unterzeichnen, dann laufen Sie Gefahr, dass …"*
- *„Jede Immobilie ist eine Fundgrube für Mängel …"*
- *„Gerade weil die Technologie noch so unerforscht ist, müssen Sie aufpassen, dass …"*

Sie werden wahrscheinlich beim Lesen keine besondere Auffälligkeit wahrgenommen haben. Wenn Sie aber einen Nicht-Juristen dazu befragen, dann würde dieser sofort den **Bedenkenträger** in Ihnen sehen. Das ist ja schließlich auch Ihr Beruf. Doch gerade Unternehmer reagieren auf derartige Bedenkenträgerei oft gereizt und ablehnend. Ihren Lösungsvorschlag über ein Problem oder ein Risiko einzuleiten, versetzt Ihren Adressaten in eine gewisse Alarm-Situation. Es erzeugt zunächst negative Assoziationen, dafür aber auch einen gewissen Handlungsdruck. Das kann in manchen Fällen durchaus nützlich sein. Zum Beispiel wenn Sie ein **Problembewusstsein** schaffen wollen oder einen Adressaten vor sich haben, der ein hohes Sicherheitsbedürfnis hat. Ein solcher Mandant wünscht sich natürlich eine lückenlose Problemanalyse und die detaillierte Erfassung aller möglichen Risiken, die Sie dann im Folgenden systematisch beheben können. Hier greift die sogenannte ‚Weg-Von-Strategie'. Das bedeutet, dass Sie Ihrem Mandanten gegenüber nun einen Vorschlag unterbreiten oder ein Angebot aussprechen können, mit denen er weg von seinen möglichen Problem kommen kann.

Variante 2: Die Annäherung über eine Chance

Ganz anders funktioniert die Annäherung über eine Chance. Hier zeigen Sie Ihrem Gegenüber auf, welche Möglichkeiten sich ihm bieten, wenn er seine Ziele umsetzt. Natürlich mit Ihrer Hilfe, denn dank Ihres juristischen Rates können Sie ihm noch ganz andere Möglichkeiten eröffnen:

- *„Mit Ihrem Unternehmenskauf können Sie sich noch ganz andere Bereiche erschließen, wenn Sie …"*
- *„Wenn Sie den Gesellschaftsvertrag um eine Klausel erweitern, schaffen Sie sich die Möglichkeit, dass …"*
- *„Gerade beim Immobilienkauf kann man sehr systematisch vorgehen, um Mängel auszuschließen, damit Sie schneller, sicherer, … entscheiden können."*
- *„Ich habe überlegt, welche Vorteile Sie sich verschaffen können, angesichts dessen, dass die Technologie noch so unerforscht ist …"*

Vorteil dieser Variante ist, dass sich Ihr Gesprächspartner in seinem Vorhaben **bestätigt** fühlt und in Ihnen jemanden wahrnimmt, der ihn bei der Umsetzung tatkräftig unterstützen kann und in der Sache nicht ausbremst. Ein solcher Einstieg beflügelt meist das Gespräch, weil Ihr Gegenüber nur mit **Lösungen**, statt mit Problemen und Hinderungsgründen konfrontiert wird. Die Risiken, die Sie zu beheben haben, äußern sich in Lösungsvorschlägen, die sich aber immer an der Zielsetzung Ihres Mandanten orientieren. Jetzt haben wir es mit der sogenannten ‚Hin-Zu-Strategie' zu tun. Das heißt, Sie fokussieren sich darauf, zu überlegen, wie man hin zum Ziel Ihres Gegenübers kommen und es trotz etwaiger Risiken und Schwierigkeiten erreichen kann. Diese rhetorische Strategie wirkt unternehmerisch und pragmatisch und lässt Sie zu einem konstruktiven Berater werden.

Variante 3: Die Annäherung über eine Aktualität

Die dritte Variante greift ein aktuelles Geschehnis auf, das eine besondere Relevanz für Ihren Gesprächspartner hat. Das können politische oder wirtschaftliche Ereignisse genauso wie bevorstehende Gesetzesänderungen sein. Aktuelle Entwicklungen oder Veränderungen sind ohnehin ein idealer Anlass, um bei Ihrem Mandanten oder Interessenten anzurufen und ein persönliches Gespräch vorzuschlagen. Studieren Sie also die neuesten Nachrichten aus der Branche Ihrer Zielgruppe, halten Sie Augen und Ohren offen und überlegen Sie bei aktuellen Meldungen immer, ob sich dadurch womöglich ein neuer Beratungsansatz anbieten würde. Im Gespräch können Sie Ihren Vorschlag dann folgendermaßen einleiten:

- *„Ich melde mich heute bei Ihnen, weil ich gerade in der Zeitung gelesen habe, dass die Gesellschaft, an der Sie letztes Jahr zum Kauf interessiert waren, in Schieflage geraten ist …"*
- *„Ab 1.1. tritt das neue Mindestlohngesetz in Kraft. Das wird enorme Auswirkungen haben, daher wollte ich mit Ihnen sprechen, wie Sie … x vermeiden, sichern, gewinnen können."*
- *„Die aktuellen Entwicklungen in der Klimapolitik werden sich mit Sicherheit in Kürze auch auf die Emissionssteuer auswirken. Die Politik berät bereits hinter verschlossenen Türen. Daher ist es wichtig, sich rechtzeitig darauf einzustellen."*
- *„Da das Freihandelsabkommen mit dem Land X ja nun doch gescheitert ist, habe ich überlegt, wie Sie trotzdem Ihre Geschäftsbeziehungen vereinfachen können."*

Dieser Einstieg ist eine sehr wirkungsvolle rhetorische Strategie, da Sie ganz **unterschiedliche Motivsysteme** bei Ihrem Gesprächspartner bedienen. Sie können Ihrem Mandanten dazu verhelfen, der Erste zu sein, die Gunst der Stunde zu nutzen. Sie können sein Bedürfnis nach Exklusivität befriedigen, denn Informationen, die noch nicht öffentlich sind, haben gerade dann einen sehr hohen Wert. Sie können aber auch rechtzeitig warnen und Ideen zur Absicherung beisteuern. Ob Ihr Gesprächspartner eher an Sicherheit oder eher an Macht interessiert ist, er wird in jedem Fall den Eindruck gewinnen, einen informierten, vernetzten, vor allem aber engagierten Vorausdenker vor sich zu haben. Diese Wirkung ist eine gute Voraussetzung für Ihren Akquiseerfolg.

Variante 4: Die Annäherung über einen Status quo

Diese Variante stützt sich auf die Idee, eine bestehende Situation aufzugreifen und laut darüber nachzudenken, ob und wie man etwas Neues einleiten kann. Meist handelt es sich dabei um Routinen und Gewohnheiten, die auf den Prüfstand gestellt werden sollten. Ziel dieser Strategie ist es also, einen **Denkprozess** in Gang zu bringen und eine Veränderung anzustoßen:

- *„Sie haben in den letzten Jahren immer darauf geschaut, ob …"*
- *„Derzeit ist es ja so, dass …"*
- *„Grundsätzlich arbeiten Sie ja daran, dass …"*
- *„Ich habe mir Ihren derzeitigen Prozess zu xy mal angesehen und habe mich gefragt, ob …"*

Eine solche Herangehensweise eignet sich vor allem dann, wenn Ihr Gesprächspartner von einer Veränderung deutlich profitieren kann. Achten Sie bei dieser rhetorischen Strategie daher immer darauf, dass Sie den Status quo möglichst neutral darstellen. Abwertungen oder kritische Äußerungen werden oft mit Ablehnung quittiert. Veränderungen sind nicht jedermanns Sache. Im Gegenteil. Sich von alten Gewohnheiten zu lösen ist für viele Menschen schwierig, selbst wenn diese überholt und unwirtschaftlich sind und die Veränderung einen herausragenden Nutzen brächte. Konzentrieren Sie sich unbedingt auf die Ziele Ihres Gesprächspartners und skizzieren Sie im Folgenden, wie einfach und bequem eine Veränderung eingeleitet werden könnte und wie sich die Neuerung positiv auswirken würde.

Jede dieser vier Einstiegsvarianten funktioniert wie eine **Hinführung**, um Ihren Vorschlag, Ihre Idee oder Ihr Produkt überhaupt sinnvoll vortragen zu können. Sie ebnen damit den Weg für Ihre Argumentation. Verstehen Sie den Einstieg wie den ersten Schachzug in Ihrem Spiel. Denken Sie voraus und überlegen Sie, wie Sie Ihren Gesprächspartner am besten überzeugen können. Je nachdem, wen Sie vor sich haben, welches Thema Sie adressieren und welche Motive Sie bedienen wollen, können Sie dann das geeignete Einstiegsszenario auswählen. Sie entscheiden darüber, welche Richtung Sie dem Gespräch geben und welche Wirkung Sie bei Ihrem Gesprächspartner erzeugen wollen.

5. Fragen statt sagen – die Allzweckwaffe im Gespräch

Das nächste hilfreiche Mittel für Ihre Akquisegespräche, das ich Ihnen vorstellen möchte, ist die Kunst des Fragens. Was auf den ersten Blick so völlig einfach und selbstverständlich anmutet, ist das Ergebnis klugen Nachdenkens und guter Vorbereitung. Mit den richtigen Fragen können Sie das Gespräch zu Ihren Gunsten **lenken**. Und noch viel mehr: Durch Fragen zeigen Sie Interesse an Ihrem Gesprächspartner und gewinnen sein Vertrauen. Sie erhalten wertvolle Informationen. Sie können Widerstände und Gesprächsblockaden auflösen, eigene Argumente platzieren, Denkanstöße geben, provozieren oder beruhigen und Ihren Gesprächspartner im richtigen Augenblick ‚festnageln'.

Nicht umsonst wird die Kunst des Fragens als Allzweckwaffe bezeichnet. Es gibt unzählige Fragetechniken. Mein Ziel ist es, Ihnen die Frage als rhetorisches Mittel nahezubringen, und Ihnen aufzuzeigen, wie Sie durch geschicktes Fragen im Gespräch Ihr Akquiseziel verfolgen können. Unterscheiden Sie drei Arten von Fragen: Die offene Frage, die geschlossene Frage und die Alternativ-Frage.

Die offene Frage

Die offene Frage ist die wichtigste und gleichsam die schwerste Art zu fragen. Wichtig ist sie vor allem deshalb, weil Sie damit Ihr Gegenüber zum Reden bringen, jedoch auch schwierig, weil wir die offene Frage in unserer täglichen Kommunikation oft vernachlässigen und dadurch nicht wirklich darin geübt sind. Sie wird so formuliert, dass Ihr Gesprächspartner in vollständigen Sätzen antworten muss und Ihnen damit Zugang zu verwertbaren Informationen verschafft. Allein dadurch ist die offene Frage die ideale Begleiterin in Smalltalkgesprächen. Sie führt dazu, dass sich eine Unterhaltung ergeben kann und das Gespräch nicht kurz darauf bereits zum Erliegen kommt. Auch für Akquisesituationen ist die offene Frage unverzichtbar. Die Antworten auf Ihre Fragen sollen Ihnen **Aufschluss über die Erfahrungen, Beweggründe, Ziele, Wünsche oder Ängste** Ihres Gesprächspartners geben. Gerade deshalb ist die offene Frage so wertvoll:

- *„**Wie** ist es Ihnen gelungen, den Vorstand davon zu überzeugen?“*
- *„**Inwiefern** hat Ihnen das Seminar genützt?“*
- *„**Wodurch** zeichnet sich Ihrer Meinung nach ein guter Abteilungsleiter aus?“*
- *„**Welche** Strategie möchten Sie verfolgen?“*
- *„**Was** hält Sie derzeit davon ab, sich umzuorientieren?“*

Offene Fragen eignen sich auch dazu, ganz gezielt um die **Einschätzung** oder die **Meinung** des Gesprächspartners zu bitten:

- *„**Was halten Sie von** den aktuellen Plänen zur Nachhaltigkeitsoffensive?"*
- *„**Wie stehen Sie zu** den Aktivitäten Ihres Betriebsrats?"*
- *„**Was gefällt Ihnen** am Wirtschaftsclub?"*

Ihr Mandant wird sich über diese Fragen freuen, denn sie sind Ausdruck von Interesse, Wertschätzung und Respekt. Sie geben Ihrem Gegenüber zudem das gute Gefühl, ein Experte zu sein, dessen Einschätzung für Sie von Bedeutung ist. Und Sie werden sehen: Wer offen fragt, wird Erkenntnisse gewinnen. Diese Erkenntnisse können Sie für Ihre Akquisitionsstrategie nutzen. Denn nichts ist mehr wert für die Akquise, als umfangreiches Wissen über Ihren Gesprächspartner. Wenn Sie wissen, was ihn bewegt, werden Sie wissen, wie Sie ihn bewegen können.

Voraussetzung ist, dass Sie aufmerksam zuhören und Ihre Frage mit dem Ziel stellen, wirklich verstehen zu wollen. Das ist leichter gesagt, als getan. Denn wie oft stellt man eine Frage und ist während der ersten Sätze des Antwortenden gedanklich schon bei der nächsten Frage oder folgt einer eigenen Assoziation, die sich aus einem Stichwort ergibt. Wer offen fragt, muss immer auch ein aufmerksamer Zuhörer sein.

Je präziser Sie Ihre Fragen formulieren, desto präziser werden auch die Antworten sein. Damit wird vielleicht auch klar, warum eine gute Vorbereitung so wichtig ist. Eine gute Frage ist wie ein gutes Argument – sie muss im Voraus bereits entwickelt und formuliert sein. Der Zufall bringt nur äußerst selten die passende Frage oder die treffende Formulierung hervor.

Sie können sogar noch einen Schritt weiter gehen: Echte Strategen überlegen sich nicht nur Fragen, um Informationen zu sondieren. **Sie konstruieren Fragen, auf Basis Ihrer eigenen Argumente.** Dabei überlegen sie, was sie fragen müssen, damit ihr Gesprächspartner genau diese Gedanken oder Argumente entgegnet. Spricht der Adressat diese Gedanken oder Argumente nämlich selber aus, haben diese für ihn eine wesentlich höhere Überzeugungskraft. Das werden Sie von sich selber kennen. Jeder Gedanke, den Sie selbst gedacht und ausgesprochen haben, schafft eine höhere Identifikation. Statt Ihren Gesprächspartner mühsam von einem Gedanken zu überzeugen, investieren Sie lieber in die passende Frage. Das könnte folgendermaßen aussehen:

Sie möchten sagen: *„Ein guter Gesellschaftsvertrag ist absolut notwendig, weil ..."*

Mögliche Frage: *„Was wollen Sie mit dem Gesellschaftsvertrag erreichen?"*

Sie möchten sagen: *„Es ist sehr wichtig, dass Sie vor allem xy ausschließen..."*

Mögliche Frage: *„Was möchten Sie denn in jedem Fall ausschließen?"*

Sie möchten sagen: *„Gerade diese Copy-&-Paste-Verträge bergen große Risiken."*

Mögliche Frage: *„Was möchten Sie denn vertraglich sicherstellen?"*

Enthält die Antwort Ihres Gegenübers dann genau diejenigen Stichworte oder Gedanken, die Sie in Ihrer eigenen Argumentation sonst selber vorgetragen hätten, greift die nächste rhetorische Strategie: Sie können Ihren Gesprächspartner in seiner Wahrnehmung und in seinen Gedankengängen **bestätigen**. Sich im Gespräch bestätigt zu fühlen, ist immer eine bessere Voraussetzung für Akquise, statt das Gefühl zu haben, belehrt zu werden. Auf dieser Basis können Sie dann den Gedanken Ihres Gesprächspartners partnerschaftlich weiterentwickeln und zusätzliche Argumente vortragen.

Sie können die Technik der offenen Frage ebenso nutzen, wenn Sie auf **Widerstand** im Gespräch stoßen. Meist reagiert man völlig intuitiv mit noch mehr Argumenten und versucht krampfhaft seine Position zu rechtfertigen. Doch wenn der erste Einwand Ihres Gesprächspartners gefallen ist, können Sie noch so viele Argumente bringen – sie sind vergebliche

Liebesmühe. Ihr Gesprächspartner ist in der Regel nicht mehr aufnahmebereit für Ihre Entgegnungen, weil sich sein eigener Gedanke schon zu stark in seinem Kopf manifestiert hat. Schalten Sie deshalb besser auf offene Fragen um. Damit können Sie Denkanstöße setzen und für neue Anknüpfungspunkte sorgen, Ihre Argumentation wieder aufzunehmen. Der Umgang mit Widerständen im Akquisegespräch wird auch an späterer Stelle noch etwas ausführlicher beleuchtet.

Zusammenfassend kann man sagen, dass Ihnen die offene Frage sehr viele Möglichkeiten für Ihr Akquisegespräch bietet. Denken Sie nur daran, dass Sie sich die entscheidenden Fragen im Wortlaut zurechtlegen und sich überlegen, wann im Gespräch der beste Moment dafür sein könnte.

Die geschlossene Frage

Die geschlossene Frage ist die am häufigsten verwendete. Sie wird so gestellt, dass die Frage mit Ja, Nein oder wenigen Worten präzise beantwortet werden kann. Zum Beispiel:

- *„Wann sind Sie gestern nach Hause gekommen?" – „Um 14 Uhr."*
- *„Haben Sie schon etwas zu Mittag gegessen?" – „Nein."*
- *„Wie sind Sie hierher gekommen?" – „Mit dem Auto."*
- *„Hatten Sie eine gute Anreise?" – „Ja."*

Meist wird sie auch genau zu diesem Zweck gestellt: Um **präzise Informationen** und knappe Aussagen zu erwirken. Es ist auffällig, wie leicht uns geschlossene Fragen über die Lippen gehen und wie sehr man sich darum bemühen muss, aus einer geschlossenen Frage eine offene zu formulieren. Werden viele geschlossene Fragen hintereinander gestellt, hat man schnell den Eindruck, in einer Verhörsituation zu sein oder das Gespräch immer wieder durch die nächste Frage anschieben zu müssen. Gerade deshalb ist es wichtig, geschlossene Fragen besonders bei einsilbigen Gesprächspartnern möglichst gänzlich zu vermeiden.

Trotzdem gibt es manche Stellen im Gespräch, die sich ganz vortrefflich für geschlossene Fragen eignen:

- **Um sich eine Aussage bestätigen zu lassen:**
  „Entspricht diese Vorgehensweise Ihren Vorstellungen?"
- **Um etwas zusammenzufassen:**
  „Das heißt, Sie wollen zum einen x und zum anderen y?"
- **Um zu provozieren:**
  „Sind Sie etwa ein Zauderer?"
- **Um zu einem Entschluss zu kommen:**
  „Sind Sie einverstanden?"

Insbesondere wenn Sie Ihren Gesprächspartner zu einem **Commitment** bringen wollen, ist die geschlossene Frage die beste Frageform:

- *„Wann wollen wir unser Gespräch fortsetzen?"*
- *„Sind Sie damit einverstanden, dass wir Ihnen einen Vertragsentwurf zusenden?"*
- *„Was halten Sie davon, wenn wir das bei einem Mittagessen besprechen?"*

Manche Gesprächspartner, insbesondere diejenigen, die es immer etwas eilig haben, also zum Beispiel Unternehmer, Führungskräfte oder andere Entscheidertypen, ziehen die Strategie der geschlossenen Fragen im Gespräch vor, weil diese eine gewisse Geschwindigkeit und Zielstrebigkeit suggeriert. Auch hier müssen Sie genau prüfen, welchen Persönlichkeitstyp Sie vor sich haben und welche Fragestrategie sinnvoll erscheint. Legen Sie sich vor allem für die letzte Gesprächsphase, wenn Sie das Commitment Ihres Gegenübers erwirken wollen, eine passende Frage zurecht. Sie werden erstaunt sein, wie effizient diese letzte Frage sein kann.

Die Alternativ-Frage

„Kaffee oder Tee?" – Wer die Wahl hat, hat die Qual. Aber genau darum geht es bei der Alternativ-Frage. Sie dient vor allem dazu, dem Gesprächspartner eine schnelle Entscheidung abzuringen. Interessanterweise reagiert unser Gehirn mit spontaner Entscheidungsfreude, wenn man die Auswahl auf zwei oder maximal drei Dinge reduziert. Insbesondere wenn ein gewisser Zeitdruck herrscht, sind wir geradezu dankbar für diese Reduktion an Möglichkeiten. Nur in Ausnahmefällen würden wir auf die Kaffee-oder-Tee-Frage mit „Ein Wasser, bitte" antworten. Es sei denn, Sie denken bereits seit Stunden darüber nach, wie Sie am besten an ein Glas Wasser kommen könnten. Und genau dieses Phänomen kann man sich im Akquisegespräch zunutze machen:

- **Um eine Entscheidung herbeizuführen:** *„Möchten Sie den Vertrag diese oder nächste Woche unterzeichnen?"*
- **Um Positionen zu überprüfen:** *„Möchten Sie selber aktiv werden oder ist Ihnen die Unterstützung des Betriebsrats wichtig?"*
- **Um den gedanklichen Spielraum einzugrenzen:** *„Es gibt zwei Möglichkeiten: Entweder Sie klagen oder Sie setzen sich noch einmal zusammen. Was ist Ihnen lieber?"*

Statt den Gesprächspartner mit einer Fülle von Optionen zu konfrontieren, stellen Sie die aus Ihrer Sicht sinnvollen und strategisch hilfreichen Möglichkeiten zur Disposition. Durch die Vorgabe möglicher Antworten kann es sein, dass Ihr Gesprächspartner den bequemen Weg wählt und sich einer vorgegebenen Antwort anschließt. Der Einsatz von Alternativ-Fragen setzt voraus, dass Sie sehr bewusst auf ein bestimmtes Thema hinsteuern wollen. Wenn Sie tiefer in die Gedanken Ihres Gegenübers vordringen wollen, dann sollten Sie die offene Frage vorziehen.

Die Alternativ-Frage wird leider oft auch **aus Gewohnheit** manchmal aber auch **aus Unsicherheit** gestellt.

- *„Möchten Sie unseren Vorschlag annehmen oder wollen Sie es sich nochmals überlegen?"*
- *„Waren Sie mit unserer Beratung zufrieden oder hätten Sie sich noch etwas zusätzlich gewünscht?"*
- *„Sind Sie mit dieser Vorgehensweise einverstanden oder gibt es noch Einwände?"*

Im Grunde könnte man es bei allen drei Beispielfragen bei dem ersten Teil, sprich der geschlossenen Frage, belassen. Denn der zweite Teil, also die angebotene Alternative, eröffnet eine Option, die man in diesem Fall gar nicht zur Entscheidung stellen möchte. Dieses oft automatische Optionsangebot resultiert meist daraus, dass es scheinbar gar nicht so einfach ist, eine geschlossene oder auch offene Frage zu stellen und danach einfach abwartend zu schweigen. Insbesondere **in Closing-Situationen** scheint uns die Alternativ-Frage die höflichere Variante zu sein. Doch gerade dort kann sie den größten Schaden anrichten, wenn es sich bei der Alternative womöglich um das Gegenteil handelt. Die Alternativ-Frage funktioniert in diesem Fall nur dann, wenn Sie zu Ihrem Vorschlag noch eine zweite Möglichkeit zur Beauftragung anbieten. Dabei sollte Ihr Mindestziel immer erreicht werden:

- *„Sollen wir Ihnen die Checkliste zusammenstellen oder wünschen Sie sich auch eine Schulung dazu?"*
- *„Wollen wir unser Gespräch beim Mittagessen vertiefen oder möchten Sie lieber in unsere Kanzleiräume kommen?"*
- *„Darf ich Ihnen dazu einige Informationen schriftlich zusammenstellen oder möchten Sie diese lieber im persönlichen Gespräch besprechen?"*

Gut gestellte Fragen erzeugen immer einen sehr starken und souveränen Eindruck. Sie vermitteln Ihrem Gesprächspartner nicht nur Ihr Interesse oder Ihre Zuhörerorientierung. Eine direkte, präzise gestellte Frage ist immer auch Ausdruck geistiger Brillanz und Klarheit. Auch wenn Sie sich dabei unwohl fühlen sollten und Sie dieses Unsicherheitsgefühl womöglich dazu verleitet, eine Verharmlosung oder Relativierung nachschieben zu wollen: Bleiben Sie standhaft! Sie können nur gewinnen.

Bleibt noch die Überlegung: Welcher **Fragetyp** eignet sich **für welche Gesprächsphase** am besten? Hier kann es keine eindeutige Antwort geben. Die Wahl Ihrer Frage ist immer abhängig davon, was Sie erreichen wollen. Sie können in jeder Phase sowohl offene, geschlossene als auch Alternativ-Fragen einsetzen. Überlegen Sie, mit welcher Frage Sie leichter zum Ziel kommen und auf welche Frage Ihr Gesprächspartner am besten reagieren wird. Diese Tabelle soll Ihnen eine Übersicht verschaffen:

Frageziele	Offene Frage	Geschlossene Frage	Alternativ-Frage
Einsteigen	▸ „Wie haben Sie die Sommerpause verbracht?“ ▸ „Was ist aus Ihrem Projekt geworden?“ ▸ „Welche Themen beschäftigen Sie gerade?“	▸ „Hatten Sie eine gute Anreise?“ ▸ „Arbeiten Sie noch immer an Ihrem Projekt?“ ▸ „Beschäftigt Sie auch gerade das Thema xy?“	▸ „Sind Sie länger in der Stadt oder reisen Sie heute wieder zurück?“ ▸ „Wollen Sie erst einmal erzählen, wie es Ihnen ergangen ist oder haben Sie einen Schwerpunkt für heute?“
Sondieren	▸ „Welche Auswirkungen hat das auf Ihre Arbeit?“ ▸ „Welche Strategie möchten Sie im Hinblick auf den Betriebsrat verfolgen?“ ▸ „Wie hat die Geschäftsführung darauf reagiert?“	▸ „Hat das Auswirkungen auf Ihre Arbeit?“ ▸ „Haben Sie den Betriebsrat bereits verständigt?“ ▸ „Gibt es Probleme innerhalb der Geschäftsführung?“	▸ „Hat das Auswirkungen auf Ihre Arbeit oder verfolgen Sie weiterhin Ihre eigene Strategie?“ ▸ „Haben Sie den Aufsichtsrat bereits verständigt oder möchten Sie damit noch warten?“ ▸ „Gibt es Probleme innerhalb der Geschäftsführung oder hat man sich schon auf einen gemeinsamen Plan verständigt?“

Frageziele	Offene Frage	Geschlossene Frage	Alternativ-Frage
Widerstände überwinden	▸ „Wie möchten Sie denn stattdessen verfahren?" ▸ „Was versprechen Sie sich von dieser Vorgehensweise?" ▸ „Unter welchen Umständen wären Sie denn bereit, unseren Vorschlag anzunehmen?"	▸ „Wollen Sie unseren Vorschlag ablehnen?" ▸ „Sind Sie mit unserer Arbeit grundsätzlich zufrieden gewesen?" ▸ „Habe ich mit meinem Vorschlag Ihr Ziel noch nicht getroffen?"	▸ „Sollen wir hierzu doch schon mal schriftliche Informationen zusammenstellen oder möchten Sie sich lieber nochmals persönlich mit uns zusammensetzen?" ▸ „Ist es Ihnen wichtiger, jetzt zu sparen oder möchten Sie langfristig Ihre Gewinne erhöhen?"
Closing	▸ „Wie möchten Sie weitermachen?" ▸ „Welche Punkte sollen wir bis zu unserem nächsten Meeting für Sie klären?" ▸ „Was halten Sie von einem Treffen in unseren Kanzleiräumen?"	▸ „Haben wir aus Ihrer Sicht alle wichtigen Punkte besprochen?" ▸ „Wann sollen wir uns zusammensetzen?" ▸ „Darf ich Sie nächste Woche hierzu anrufen?" ▸ „Soll ich für Sie die Situation prüfen?"	▸ „Sollen wir Ihnen nur den Vertragsentwurf zusenden oder auch gleich eine Checkliste entwickeln?" ▸ „Wollen wir uns zum Mittagessen treffen oder möchten Sie zu uns in die Kanzlei kommen?" ▸ „Soll ich gleich für Sie die Situation prüfen oder darf ich Ihnen erst unsere Kanzlei vorstellen?"

Es gibt noch viele andere Fragetechniken, die Sie im Gespräch einsetzen können. Für Networking- und Akquisegespräche empfehle ich Ihnen, Ihre Aufmerksamkeit zunächst auf die offene Frage zu richten. Versuchen Sie in alltäglichen Situationen ganz bewusst offene statt geschlossene Fragen zu stellen. Achten Sie darauf, wie Ihre Gesprächspartner reagieren, und üben Sie sich im aufmerksamen Zuhören. Ihr Gesprächspartner wird gerade deshalb das Gespräch mit Ihnen in guter Erinnerung behalten.

6. Die eigene Expertise und die Expertise der Kanzlei sichtbar machen

Websites sind voll davon, jede Marketingbroschüre arbeitet damit und kaum eine Pitch-Präsentation kommt ohne sie aus: die **Phrase**: *„Wir sind eine Full-Service-Kanzlei.“*, *„Wir haben Standorte auf der ganzen Welt.“* *„Wir sind Steuerrechtskanzlei of the year.“*, *„Wir sind Compliance-Experten.“* *„Wir verstehen Wirtschaft.“* Man könnte die Reihe unendlich fortsetzen. Mit diesen Marketing-Slogans versuchen Kanzleien sich für den Mandanten interessant zu machen. Sie wollen ihr **Alleinstellungsmerkmal** transportieren und Ihre Expertise sichtbar machen. Dagegen ist auch bei Werbematerialien nichts einzuwenden. Problematisch sind diese Sätze immer nur dann, wenn sie für die mündliche Kommunikation im Wortlaut übernommen und aus dem Zusammenhang gerissen werden. Wenn Sie betonen, was Sie alles können und haben, ist es, als würden Sie sich verbal vor die Brust schlagen und sich für die eigene Leistung loben. Ganz nach dem Motto: *„Mein Haus, mein Auto, mein Boot.“* Selten gelingt es damit neue Mandanten zu gewinnen. Im schlimmsten Fall wirkt diese Herangehensweise sogar überheblich. Drehen Sie daher gedanklich den Spieß um und wählen Sie eine andere rhetorische Strategie. Überlegen Sie, welchen greifbaren **Nutzen** Ihr Gesprächspartner aus Ihrer Expertise ziehen kann:

- Mein Mandant braucht – Wir haben
- Mein Mandant will – Wir bieten
- Mein Mandant muss – Wir können

Das setzt wieder voraus, zu eruieren, worum es Ihrem Gesprächspartner geht. Oft werben wir mit Kompetenzen, die den Mandanten gar nicht interessieren. Wenn Ihr Gesprächspartner zum Beispiel plant, Gaskraftwerke in Osteuropa zu bauen, dann sind die Standorte Ihrer Kanzlei in Shanghai, Toronto und Barcelona im Grunde völlig irrelevant. Ihr Mandant wird erst dann aufmerksam werden, wenn Sie ihm aufzeigen, wie wichtig es für sein Vorhaben sein kann, die Gepflogenheiten der Behörden vor Ort zu kennen. Wenn Sie dann auf Ihre Kontakte zu einer Best-Friend-Kanzlei oder Ihrem Standort in Bratislava verweisen, mit denen Sie in der Vergangenheit gerade in Sachen Anlagenbau häufiger zusammengearbeitet haben, gewinnt die Internationalität Ihrer Kanzlei plötzlich an Bedeutung.

Ein weiteres Problem an diesen Phrasen ist, dass sie zu abstrakt sind und für sich keinerlei Kaufbedürfnis stimulieren. Ein Kaufbedürfnis entsteht erst dann, wenn die genannte Kompetenz oder das besondere Merkmal Ihrer Kanzlei veranschaulicht wird, am besten am Beispiel des konkreten Projekts Ihres Mandanten. Je genauer Sie illustrieren, wie Ihr Mandant profitiert und wie sich das Alleinstellungsmerkmal oder Ihre Expertise für ihn auszahlt, desto wahrscheinlicher wird der Akquiseerfolg.

Darüber hinaus bergen Phrasen wie *„Wir sind eine Full-Service-Kanzlei“*, *„Wir haben Standorte auf der ganzen Welt“* oder *„Wir verstehen Wirtschaft“* ein rhetorisches Problem: Es handelt sich nämlich bei diesen Sätzen genaugenommen um Aussagen, die der Adressat selber treffen sollte. Es geht also darum, passende Inhalte zu finden, die Ihre Expertise beispielhaft veranschaulichen, ohne die Phrase zu erwähnen. Im Ergebnis muss unser Gesprächspartner dann **sein Urteil fällen** und sagen: *„Das ist ja eine Full-Service-Kanzlei."*, *„Gut, dass diese Kanzlei auf der ganzen Welt vertreten ist."* *„Die verstehen etwas von Wirtschaft."* Und genau das muss Ziel Ihrer rhetorischen Strategie sein.

Die Kunst besteht grundsätzlich darin, Ihre Expertise und die Expertise Ihrer Kanzlei sichtbar zu machen, ohne explizit für sich zu werben. Bringen Sie zuerst in Erfahrung, was Ihr Mandant genau braucht, um ihm dann passend zu seinem Bedarf die entsprechende Kompetenz oder Expertise zu veranschaulichen. Wichtig ist dabei, elegant über Bande zu spielen und die Verkaufsargumente indirekt zu transportieren. Sie haben dazu unterschiedliche Möglichkeiten:

- **Über Referenzprojekte:**
  „Wir hatten vor drei Monaten einen ganz ähnlichen Fall in unserem Referat. Da ging es darum, dass ..."
- **Über Verallgemeinerungen:**
  „Bei derartigen Transaktionen kommt es grundsätzlich auf Geschwindigkeit und die richtigen Kontakte an. Wir machen in solchen Fällen normalerweise immer ..."
- **Über besonderes Interesse:**
  „Ich war letztes Jahr auf einer Compliance-Tagung und da wurde genau dieses Problem skizziert. Ich habe mich daher etwas genauer damit beschäftigt ..."
- **Über persönliche Erfahrung:**
  „Meiner Erfahrung nach sind gerade bei solchen Prozessen in den ersten Wochen vor allem drei Dinge entscheidend: ..."
- **Über Vergleiche:**
  „Die Herausforderung, die Sie haben, ist sehr komplex. Im Grunde läuft ein solcher Prozess wie bei einer großen Transaktion. ..."

- **Über Tipps und Empfehlungen:**
  „Ich empfehle Ihnen als erstes Kontakt mit der Behörde vor Ort aufzunehmen. Das wird Ihnen insofern nutzen, weil …"
- **Über den Verweis auf die Expertise eines Kollegen:**
  „Ein Kollege aus dem Steuerrecht hat letzte Woche einen brillanten Vortrag zu Ihrem Thema gehalten. Er beschäftigt sich seit Jahren nur mit … Wenn Sie mögen, stelle ich Ihnen den Kollegen gerne vor."

Die eigene Expertise oder die Expertise Ihrer Kanzlei sollten Sie nur indirekt kommunizieren. Wer mit seiner Expertise hausieren geht, wirkt immer ungelenk und unsympathisch. Überlegen Sie also, worüber Sie vordergründig sprechen müssen, um hintergründig die gewünschte Wirkung zu erzeugen.

Wir oder ich?

In diesem Zusammenhang tritt häufig noch ein anderes Phänomen auf. Wenn es um die Expertise geht, formulieren wir gerne in der ersten Person Plural, also im Wir: *„Wir haben"*, *„Wir bieten"*, *„Wir können"*. Diese Formulierung ist eine Angewohnheit aus der Schriftlichkeit, die sich für Akquisegespräche nur bedingt eignet. Wenn Sie über die Kompetenz Ihrer Kanzlei sprechen, ist ein Wir völlig legitim:

- *„Wir sind im Bereich Energierecht sehr breit aufgestellt."*
- *„Wir können die gesamte Transaktion begleiten."*
- *„Wir haben mehrere Spezialisten, die sich um Compliance-Fragen kümmern."*

Damit suggerieren Sie **Größe, Verlässlichkeit** und verweisen auf eine vertrauenswürdige Instanz, für die Sie tätig sind. Wenn Sie aber Ihre persönliche Expertise oder Dienstleistung verkaufen wollen, ist ein ‚Wir' ungünstig. Es könnte sogar etwas befremdlich auf Ihren Gesprächspartner wirken. Sätze wie *„Wir unterstützen Sie gerne"*, *„Wir sind immer erreichbar"* oder *„Wir laden Sie gerne in unsere Kanzleiräume ein"* demonstrieren, dass Sie Teil eines **Kollektivs** sind. Als Beraterpersönlichkeit haben Sie sich dadurch nicht empfohlen. Ihr Mandant wünscht sich aber, von IHNEN beraten zu werden. Er baut auf IHR Können. Und möchte IHNEN vertrauen. Eine Mandantenbeziehung besteht immer zwischen Ihnen und Ihrem Mandanten, nicht zwischen Ihrem Mandanten und Ihrer Kanzlei. Daher ist es sehr wichtig, an den geeigneten Stellen das ICH auszusprechen:

- *„Ich rufe Sie gerne nächste Woche dazu an."*
- *„Ich habe mich auf Anlagenbau spezialisiert."*
- *„Ich werde mich gerne darum kümmern."*

Mit diesem ICH übernehmen Sie immer auch **Verantwortung** für Ihr Handeln. Und ist es nicht genau dieses Verantwortungsbewusstsein, das Ihr Mandant in seinem Rechtsberater sucht? Nutzen Sie die Reputation Ihrer Kanzlei, verstecken Sie sich aber nicht hinter dem Kollektiv. Denn am Ende berät nicht die Kanzlei, sondern Sie selbst werden Ihren Mandanten beraten.

7. Widerstände überwinden und Mandate gewinnen

Wahrscheinlich wären wir alle Meisterakquisiteure, gäbe es da nicht diese Angst. Die Angst, auf Widerstand zu stoßen, die Angst vor dem ‚Nein' unseres Mandanten, die Angst, zu versagen. Daher wollen wir meist den Widerstand gar nicht erst provozieren und vermeiden lieber die Akquisesituation so lange es geht. Doch irgendwann wird von Ihnen erwartet, Mandate zu gewinnen, sich womöglich gegen andere durchzusetzen, und das wird den Erfolgsdruck massiv steigern. Die Lösung ist:

Wir müssen dem möglichen Widerstand konstruktiv ins Auge blicken und ihm einfach eine andere Bedeutung geben.

Das beginnt damit, dass Sie Ihre Einstellung zum Akquisegespräch verändern. Dabei könnte Ihnen der Gedanke helfen, dass Sie **nichts verkaufen müssen**. Allein der innere Druck und das Ziel zu akquirieren, lassen unsere Akquisitionskraft schwinden und das wird Ihr Gegenüber spüren. Nehmen Sie daher eine andere Rolle ein. Verstehen Sie sich nicht als der Gegner Ihres Gesprächspartners, gegen den es zu gewinnen gilt. Präsentieren Sie sich stattdessen als ein vertrauensvoller Consigliere. Ihr Ziel sollte sein, Ihr Gegenüber bestmöglich zu beraten, nicht ihm etwas zu verkaufen. Rhetorisch betrachtet wird nämlich das eine Ziel nur durch das andere erreicht. Das heißt, hat Ihr Mandant Vertrauen und Zutrauen in Ihre Kompetenzen gefasst, wird sich der Moment der Beauftragung fast von selber einstellen.

Diese veränderte Einstellung wird Ihnen vor allem in dem Moment nützen, wenn Ihr Gegenüber auf Ihren Vorschlag etwas einwendet. Statt sich zu rechtfertigen oder auf Ihren Mandanten einzureden, sollten Sie sich solidarisieren und sich für die Position Ihres Gesprächspartners interessieren, ohne diese auszuhebeln.

Machen wir es an einem Beispiel fest: Stellen Sie sich vor, Sie sitzen mit einem potentiellen Mandanten beim Mittagessen. Nachdem Ihr Gesprächspartner Ihnen vom bevorstehenden Großprojekt seines Unternehmens berichtet hat, skizzieren Sie die juristischen Herausforderungen, die sich wahrscheinlich ergeben werden und schlagen ihm vor, wie Sie sein Unternehmen dabei juristisch unterstützen könnten. Ihr Gesprächspartner hört Ihnen aufmerksam zu, entgegnet Ihnen dann aber, dass er grundsätzlich die anstehenden Rechtsfragen durch die interne Rechtsabteilung klären lässt.

Im Grunde könnten Sie das Gespräch jetzt abbrechen. Schließlich ist ja alles gesagt. Doch genau an dieser Stelle sollte das Gespräch interessant für Sie werden. Statt sich durch diesen Widerspruch eingeschüchtert zu fühlen oder zur Überzeugungsrede anzuheben, gibt es nur eine richtige Reaktion: Akzeptieren Sie den Einwand und liefern Sie keine Argumente, warum die Rechtsabteilung damit womöglich überfordert sein könnte. Stellen Sie besser in Aussicht, dass Sie sich gerne mit der internen Rechtsabteilung einmal zusammensetzen, um gemeinsam zu prüfen, ob alle kritischen Punkte berücksichtigt wurden. Drängen Sie sich nicht auf. Schließlich geht es darum, Ihren Gesprächspartner zu verstehen und ihn bestmöglich zu beraten.

Natürlich können Sie rhetorisch noch nachlegen. Sie können noch mehr Informationen zur Lösung seines Sachverhaltes liefern. Das können Beispiele sein, Erfahrungsberichte oder die Empfehlung für eine bestimmte juristische Vorgehensweise, die Sie anschaulich und nachvollziehbar darlegen. Wichtig ist, dass Ihr Gegenüber von Ihrer Kompetenz überzeugt ist und Ihnen vertraut.

Um mit Widerstand **konstruktiv umzugehen**, können Sie sich auch auf bestimmte Standardsituationen vorbereiten. Standardsituationen sind typische Reaktionen oder Bedenken Ihres Gesprächspartners, mit denen Sie in Akquisesituationen fast immer rechnen können. Das können inhaltliche Einwände sein, die sich regelmäßig aus der Sache ergeben, das können aber auch generelle Vorbehalte sein. Das Gute daran ist, dass Sie sich bereits im Vorfeld rhetorische Strategien zurechtlegen können, wie Sie derartigen Äußerungen entgegnen wollen.

Typische generelle Einwände können sein:

- *„Wir arbeiten hier schon seit langem mit der Kanzlei xy zusammen."*
- *„Das macht unsere Rechtsabteilung."*
- *„Ihre Beratung ist zu teuer für uns."*
- *„Das kann ich nicht entscheiden."*

- *„Dafür habe ich gerade keine Zeit."*
- *„Da haben wir derzeit keinen Bedarf."*

Auf diese und ähnliche Äußerungen gibt es unterschiedliche Reaktionsmöglichkeiten. Wichtig ist dabei immer, Ihr rhetorisches Ziel im Auge zu behalten, das Vertrauen und Zutrauen Ihres Gesprächspartners zu erwirken. Dabei können Sie auf folgende **rhetorische Strategien der Einwandbehandlung** zurückgreifen:

Fragen Sie nach

Die einfachste Reaktion auf einen Einwand ist immer das Interesse an dem Einwand. Zeigen Sie sich also interessiert und setzen Sie alles daran, die Hintergründe des Einwands genau zu verstehen. Achten Sie darauf, dass diese Fragen Ihren Gesprächspartner nicht dazu bringen, sich rechtfertigen zu müssen. Sie sollen schließlich gemeinsam mit Ihrem Mandanten nach möglichen Lösungen suchen. Das muss nicht zwangsläufig die Lösung sein, die zu Ihrer Mandatierung führt. Trotzdem könnten die Antworten Ihres Gegenübers neue Anknüpfungspunkte für eine mögliche Akquise beinhalten. Unterscheiden Sie hier wieder die verschiedenen Fragetypen.

Einwand Mandant: *„Das macht unsere Rechtsabteilung."*

Offene Fragen:
- *„Welche Rechtsfragen haben Sie denn normalerweise extern vergeben?"*
- *„Wie könnten wir Ihre Rechtsabteilung ggf. entlasten?"*
- *„Unter welchen Bedingungen käme denn eine externe Beauftragung in Frage?"*

Einwand Mandant: *„Wir arbeiten hier schon seit langem mit der Kanzlei xy zusammen."*

Geschlossene Fragen:
- *„Wer kümmert sich denn in Ihrem Haus um diesen Prozess?"*

- *„Möchten Sie die energierechtliche Spezialfrage extern abgeben?“*
- *„Ist es Ihnen wichtig, nur mit EINER externen Kanzlei zusammenzuarbeiten?“*

Alternativ-Fragen:

- *„Bearbeiten Sie alle Rechtsfragen durch Ihre interne Rechtsabteilung oder hatten Sie bereits schon Spezialfragen, die Sie extern vergeben haben?“*
- *„Wollen Sie nur mit einer externen Kanzlei zusammenarbeiten oder können Sie sich vorstellen in Spezialfragen auch andere hinzuzuziehen?“*

Nehmen Sie den Einwand vorweg

Gerade bei Standardeinwänden ist es immer besser, den möglichen Einwand selber vorzubringen, bevor es Ihr Gesprächspartner tut. Damit können Sie dem Einwand den Wind aus den Segeln nehmen und gleichzeitig suggerieren, dass Sie Verständnis für die Situation Ihres Gegenübers haben und aus seiner Perspektive denken.

- *„Bestimmt haben Sie bereits eine Kanzlei, mit der Sie vertrauensvoll zusammenarbeiten. In dieser einen Frage werden Sie mit Sicherheit Spezialisten brauchen.“* (andere Kanzlei)
- *„Ich kann Ihnen gerne anbieten, mich mit Ihrer internen Rechtsabteilung zusammenzusetzen, um gemeinsam zu klären, ob alle wichtigen Punkte berücksichtigt wurden.“* (Rechtsabteilung)
- *„Mir ist völlig bewusst, dass unsere Rechtsberatung natürlich immer auch eine größere finanzielle Investition ist. Gerade deshalb ist es sinnvoll vorher zu prüfen, welche Fragen auch Ihre Rechtsabteilung bearbeiten kann.“* (Kosten)

- *„Derzeit wird dieses Thema noch keine Relevanz für Sie haben, doch spätestens wenn Sie umfirmieren, werden Sie nicht umhin kommen, den Vertrag präzise aufzusetzen. Wenn Sie mögen, können wir uns dann zu gegebener Zeit zusammensetzen."* (Bedarf)
- *„Auch wenn Sie das jetzt gar nicht entscheiden können, hilft es Ihnen vielleicht, schon mal einen Überblick zu gewinnen, wie Sie …"* (Entscheidungsfähigkeit)

Bestätigen Sie Ihren Mandanten und kehren Sie den Gedanken um

Wer sich in seinen Äußerungen bestätigt fühlt, hat keinen Grund, in Abwehrhaltung zu gehen. Nutzen Sie daher diese rhetorische Strategie als Einleitung für Ihre weiterführende Argumentation. Achten Sie nur darauf, dass Sie nicht das Wörtchen ‚Aber' verwenden. Ein ‚Aber' ist oft der Auslöser für weiteren Widerstand.

- **Einwand Mandant:** *„Das macht unsere Rechtsabteilung."*
  Anwalt: *„Das ist völlig klar, dass Sie Ihre Rechtsabteilung mit internen Rechtsfragen betrauen. Gerade weil die Sache so viele Spezialfragen beinhaltet, kann ich Ihnen gerne anbieten, mich mit Ihren Leuten mal zusammenzusetzen …"*
- **Einwand Mandant:** *„Wir arbeiten hier schon seit langem mit der Kanzlei xy zusammen."*
  Anwalt: *„Es spricht absolut nichts dagegen, die Kanzlei Ihres Vertrauens auch weiterhin zu mandatieren. In diesem Fall geht es um eine Spezialfrage des Energierechts. Ich biete Ihnen gerne an, mir Ihren Fall anzuschauen. Ich habe erst kürzlich …"*
- **Einwand Mandant:** *„Ihre Beratung ist zu teuer für uns."*
  Anwalt: *„Gerade weil gute Rechtsberatung immer auch eine größere finanzielle Investition ist, empfehle ich Ihnen von Anfang an Spezialisten heranzuziehen."*

- **Einwand Mandant:** *„Das wird ein riesen Chaos anrichten."*
  Anwalt: *„Da haben Sie Recht. Das wird eine große Umstellung für Ihren Vertrieb bedeuten. Damit dieser neue Prozess kein Chaos anrichtet, ist es sehr wichtig, die entscheidenden Schritte systematisch vorzubereiten."*

Stellen Sie eine Hypothese in den Raum und lassen Sie Ihren Mandanten weiterdenken

Diese rhetorische Strategie eignet sich dazu, die Gedanken Ihres Gesprächspartners zu Ihren Gunsten zu lenken. Ihre Hypothese soll Ihr Gegenüber dazu bringen, sich konstruktiv mit seinem Einwand zu beschäftigen und selber mögliche Lösungsvorschläge zu entwickeln. Achten Sie bei dieser Strategie darauf, dass die Frage immer in Richtung Lösung weist. Es ist nicht sinnvoll danach zu fragen, welche negativen Auswirkungen Ihre Hypothese haben könnte.

- *„Nehmen wir mal an, Sie würden sich dafür entscheiden, in energierechtlichen Fragen mit uns zusammenzuarbeiten. Wie ließe sich eine solche Zusammenarbeit praktisch umsetzen?"*
- *„Wenn wir davon ausgehen, dass die Gesetzesänderung eher früher als später kommt, wie möchten Sie am besten vorbereitet sein?"*
- *„Sollten Sie sich dazu entscheiden, doch einen höheren Stundensatz in Kauf zu nehmen, welche Modalitäten wären Ihnen denn wichtig, um den Überblick über das Mandat zu behalten?"*

Wenn Ihr Gesprächspartner sachlich und nachvollziehbar auf Ihre Einwandbehandlung reagiert, ist das ein guter Indikator dafür, dass Sie alles richtig gemacht haben. Reagiert Ihr Gesprächspartner hingegen mit umständlichen Ausflüchten, Verallgemeinerungen oder weiteren Bedenken, können Sie davon ausgehen, dass es sich um einen Vorwand handelt. Unter dem Deckmantel von sachlichen Gegenargumenten stecken oft ganz andere Gründe, die der Sprecher nur ungern preisgeben möchte. Das können Gründe sein, die seine Befindlichkeiten berühren, seinen Status gefährden, seine Unwissenheit enttarnen oder ihn sonst irgendwie in Schwierigkeiten bringen könnten. Daher schiebt er lieber einen anderen Grund vor. Wenn Sie spüren, dass Ihr Gegenüber wahrscheinlich ein Argument vortäuscht, dann sollten Sie in jedem Fall sehr sensibel reagieren und nicht weiter in ihn dringen. Stattdessen sollten Sie versuchen, in gegenseitiges Vertrauen zu investieren.

Die Ursachen, warum Einwände vorgebracht werden, sind vielfältig. Prüfen Sie im Gespräch auch folgende Möglichkeiten:

Ihr Mandant hat Ihre Erläuterungen nicht vollständig verstanden und ist mit der Komplexität der Sache überfordert

Gerade im Gespräch zwischen Juristen und Nicht-Juristen kann es durchaus vorkommen, dass man einander nicht versteht. Juristische Fachbegriffe, abstrakte Risiken und die nominalstillastige Sprache führen oft zum Kommunikations-Aus. Gerade wenn man das Gefühl hat, inhaltlich überfordert zu sein, treten viele die Flucht nach hinten an.

Rhetorische Strategie: Betonen Sie in Ihren weiteren Ausführungen, wie sich die juristische Frage genau darstellt und in welchen Schritten sie zu lösen ist, ohne Ihren Gesprächspartner zu belehren. Zeigen Sie ihm, dass Ihnen daran gelegen ist, ihn zu befähigen, die Sachlage selber einschätzen zu können. Ziehen Sie Beispiele, Vergleiche und Erfahrungsberichte heran, um den Sachverhalt zu veranschaulichen.

Ihr Mandant fürchtet unkontrollierbare Veränderungen

Veränderungen erzeugen Angst. Das ist völlig normal. Schließlich kann man oft nicht absehen, welche Auswirkungen Veränderungen auf die eigene Position, die Arbeitsprozesse oder das gesamte Unternehmen haben könnten. Appellieren Sie in diesem Fall nicht an die Innovations- oder Wettbewerbsfähigkeit Ihres Gesprächspartners. Das könnte seine Verunsicherung nur noch weiter verstärken.

Rhetorische Strategie: Beruhigen Sie Ihren Gesprächspartner am besten damit, indem Sie ihm die Machbarkeit, Kontrollierbarkeit und Erreichbarkeit des Projekts vor Augen führen. Stellen Sie genau dar, welche Schritte zur Implementierung nötig sind und wie man sich hinsichtlich bestimmter Eventualitäten wappnen kann. Demonstrieren Sie Routine und geben Sie Ihrem Gesprächspartner das Gefühl, jederzeit Kontrolle über sein Thema haben zu können.

Ihr Mandant hat keine Entscheidungsgewalt

Nicht immer sitzen wir mit den Entscheidungsträgern am Tisch. Das kann schon an der jeweiligen Senioritätsstufe liegen. Das ist kein Grund die Akquise einzustellen und auch kein valider Einwand Ihres Gesprächspartners. Wichtig ist nur, dass Sie Ihren Gesprächspartner nicht spüren lassen, dass Sie sich eigentlich viel lieber mit seinem Vorgesetzten austauschen würden.

Rhetorische Strategie: Versuchen Sie sich inhaltlich ein möglichst präzises Bild über die Sachlage zu machen. Zeigen Sie Ihrem Gesprächspartner auf, wie man die Frage lösen könnte. Wichtig ist dabei, dass Sie Ihrem Gesprächspartner Argumente an die Hand geben, die er intern an seinen Vorgesetzten kommunizieren kann und sich damit profiliert. Ziel ist dann natürlich, dass dieser auch die entsprechende Empfehlung oder den Verweis an Ihre Kanzlei aussprechen kann.

Alternativ können Sie auch immer anbieten, einen Kontakt zwischen Ihrem eigenen Vorgesetzen und dem Vorgesetzten Ihres Gesprächspartners herzustellen. Auch damit könnte sich Ihr Gegenüber intern profilieren.

Ihr Mandant hat kein Vertrauen zu Ihnen

Hat Ihr potentieller Mandant kein Vertrauen zu Ihnen, dann werden Sie das auf ganz unterschiedlicher Ebene wahrnehmen. Am plakativsten sind Aussagen wie *„Rechtsanwälte sind wie Apotheker"*, *„Alles Halsabschneider, die sich eine goldene Nase verdienen"* oder *„ihr Anwälte gewinnt doch immer"*. Hier ist klar, dass Sie es mit massivem Misstrauen und Vorurteilen zu tun haben. Subtiler sind Verhaltensweisen, die darauf hinweisen, dass Ihr Mandant Informationen bewusst zurückhält und einen Vorwand nach dem anderen vorbringt, um nicht offen sprechen zu müssen.

Rhetorische Strategie: In diesem Fall gibt es nur eine richtige Reaktion. Üben Sie unter keinen Umständen Druck aus, verteidigen Sie sich nicht und lassen Sie Ihren Akquisegedanken vorerst fallen. Hier müssen Sie zuerst auf einer zwischenmenschlichen Ebene zusammenkommen und Vertrauen aufbauen. Tasten Sie sich dabei langsam an Ihren Gesprächspartner heran. Stellen Sie viele Fragen und interessieren Sie sich intensiv für seine Inhalte. Gehen Sie in Vorleistung und treten Sie den lebenden Beweis an, dass alle Vorurteile Ihres Gesprächspartners hinfällig sind.

Zusammenfassend lässt sich sagen: **Widerstände sind immer Chancen** im Akquisegespräch. Chancen, Ihren Gesprächspartner besser kennenzulernen, Chancen, Ihre Kompetenzen und Fähigkeiten sichtbar zu machen und Chancen, Vertrauen zwischen Ihnen und Ihrem potentiellen Mandanten aufzubauen. Manchmal wird auch erst am Konflikt deutlich, worum es eigentlich geht. Ein Grund mehr, sich konstruktiv mit dem Einwand Ihres Gegenübers auseinanderzusetzen.

Diese Einstellung wird Ihnen bei der Entwicklung einer tragfähigen und belastbaren Mandantenbeziehung von großem Nutzen sein. Seien Sie aufmerksam und trainieren Sie Ihre **Empathiefähigkeit.** Prüfen Sie im Vorfeld, mit welchen möglichen Einwänden Sie zu rechnen haben, und seien Sie vorbereitet. Einwände elegant abzufedern oder sanft umzulenken, ist auch eine Übungssache. Je häufiger Sie sich solchen Situation aussetzen, desto reicher wird Ihr Erfahrungsschatz und desto souveräner können Sie damit umgehen.

8. Closing – oder ‚Nach dem Spiel ist vor dem Spiel'

Ein Akquisegespräch zu einem guten Abschluss zu bringen, muss nicht unbedingt bedeuten, unmittelbar ein neues Mandat in der Tasche zu haben. Das ist inzwischen sicherlich deutlich geworden. Es heißt aber auch nicht, das Gespräch bei einer sinnlosen Plauderei zu belassen. Sorgen Sie in jedem Fall für einen **produktiven Gesprächsabschluss.** Produktiv ist dabei alles, was beide Gesprächsteilnehmer, also Sie und Ihren Mandanten gleichermaßen weiterbringt und eine Brücke zu weiteren Akquisegesprächen in der Zukunft schlägt. Gehen Sie niemals auseinander, ohne Klarheit darüber zu haben, wie es inhaltlich und organisatorisch weitergehen wird.

Das wichtigste Closing-Instrument ist dabei wieder die Frage. Zur Erinnerung führe ich die drei Varianten nochmals für Sie auf:

Closing	Offene Frage	Geschlossene Frage	Alternativ-Frage
	▸ „Wie möchten Sie weitermachen?" ▸ „Welche Punkte sollen wir bis zu unserem nächsten Meeting für Sie klären?" ▸ „Was halten Sie von einem Treffen in unseren Kanzleiräumen?"	▸ „Haben wir aus Ihrer Sicht alle wichtigen Punkte besprochen?" ▸ „Wann sollen wir uns zusammensetzen?" ▸ „Darf ich Sie nächste Woche hierzu anrufen?" ▸ „Soll ich für Sie die Situation prüfen?"	▸ „Sollen wir Ihnen nur den Vertragsentwurf zusenden oder auch gleich eine Checkliste entwickeln?" ▸ „Wollen wir uns zum Mittagessen treffen oder möchten Sie zu uns in die Kanzlei kommen?" ▸ „Soll ich gleich für Sie die Situation prüfen oder darf ich Ihnen erst unsere Kanzlei vorstellen?"

Wenn Sie Ihr Akquisegespräch mit einer Closing-Frage beenden, achten Sie unbedingt darauf, dass Sie nach dem Stellen Ihrer Frage SCHWEIGEN. Nur Ihr **Schweigen** und Ihr erwartungsvoller Blickkontakt werden dazu führen, dass Ihr Gesprächspartner das finale Commitment formuliert. Ob Auftrag oder kein Auftrag – Hauptsache, Sie werden miteinander im Gespräch bleiben.

Der Gesprächsabschluss ist ein Bestandteil, der sich bei jedem Gespräch wiederholt und Sie jedes Mal ein Stückchen weiter in Richtung Akquiseerfolg bringen soll. Und selbst wenn Sie die Zusage Ihres Mandanten erwirkt haben, so setzt sich der Akquisitionsprozess immer weiter fort. Denn bei jeder Begegnung, jedem Telefonat, jeder schriftlichen Korrespondenz investieren Sie weiter in diese Beziehung und damit in das Vertrauen und Zutrauen Ihres Mandanten. Gehen Sie also von Anfang an mit dem Ziel in ein Akquisegespräch, am Ende immer ein bisschen mehr Vertrauen und einen echten Nutzen für Ihr Gegenüber geschaffen zu haben. Und überprüfen Sie am Ende, ob es Ihnen gelungen ist. Diese Closing-Strategie wird sich immer auszahlen.

Egal welches Setting Sie im Kontext von Networking und Akquise heranziehen, machen Sie es sich zur Gewohnheit, darüber nachzudenken, was Sie erreichen wollen und welche rhetorische Strategie Ihnen dabei nützlich sein kann. Allein das **Bewusstsein** darauf zu richten, wird sich positiv auf Ihren Berufsalltag auswirken. Sie werden mehr hören, mehr sehen und alltägliche Kommunikationssituationen anders bewerten.

Entscheidend ist natürlich, wie es Ihnen gelingt, die rhetorischen Strategien auch umzusetzen. Womöglich müssen Sie alte Gewohnheiten und Stereotype Ihrer Kommunikation über Bord werfen. In jedem Fall müssen Sie neue Wege erproben, sich neue Techniken erschließen, Ihre Sprache und Ihr Kommunikationsverhalten weiter schärfen. Das bedeutet nicht, dass Sie sich verstellen müssen. Das bedeutet aber auch nicht, dass man alles beim Alten belassen kann. Fortschritt ist immer mit Veränderung verbunden. Lassen Sie sich nicht davon entmutigen, wenn Ihnen das eine oder andere nicht auf Anhieb gelingt. Überzeugend reden zu lernen ist ein lebenslanger Prozess. Wie in allen Künsten geht es darum, sukzessive das Handwerkszeug aufzurüsten und den Umgang damit zu professionalisieren. Dazu brauchen Sie Zeit und jede Menge Möglichkeiten zur Übung. Beobachten Sie andere beim Smalltalken und Akquirieren. Analysieren Sie deren Vorgehensweise. Legen Sie sich selbst Redebausteine und rhetorische Strategien zurecht. Erproben Sie diese und reflektieren Sie das Ergebnis. Wiederholen Sie neue Kommunikationsmuster so lange, bis sie sitzen.

In diesem Zusammenhang darf noch eine Komponente der Rhetorik nicht unerwähnt bleiben. Jede zwischenmenschliche Kommunikation (außer der schriftlichen) wird vor allem durch nonverbale Mittel beeinflusst. Ein ganz wesentlicher Teil Ihrer Wirkung auf andere geht von Ihrer **Körpersprache und Stimme** aus. Natürlich könnte man ganz allgemeine Hinweise zur aufrechten Haltung, zu aufgeschlossenen Gesten, ausgewogener Stimmführung, wirkungsvollen Pausensetzung oder zum aufmerksamen Blickkontakt geben. Doch gerade bei diesen nonverbalen Mitteln spielt Ihre Persönlichkeit eine wichtige Rolle. Körpersprache und Stimme müssen immer individuell betrachtet und bewertet werden. Gerade weil Sie sich selber nie von außen wahrnehmen und dadurch auch keine reale Bewertungsgrundlage haben, empfiehlt es sich, zum Beispiel im Rahmen eines **Redetrainings mit Videoanalyse**, diese Bewusstseinslücke zu schließen. Das kostet Sie vielleicht etwas Überwindung, wird sich aber in jedem Fall auszahlen. Zum einen können Sie sich professionelles Feedback einholen, zum anderen werden Sie allein durch die Selbstbetrachtung aus der Außenperspektive profitieren. Das wird nicht nur Ihr Bewusstsein erweitern, sondern Sie auch ermutigen, systematisch an Ihren kommunikativen Fähigkeiten zu feilen und Veränderungen wahrzunehmen. Schließlich kommt es nicht darauf an, was wir zu tun glauben, sondern darauf, wie das, was wir tun, durch andere bewertet wird. Wenn Ihre Kommunikation bewusster stattfindet, werden Sie auch schnell herausfinden, mit welchen rhetorischen Strategien Sie erfolgreich sind und wie sich diese auf Ihren Gesprächspartner auswirken. Je mehr Erfahrungen Sie sammeln, desto leichtfüßiger und eleganter werden Sie Networking- und Akquisesituationen meistern.

Ein letzter Gedanke gilt nochmals der **Vorbereitung.** Die Rhetorik ist eine Denkkunst, bevor sie zur Redekunst wird. Dieser Gedanke war unser Ausgangspunkt für dieses Kapitel und soll auch unser Endpunkt sein. Auch wenn man die Vorbereitung auf Kommunikation gerne als lästig oder sogar überflüssig empfindet, das Vorausdenken und Erdenken von

Kommunikation schafft immer auch Freiräume für Improvisation. Sogar Churchill hat das einmal mit folgenden Worten öffentlich zugegeben: „*Am meisten Vorbereitung kosten mich immer meine spontan gehaltenen, improvisierten Reden.*" Je besser Sie vorbereitet sind, desto besser werden Sie aber auch tatsächlich improvisieren können. Das klingt paradox, lässt sich in der Praxis aber schnell beweisen. Durch Ihr Nachdenken und Antizipieren von Eventualitäten entwickeln Sie gewissermaßen einen **Möglichkeitssinn.** Dieser Sinn wird Ihnen gerade in spontanen Networking- und Akquisesituationen nützlich sein und Sie in der Umsetzung von rhetorischen Strategien geradezu beflügeln.

Internationale Netzwerke aufbauen

Interview mit Prof. Dr. Gerhard Wegen, LL.M. (Harvard), Partner, Gleiss Lutz

Wie sind Sie in die Rolle des „Außenministers" bei Gleiss Lutz gekommen?
Durch Selbsternennung! Anfang der 80er Jahre interessierte sich kaum jemand für das internationale Geschäft bei Gleiss Lutz außerhalb des Kartellrechts. Man überließ diese Aktivitäten den großen international law firms seinerzeit wie Mueller Weitzel (Hengeler) oder Westrick & Eckoldt (Freshfields). Als ich mich damals für Gleiss entschied, war das auch gleichzeitig eine Entscheidung für einen Außenseiter im internationalen Geschäft. Das war mir völlig klar. Doch ich dachte mir, „lieber bin ich einäugiger König unter den Blinden, als Nummer 134 unter den Sehenden" und ich wollte mich nicht hinten anstellen in der Hierarchie von Mueller Weitzel (Hengeler) & Co. Gleiss hatte eine faszinierende juristische Manpower mit Köpfen wie Martin Hirsch, Jobst Hubertus Bauer, Klaus-Peter Dolde oder Rainer Bechtold, deren Rechtsgebiete aber international noch nicht trächtig waren. Wenn man aber M&A macht, das war meine Idee, dann braucht man diese ganzen Gebiete, um einen Deal sinnvoll abdecken zu können. So habe ich angefangen, das internationale Geschäft aufzubauen. Getrieben hat mich dabei vor allem meine Leidenschaft zum International Business. Es war Pionierarbeit, die ich völlig intuitiv, aber mit großem Engagement aufgenommen habe.

Wie haben Sie dieses internationale Netzwerk aufgebaut?
International neugierig war ich schon in der Schule und im Studium. Ich habe als Student viel Internationales gemacht. Es gab

dann vier wesentliche Aktivitäten, die meine internationale Vernetzung ausgemacht und vorangetrieben haben: Das war zum einen Harvard. Ich war in Harvard und damit in einer der Top Law Schools. Dort habe ich jede Menge Leute kennengelernt, mit denen ich bis heute in Kontakt geblieben bin und mit denen ich im Laufe meiner Karriere immer wieder zu tun hatte.

Zum zweiten wurde ich Mitglied im Tönissteiner Kreis. Der Tönissteiner Kreis e.V. ist ein Netzwerk, das sich auf die Förderung von Nachwuchs für internationale Aufgaben fokussiert. Ich war damals der erste Anwalt in Stuttgart, der Mitglied im Tönissteiner Kreis wurde, und hatte dadurch Kontakte zu quasi sämtlichen deutschen international lawyers. In diesen Kreisen hatte ich immer Zugriff auf die verschiedenen Diskussionseben. Wir haben uns ausgetauscht und die aktuellen Entwicklungen diskutiert. Anfang der 90er Jahre habe ich als Bundessprecher auch selber Verantwortung übernommen. Das war eine ganz wichtige Erfahrung.

Vor meiner Tätigkeit bei Gleiss habe ich bei Cleary Gottlieb Stehen & Hamilton in New York gearbeitet. Ich bin immer wieder zu den Alumni-Treffen gereist und habe dadurch Kontakt halten können. 1984 habe ich dann meinen ersten Deal aus New York bekommen.

Der vierte wichtige Baustein war meine Aktivität in der IBA, der International Bar Association, der weltgrößten Anwaltsorganisation. In dieses Netzwerk bin ich 1985 über ein Buchprojekt zu International Securities: Law and Practice, an dem ich mitgeschrieben habe, förmlich reingerutscht. Ich war etwa 22 Jahre Officer bei der IBA und kannte die gesamte Welt-Öffentlichkeit im Bereich M&A und Securities über die verschiedenen Funktionen, die ich innehatte. Als (Vice) Chair des Committees habe ich viele Panels organisiert und mir insbesondere in London zum Thema Securities Law einen echten Namen gemacht.

All diese Aktivitäten haben mir Türen geöffnet und wertvolle Kontakte wie Informationen verschafft.

Aber nur reisen und mit Leuten sprechen allein, macht ja noch nicht erfolgreich. Wie haben Ihre Aktivitäten Ihre Karriere beeinflusst?
Das ist absolut richtig. Als Frühstücksdirektor ist man nichts. Es ist wichtig „delivery" zu zeigen, Mandate zu machen und für die Kanzlei Geld zu verdienen. Wenn ich die Mandate nicht bekommen hätte, wäre es auch schwierig gewesen. Hirsch, ein bedeutender Anwalt bei Gleiss, ist bei einem Closing, das bei uns stattfand, auf mich aufmerksam geworden und fragte mich: Was machen Sie da eigentlich? Ich konnte ihm plausibel meine Aktivitäten darstellen und dann kam für mich der Ritterschlag: Der Ältere, der Namenspartner sagte zu mir: ab jetzt machen wir zusammen M&A. Doch ich habe jahrelang darunter „gelitten", dass viele bei Gleiss Lutz gesagt haben, der Wegen ist ein Großsprecher und mich etwas verächtlich den ‚Weltrechtler' genannt haben. Ich habe an der Internationalisierung immer festgehalten. Gegen alle Widerstände. Auch bei der Eröffnung unseres Brüsseler Büros konnte ich dann als partner in charge nützlich sein. Ich kannte die Leute auf dem Brüsseler Parkett und konnte erste Kontakte herstellen. Hier kamen mir meine Verbindungen zu Cleary Gottlieb zu Gute, die schon länger ein Büro in Brüssel hatten. Heute kann ich sagen: Trotz! dieser internationalen Einstellung bin ich zum 1.1.87 Partner bei Gleiss Lutz geworden.

Wie haben Sie es geschafft, an die Mandate zu kommen?
Die Voraussetzung ist immer die persönliche Glaubwürdigkeit, sei es durch die Fachkompetenz, durch die man sich auszeichnet, sei es durch die Organisation für die man tätig ist. Ich hatte Glück, dass ich durch meine vielseitigen Aktivitäten bekannt war und damit viele Anknüpfungspunkte

hatte. Darüber hinaus brauchen Sie ein Produkt. In meinem Fall war das das Produkt ‚M&A/ Corporate'. Das war damals völlig neu. Nur mit einem Bauchladen voll mit Dienstleistungen werden Sie niemals erfolgreich sein. Dann brauchen Sie einen persönlichen Kontakt, der Ihnen die Tür öffnet, doch dann kommt die eigentliche Herausforderung: Um Mandate akquirieren zu können, müssen Sie im wahrsten Sinne des Wortes Klinkenputzen und vor Ort Ihre Kompetenz, Ihr Produkt und Ihre Organisation verkaufen. Und verkaufen heißt, die Leute davon zu überzeugen, mit Argumenten, vor allem aber mit Ihrer Persönlichkeit. Es muss Ihnen gelingen, Person und Institution zusammenzubringen. Erst wenn jemand von Ihnen UND Ihrer Organisation überzeugt ist, dann kommen auch die Mandate.

Was passiert mit diesem Netzwerk, wenn Sie die Kanzlei verlassen?

Ich habe in der Vergangenheit viel Wert darauf gelegt, die internationalen Aktivitäten auf mehrere Schultern zu verteilen und habe gezielt Einzelpersonen gefördert. Es gibt inzwischen eine Gruppe von Partnern, sogenannte Territory Partner, die für die verschiedenen Länder zuständig sind. Mit jedem Territory Partner bin ich in das jeweilige Land geflogen und habe ihn den führenden Kanzleien vorgestellt. Um die einzelnen Figuren haben sich inzwischen Gruppen gebildet, die wie Kompetenzzentren fungieren. Der kollektive Approach muss sein, für jede Jurisdiktion einen Ansprechpartner zu haben und die Beziehungen zu institutionalisieren. Das kann natürlich immer weiter ausgebaut werden. Es gibt immer Platz für Leute, die ein bestimmtes internationales Interesse haben. Im Zuge der weiteren Internationalisierung wird das auch nötig sein.

Was sind die Themen und Inhalte bei internationalen Netzwerktreffen?
Im Grunde geht es immer um das gleiche: Wie können wir neues Geschäft entwickeln, wie können neue Mandanten gewonnen werden, wie entwickeln sich die nationalen und internationalen Anwaltsmärkte. Es geht darum, zu antizipieren, welche Entwicklungen auf uns zukommen und wie wir am besten darauf reagieren. Natürlich geht es immer auch darum, visibel zu sein und Möglichkeiten auszuloten, diese Visibilität zu erhöhen. Dazu brauchen wir Fachexpertise. Wer glaubt, er könne ohne Inhalte auf dem internationalen Parkett bestehen, der hat sich getäuscht. Sehr wichtig ist es für mich, zuzuhören und darüber Neues und Interessantes zu erfahren.

Ein Leben am Flughafen – muss man dafür auch der Typ sein?
Na klar! Man muss das Reisen mögen. Man muss auch das Ankommen in fremden Jurisdiktionen mögen und bereit sein für das, was da kommen mag. Für diesen Job brauchen wir Leute, die gerne aufbrechen in eine noch ungewisse Zukunft. Ich selber liebe es zu reisen. Ich fühle mich geradezu privilegiert. Ich würde es schwer vermissen, wenn ich nicht mehr dabei bin.

Welche Bedeutung hat das internationale Netzwerk für Gleiss Lutz und für Sie persönlich?
Für Gleiss Lutz ist die internationale Vernetzung heute eine Selbstverständlichkeit und überlebenswichtig und eine wesentliche Quelle für unser Recruiting, unser Business Development und die Akquise. Wir haben uns in den letzten Jahren in den unterschiedlichsten Gremien weltweit einen Namen gemacht. Ich selber bin bis heute bei vielen Recruiting-Events in den USA vor Ort. Hier geht es nicht nur darum

zu rekrutieren, sondern Kontakt zur zukünftigen internationalen Elite aufzunehmen. Dadurch kennen wir die gesamte Juristenlandschaft in den USA. Als Chairman der Harvard Law Association of Germany, bleibe ich in Kontakt mit den internationalen High Potentials. Das ist auch für Gleiss interessant. Was mich persönlich treibt, ist eine tiefe menschliche Neugier an den anderen. Ich bin neugierig auf persönliche Begegnungen. Ich höre gerne zu und analysiere dann auch selbst. Weltweit. Das ist auch das Geheimnis meines Erfolges.

Was kann man als junger Associate tun, um international erfolgreich zu sein?

Meine Empfehlung an alle jungen Kollegen ist, sich den richtigen Mentor zu suchen. Suchen Sie sich jemanden, der Sie fördert und bei Ihren Aktivitäten inspiriert und unterstützt. Fliegen Sie bei Auslandsreisen mit, schreiben Sie Aufsätze, die international relevant sind und engagieren Sie sich in internationalen Netzwerken. Voraussetzung ist, dass Sie in Ihrem Umfeld kommunizieren, dass Sie sich für internationale Themen interessieren. Zudem hilft es enorm, Trendthemen bzw. entwicklungsfähige Themen zu identifizieren und zu verfolgen. Es ist der falsche Weg, Leute zum Jagen zu tragen. Nur ureigene Motivation und eine Begeisterung für das Internationale führt auch zu dem gewünschten Erfolg. Auch ohne Neugier kann man diesen Job nicht machen. Wenn Sie die nicht haben, dann bleiben sie besser Zuhause. Es ist ja schon eine große Herausforderung national eine gewisse Visibilität zu erlangen. Nur durch harte, konsequente und substantielle Arbeit gelingt der Sprung in die internationale Leadership.

„Zusammenkommen ist ein Beginn,
zusammenbleiben ist ein Fortschritt,
zusammenarbeiten ist ein Erfolg."

Henry Ford

IV. Networking & Akquise für jeden Tag

Übung macht den Meister. Diese vielzitierte Maxime gilt gerade für Networking- und Akquisesituationen. Je häufiger Sie sich damit befassen und sich in entsprechende Situationen bringen, desto leichter wird es Ihnen fallen. Sich bei Vorträgen zu exponieren, Kontaktpersonen oder Mandanten mit Anliegen oder Ideen zu konfrontieren bedeutet immer, sich aus der Komfortzone herauszubewegen. Doch die Grundhaltung, Ihrem Gegenüber nutzen zu wollen, sich für ihn und seine Arbeit zu interessieren, Mehrwerte zu schaffen statt die Hand aufzuhalten, wird eine ganz andere Voraussetzung für Ihre Kommunikation und damit auch für Ihren Akquiseerfolg schaffen. Wenn Ihr Gesprächspartner das Gefühl hat, dass Sie ihm helfen wollen, werden sich im Gespräch immer passende Gelegenheiten ergeben, in denen Sie Ihre Ideen, Produkte oder Dienstleistungen anbieten können.

Setzen Sie sich also nicht unter Druck. Wer angespannt oder gar verkrampft auf Sendung schaltet, wird wenig Erfolg haben und Networking- und Akquiseaktivitäten immer als lästige Quälerei empfinden. Schalten Sie statt dessen einfach auf Empfang, hören Sie zu, nehmen Sie wahr, was um Sie herum passiert, und nutzen Sie bewusst die Bühnen, die sich Ihnen bieten. Sie werden dabei schnell eine Art Routine entwickeln. Das Ergebnis muss sein, dass Sie bei jeder Kommunikation in Ihrem Berufsalltag immer auch die Möglichkeiten zum Netzwerken oder Akquirieren erkennen, diese angemessen nutzen und schließlich auch in Erfolge verwandeln.

Täglich ergeben sich zahlreiche kleine Möglichkeiten zur Beziehungspflege, die Sie gezielt nutzen können. Ebenso ergeben sich **Gelegenheiten zur aktiven Akquise**. Dieses Kapitel soll Ihnen dabei helfen, sich systematisch auf wiederkehrende

Situationen einzustellen, die ein hohes Akquisitionspotential haben. Sie können dieses Kapitel auch als eine Art **Nachschlagewerk** nutzen, um sich die jeweilige Situation, vor der Sie stehen, nochmals vor Augen zu führen und sich gezielt vorzubereiten. Tipps und Anwendungsbeispiele zu den jeweiligen Situationen runden die einzelnen Unterkapitel ab.

Auch wenn der **Beauty Contest** eine gängige Form der Akquise darstellt, so soll er nicht explizit als Akquiseinstrument ausgeführt werden. Jede Kanzlei hat in diesem Zusammenhang eigene Vorgehensweisen, die mit dem Business Development oder der Marketingabteilung abgestimmt sind. Trotzdem werden Sie im Beauty Contest viele Kommunikationstechniken sowie Networking- und Akquisestrategien, die in diesem Buch ausgeführt werden, anwenden können.

1. Mandantenveranstaltungen erfolgreich durchführen

Mandantenveranstaltungen wie Sommerfeste, Podiumsgespräche, Fach-Seminare oder die Einweihungsfeier neuer Kanzleiräume sind der ideale Rahmen für Akquise, gäbe es da nicht einen Denkfehler: Ist die Veranstaltung nämlich gut besucht, das Essen schmackhaft und die Stimmung gelöst, geht man als Gastgeber bereits davon aus, dass das Event ein voller Erfolg ist. Doch letztlich sind das nur die Rahmenbedingungen, die das eigentliche Ziel begünstigen sollen: Ihre Akquise.

Damit Ihnen Mandantenveranstaltungen den gewünschten Akquiseerfolg bringen und für Ihre Kanzlei nicht nur als kostspielige Events zu Buche schlagen, können Sie einige grundsätzliche Punkte beachten:

1. Das wichtigste ist immer Ihre **persönliche Einstellung**. Betrachten Sie die Veranstaltung nicht als notwendiges Übel oder nette Party, sondern nutzen Sie diese Gelegenheit,

sich sichtbar zu machen, um damit bestehende Kontakte auszubauen, Mandantenbeziehungen zu pflegen und auch neue Kontakte herzustellen.

2. Vermeiden Sie **Rudelbildung mit Kollegen**. Auch wenn die Komfortzone lockt und ein Drink unter Kollegen sicherlich mehr Spaß macht: Das können Sie zu späterer Stunde immer noch nachholen. Jetzt sollte der Gast im Zentrum Ihrer Aufmerksamkeit stehen. Das gleiche gilt auch, wenn Sie Referent sind und Ihr Auftritt bereits hinter Ihnen liegt. Stehen Sie unbedingt für das persönliche Gespräch zur Verfügung, nehmen Sie aber auch selber gezielten Kontakt zu Teilnehmern auf, statt sich gleich mit Ihren Kollegen und Freunden an der Bar Erholung zu gönnen.
3. Nehmen Sie bewusst die **Gastgeberrolle** ein und haben Sie keine Sorge, dass Sie Ihre Kompetenzen damit womöglich überschreiten. Wenn Ihre Kanzlei eine Veranstaltung ausrichtet, dann sind alle Mitarbeiter von der Assistentin bis zum Managing Partner aufgefordert, in die Gastgeberrolle zu schlüpfen. Übernehmen Sie unaufgefordert folgende Aufgaben:
   - Begrüßen Sie die Gäste
   - Weisen Sie den Weg zur Garderobe
   - Lassen Sie niemanden alleine an einem Stehtisch stehen
   - Führen Sie Smalltalk
   - Beraten Sie bei der Weinauswahl
   - Holen Sie Getränke
   - Stellen Sie Kollegen vor
   - Zeigen Sie die Kanzleiräume
4. Mandantenveranstaltungen sind gute Gelegenheiten, um auch den **Teamgeist** zu stärken. Gemeinsam eine Akquisestrategie zu entwickeln, genau darüber zu beraten, welche Inhalte auf welche Weise adressiert werden sollen und wer welche Person anspricht, ermöglicht ein organisiertes Vorgehen und erhöht auch gleichzeitig die Verbindlichkeit, was die Umsetzung von Akquiseaktivitäten angeht.

Der Rhetorik-Tipp

Kennen Sie das? *„Meine sehr verehrten Damen und Herren, liebe Gäste. Wir freuen uns, dass Sie so zahlreich unserer Einladung gefolgt sind. In diesem Seminar wollen wir uns mit dem Aufbau von Complianceabteilungen in Unternehmen befassen. Dazu haben wir zwei hochkarätige Spezialisten eingeladen, die Ihnen Informationen zu den verschiedenen Anforderungen vermitteln werden. Nach den Vorträgen freuen wir uns natürlich über Ihre Fragen und laden Sie im Anschluss zu einem Umtrunk ein. Wir wünschen Ihnen eine erkenntnisreiche Veranstaltung. Vielen Dank."*

Wenn Sie die Ehre haben, die Veranstaltung als Moderator zu eröffnen und Begrüßungsworte an die Teilnehmer und Gäste richten zu dürfen, dann tappen Sie besser nicht in diese Gewohnheitsfalle. Wie oft gleichen sich die Ansprachen derartiger Veranstaltungen. Abgesehen von der stereotypen Vorgehensweise verschleudert man gleichzeitig wertvolle Akquise-Sekunden. Gerade diese Eröffnungssequenz bietet unglaubliches Potential, um Akquise zu begünstigen. Führen Sie sich einfach vor Augen, welche Wirkungsziele Sie in diesem Zusammenhang erzeugen wollen. Das können Sie mit nur wenigen rhetorischen Handgriffen bewerkstelligen:

„Meine sehr verehrten Damen und Herren, liebe Gäste,
wir freuen uns sehr über Ihr Kommen und heißen Sie in unseren Kanzleiräumen herzlich Willkommen. ***(Wertschätzung)***
In den letzten Monaten sind viele unserer Mandanten immer wieder mit der Frage auf uns zugekommen, wie man die vielen komplexen Fragestellungen rund um das Thema Compliance intern sinnvoll zusammenführen kann. ***(Kanzleiexpertise, Aktualität, Komplexität)***
Wie gerne würden wir Ihnen heute einen 10-Punkte-Plan vorstellen, der diese schwierige Thematik vereinfacht. Doch den gibt es nicht. Die Herausforderungen und Anknüp-

fungspunkte, die Sie in Ihren Unternehmen haben, sind immer individuell zu betrachten. Um Rechtsabteilungen für die Compliance-Aufgaben systematisch fit zu machen, haben wir trotzdem versucht, die Eckpfeiler für Sie sichtbar zu machen und Ihnen so eine erste Orientierung zu geben. ***(Aufmerksamkeit, Erwartungshaltung)***
Unser Ziel ist es heute, Ihnen zu verdeutlichen, wie Sie ..., Ihnen verständlich zu machen, wodurch Sie ... und Ihnen die notwendigen Schritte für ... aufzuzeigen. Ebenso sind wir sehr interessiert, welche Erfahrungen Sie bereits gemacht haben. ***(Bedürfnisse wecken, Nutzen aufzeigen, Interesse zeigen)***
Zwei Experten aus unserem Haus haben für Sie die wichtigsten Themen zusammengestellt. Zum einen wird Frau Dr. Martina Maier über x und y sprechen. Frau Maier ist in den letzten Jahren insbesondere mit x und y befasst und hat sich vor allem im Bereich x einen Namen gemacht. Herr Dr. Ernst Müller ist Experte für x und hat ein Konzept entwickelt, wie man ... Zusätzlich ist heute unser komplettes Compliance-Team anwesend. ***(Kompetenz, Verfügbarkeit, Expertise)***
Wir möchten mit Ihnen Erfahrungen austauschen und offene Fragen diskutieren. Wir hoffen, dass Sie alle von diesem Austausch profitieren und Anregungen für die interne Umsetzung mit nach Hause nehmen. Diesen Austausch können wir auch im Anschluss beim Sekt-Empfang weiter fortsetzen. Ich wünsche uns allen einen gewinnbringenden Dialog. Vielen Dank.“ ***(Wertschätzung, Augenhöhe, Dialogbereitschaft)***

Diese kurze Rede lässt sich natürlich je nach Anlass und Inhalt individualisieren. Wichtig ist, dass Sie sich in Ihrer Ansprache über die Wirkung, die Sie erzeugen wollen, im Klaren sind und bereits die entscheidenden Impulse für eine erfolgreiche Akquise setzen. Eines der wahrscheinlich wichtigsten Wirkungsziele, die Sie in diesem Kontext erzeugen müssen, ist es, Nähe zu Ihren Zuhörern aufzubauen. Jede formalisierte Kommunikation schafft immer Distanz. Das heißt, wenn Sie bereits mit einer formalisierten Begrüßungsrede starten, ist der Graben zwischen Ihnen und Ihrem Publikum gewaltig. Doch gerade für die Akquise müssen Sie diesen Graben überbrücken, auf Augenhöhe kommunizieren, zum Dialog einladen und eben nicht eine Lehrveranstaltung durchführen.

Zusätzlich können Sie sich für die Organisation und Durchführung von Mandantenveranstaltungen nochmals folgende Punkte in Erinnerung rufen, um Akquise zu begünstigen:

Bereiten Sie die Veranstaltung (mit Ihrem Team) gründlich vor	▸ Sehen Sie die Gästeliste ein und überprüfen Sie diese nach Mandanten und interessanten Zielpersonen ▸ Legen Sie (gemeinsam) fest, wer sich um wen gezielt kümmert ▸ Überlegen Sie, welche Informationen für die ausgewählten Personen interessant sein können ▸ Überlegen Sie, was Ihre Zielperson besonders interessieren könnte ▸ Entwickeln Sie Ideen für die Ansprache Ihrer Zielpersonen ▸ Legen Sie sich Formulierungsbausteine zurecht
Nutzen Sie die Anmoderation oder Begrüßungsrede zur Akquise	▸ Nennen Sie den Grund/Impuls für die Veranstaltung ▸ Machen Sie Ihre Expertise und die Expertise Ihrer Kanzlei sichtbar ▸ Greifen Sie die Erwartungen der Teilnehmer auf ▸ Machen Sie Ihre Zuhörer neugierig ▸ Wecken Sie Bedürfnisse ▸ Schaffen Sie Anknüpfungspunkte für den anschließenden Dialog ▸ Stellen Sie ggf. verantwortliche Teamkollegen vor, um mehrere Ansprechpartner sichtbar zu machen

Nutzen Sie Akquisemöglichkeiten beim anschließenden Networking	▸ Gehen Sie gezielt auf Personen zu ▸ Interessieren Sie sich für die Inhalte Ihres Gesprächspartners ▸ Stellen Sie interessierte Fragen ▸ Adressieren Sie gezielt Ihre eigenen Themen ▸ Sondieren Sie den Bedarf Ihres Gegenübers ▸ Schaffen Sie Anknüpfungspunkte für ein Follow-up
Bereiten Sie die Veranstaltung nach	▸ Bedanken Sie sich nochmals persönlich (schriftlich oder mündlich) für das Kommen einzelner Kontakte ▸ Nehmen Sie am nächsten Tag Kontakt zu denjenigen Personen auf, mit denen Sie nicht persönlich sprechen konnten ▸ Schaffen Sie weitere Anknüpfungspunkte für die Zukunft ▸ Übersenden Sie versprochene Dokumente ▸ Halten Sie Versprechungen ein und terminieren Sie Folgegespräche/ Mittagessen ▸ Übertragen Sie neue Kontakte in Ihr Kontaktmanagementsystem ▸ Nehmen Sie über Xing/LinkedIn Kontakt auf ▸ Notieren Sie sich wertvolle Gesprächsergebnisse ▸ Besprechen Sie im Team Ihre Erfahrungen, Erkenntnisse und Erfolge ▸ Nutzen Sie das Verbesserungspotential ▸ Greifen Sie die Themen auf, die Ihre Gesprächspartner im Smalltalk erwähnt haben und überlegen Sie, ob und wie Sie sich darum kümmern und mögliche Antworten entwickeln können

Ob Sie bei Mandantenveranstaltungen Ihre eigene Akquisestrategie verfolgen oder gemeinsam mit Ihrem Team vorgehen – nutzen Sie in jedem Fall diese Gelegenheit und üben Sie sich in den vielen kleinen kommunikativen Herausforderungen, die sich Ihnen bei solchen Veranstaltungen bieten. So komprimiert können Sie Networking- und Akquisefähigkeiten nirgends sonst trainieren.

2. Akquise durch Fachvorträge

Regelmäßig zu referieren ist der beste Weg, sich öffentlich sichtbar zu machen und sich einen Expertenstatus aufzubauen. Experte zu sein nützt Ihnen nichts, wenn niemand Sie für einen Experten hält. Das bedeutet, Sie müssen Ihr Expertentum nach außen tragen und dafür sorgen, dass Sie an den richtigen Stellen Gehör finden. Rein objektiv betrachtet gibt es keine Kriterien, an denen sich Kompetenz und Expertise ausmachen lassen. Es sind immer die anderen, sprich Ihre Adressaten, die Ihnen Kompetenz oder Expertentum attestieren. Ein Grund mehr, systematisch an der eigenen Reputation zu arbeiten. Dazu können Sie sich wieder an einigen grundsätzlichen Punkten orientieren:

1. Wer sich als Referent anbietet, muss natürlich etwas **Substantielles zu sagen** haben. Selbstüberschätzung oder mangelndes Wissen ist sicherlich keine gute Ausgangslage, um sich als Referent einen Namen zu machen. Oft steht einem aber eher die Bescheidenheit im Weg. Die wenigsten Experten fühlen sich bereit für den Auftritt in der Öffentlichkeit. Lieber warten sie auf den Sankt Nimmerleinstag, an dem sie das Maximum an Wissen angehäuft haben. Hier gilt: Wer zu spät kommt, den bestraft das Leben. Starten Sie daher lieber früher als später mit der Referententätigkeit und feilen Sie parallel an Ihrer Expertise.

2. Auch intern bieten sich regelmäßig Gelegenheiten für Kurzreferate oder Fachvorträge. Nutzen Sie diese Gelegenheiten, um Ihre **interne Reputation** zu steigern statt dem inneren Schweinehund Platz zu machen. Üben Sie dabei für Ihren externen Auftritt.
3. Arbeiten Sie an Ihrem **‚Problemlöserimage'**. Sich in eine rechtliche Problematik zu vertiefen und das Problem aus unterschiedlichster Perspektive zu beleuchten, zu sezieren und zu systematisieren ist für eine juristische Vorlesung sicherlich angemessen. Zur Akquise eignet sich diese Problemforschung nur bedingt. Wer Expertenstatus aufbauen möchte, muss seinen Zuhörern einen Nutzen bieten. Dieser Nutzen besteht vor allem darin, dass Sie als Jurist juristische Problemstellungen nicht nur verständlich machen, sondern auch praktikable Lösungsvorschläge für die Lebenssachverhalte unterbreiten, in denen sie auftreten. Dazu müssen Sie natürlich zuerst erfahren, wo bei Ihren Zuhörern denn genau der Schuh drückt. Erst dann empfiehlt es sich, Vorschläge zu machen.
4. Als Referent stehen Sie im **Mittelpunkt der Aufmerksamkeit**. Das ist die beste Ausgangslage für Akquise, denn Ihre Zuhörer haben einen Vortrag lang Zeit, sich Ihr Gesicht und Ihre Stimme einzuprägen und sich ein Bild von Ihnen zu machen. Das bedeutet im Umkehrschluss, dass Sie eine Vortragslänge Zeit haben, Vertrauen herzustellen, Ihre Kompetenz zu demonstrieren, Bedürfnisse zu wecken und viele Anknüpfungspunkte für den ‚Dialog danach' zu schaffen.
5. Nach der Veranstaltung werden Teilnehmer mit ihren Fragen auf Sie zukommen. Das ist enorm bequem für Ihre Networking- und Akquiseaktivitäten, denn im Grunde kommt der Berg zum Propheten. Nehmen Sie sich daher unbedingt Zeit für die Nachfragen und reisen Sie nicht gleich ab. Wichtig ist aber auch, dass Sie diesen **Vortrag nach dem Vortrag** gut managen.

Die gesamte Dramaturgie Ihres Vortrags muss darauf ausgerichtet sein, dass am Ende genau diese Situation eintritt: Ihre Zuhörer verspüren ein großes Interesse, Fragen an Sie zu richten, Ihre Einschätzung zu hören und mit Ihnen in Kontakt zu bleiben. Zudem müssen sie das Gefühl haben, dass genau Sie es sind, der ihre Probleme am besten zu lösen vermag. Gehen Sie mit der Einstellung in den Vortrag, Ihren Zuhörern eine sinnvoll und gut investierte Zeit zu bieten. Damit Ihnen das gelingt, können Sie sich nochmals folgende Checkliste vor Augen führen:

Akquirieren Sie über die Auswahl des Vortragsthemas	▸ Knüpft Ihr Thema an eine aktuelle/relevante Problemstellung an? ▸ Welche Erwartungen/Befürchtungen haben Ihre Zuhörer? ▸ Wie nützen Sie Ihrem Zuhörer? ▸ Welchen Mehrwert bringt Ihr Vortrag? ▸ Welche Bedürfnisse sollen geweckt werden? ▸ Welche konkreten Lösungen möchten Sie vorschlagen und erörtern?
Akquirieren Sie durch Ihre Expertise	▸ Erzählen Sie ‚Warstories'? ▸ Greifen Sie (typische) Beispiele aus der Beratungspraxis auf? ▸ Erwähnen Sie (typische, aktuelle) Fragestellungen von Mandanten? ▸ Geben Sie Empfehlungen ab?
Akquirieren Sie durch Ihren Vortragsstil	▸ Sind Sie als Redner präsent? ▸ Führen Sie Ihre Zuhörer durch Ihren Vortrag? ▸ Kann Ihr Zuhörer Ihren Ausführungen gut folgen? ▸ Sind Ihre Erklärungen anschaulich, unterhaltsam und nachvollziehbar? ▸ Sind Ihre Lösungen und Vorschläge praxistauglich und anwendbar für Ihre Zielgruppe? ▸ Nehmen Sie (Blick-)Kontakt zu Ihrem Hörer auf?

	▸ Verweisen Sie auf interessante Nebenkriegsschauplätze, ohne diese zu vertiefen? ▸ Lassen Sie bewusst manche Fragen, die Sie aufwerfen, unbeantwortet, um Anknüpfungspunkte für den anschließenden Dialog zu schaffen? ▸ Binden Sie Ihre Zuhörer ein? Führen Sie einen Dialog? ▸ Nehmen Sie die Anliegen, Fragen und Erfahrungen Ihrer Zuhörer auf? ▸ Unterstützt Sie Ihre Visualisierung dabei, den Vortrag besser zu verstehen und zu behalten? ▸ Laden Sie Ihre Zuhörer ein, den Austausch nach dem Vortrag fortzusetzen?
Akquirieren Sie nach dem Vortrag	▸ Bedanken Sie sich persönlich für das Interesse. ▸ Nehmen Sie jede Frage wichtig. ▸ Führen Sie keine ausführlichen Fachgespräche mit einzelnen Teilnehmern, während andere noch darauf warten, Ihnen eine Frage zu stellen. ▸ Stellen Sie die Beantwortung von komplexen Fragen zurück. ▸ Sollten Sie keine Antwort haben, bieten Sie an, sich zu informieren und sich nochmals zu melden. ▸ Schaffen Sie verbindliche Anknüpfungspunkte mit Fragestellern, bei denen ein echtes Interesse besteht (das sind meist diejenigen, die ein Problem haben). ▸ Tauschen Sie Visitenkarten aus. ▸ Verpflichten Sie Kollegen (bei internen Kanzleiveranstaltungen), Ihnen bei der Beantwortung von Fragen zu helfen und für die Teilnehmer ansprechbar zu sein.

Der Rhetorik-Tipp

Bei einigen Clubs oder Vereinigungen ist es Usus, dass Neueinsteiger oder auch Bewerber einen kurzen Vortrag über den eigenen Werdegang halten. Ziel ist es, den Anwärter oder das neue Mitglied besser kennenzulernen und gleichsam Einblicke in die berufliche Praxis oder die Branche des Referenten zu bekommen. Gerade in Vereinigungen, in denen möglichst nur ein Repräsentant einer Berufsgruppe in einem lokalen Club aufgenommen wird (z. B. Rotary), ist dies eine gute Gelegenheit zur indirekten Akquise und gleichzeitig eine gute Übung, über die eigene Expertise zu referieren. Doch Vorsicht! Langatmige, chronologisch geordnet vorgetragene Lebensläufe können schnell das Akquise-Aus bedeuten. Verzichten Sie besser darauf und halten Sie statt dessen lieber **einen kleinen Fachvortrag,** der eine gewisse Alltagsrelevanz hat und eindrücklich veranschaulicht, mit welchen interessanten Fragestellungen Sie sich im Alltag beschäftigen. Voraussetzung ist natürlich, dass Sie die Inhalte für das nicht-juristische Ohr aufbereiten und erzählen. Damit erzeugen Sie über die Sache einen Eindruck Ihrer Kompetenz. Je nachvollziehbarer und spannender das Thema, desto besser werden Sie auch in Erinnerung bleiben. Und genau das ist das Ziel. Je nach Rechtsgebiet gibt es immer Themen, mit denen man mit der anwaltlichen Tätigkeit beindrucken kann.

Es gibt viele Möglichkeiten Vorträge zu halten. In den meisten Fällen werden Sie selber die **Initiative** ergreifen müssen, an interessante Referententätigkeiten heranzukommen. Ob das der Lehrauftrag an der Hochschule ist, der Vortrag bei internen oder externen Fachveranstaltungen, das Panel einer renommierten Tagung oder der Auftritt als Gastreferent in Clubs oder Vereinen. Suchen Sie sich geeignete Bühnen, um Ihren Bekanntheitsgrad zu steigern und gleichzeitig Ihr Selbstbewusstsein aufzubauen.

3. Keine Angst vor Telefonakquise

Eine Möglichkeit der Kontaktpflege und Akquise sparen wir gerne aus: Das Telefongespräch. Irgendwie haben wir Hemmungen, zum Hörer zu greifen, obwohl ein kurzes Telefonat oft eine effiziente und wirksame Form der Akquise ist. Dabei geht es in erster Linie gar nicht um den gefürchteten **„Cold Call"**. „Cold Calls" oder auf Deutsch ‚Kaltakquise am Telefon' wird eher seltener praktiziert und gleicht auch einer Übung am Hochreck. Voraussetzung ist, dass es einen eindeutigen Anlass für den kalten Telefonanruf gibt. Es muss klar sein, dass der Adressat ein besonderes Thema hat. Die Information dazu kann Ihnen durch die Medien, aber auch durch einen persönlichen Hinweis zugegangen sein. Entscheidend ist, dass Ihre Kanzlei eine starke Marke in diesem Bereich ist und Sie der geeignete Spezialist sind, der die Problematik lösen kann. Dann macht ein kalter Anruf durchaus Sinn.

Auch in anderen Fällen ist Akquise am Telefon möglich und sinnvoll. Voraussetzung ist, dass Sie die Person, die Sie anrufen bereits kennen. Das können neue und alte Kontakte sein, ehemalige Mandanten oder auch mögliche Kooperationspartner bzw. Multiplikatoren. Dann wird aus dem vermeintlichen ‚Cold Call' ein **‚Follow-up Call'**, der sich für Ihre Akquisezwecke sehr gut eignet. Und trotzdem: Mit Argumenten wie „Dafür habe ich jetzt keine Zeit" oder „Das kostet mich nur wieder Nerven" finden wir regelmäßig eine gute Entschuldigung nicht zum Hörer zu greifen. Wir wählen stattdessen lieber die schriftliche Kommunikation und überlassen dem inneren Schweinehund freizügig das Feld.

Dabei bietet **diese kurze mündliche Kommunikation** am Telefon sehr viele Vorteile:

- Sie ist ein persönlicher Kontakt und dient der Beziehungspflege

- Sie können tagesaktuelle Themen besprechen und Stimmungen dazu einfangen
- Sie haben eine unmittelbare Reaktion Ihres Gegenübers und eventuell Anknüpfungspunkte für weitere Themen
- Sie können schneller Verabredungen und andere Commitments erwirken

Um ‚**Follow-up Calls**' künftig als Teil Ihrer Akquiseaktivitäten zu nutzen, empfiehlt es sich, folgende grundsätzliche Punkte zu beachten:

1. Es ist ratsam, **besser 10 Kontakte mehrmals anzusprechen, als 100 Kontakte nur 1 mal.** Damit setzen Sie auf Qualität statt auf Quantität und bleiben an Ihren Mandanten dran.
2. Wenn Sie eine interessante Person kennengelernt haben und es keine Möglichkeit gab, vor Ort bereits ein **weiterführendes Treffen** zu vereinbaren, dann nutzen Sie unbedingt das 36-h-Zeitfenster nach Ihrer Begegnung. Je schneller Sie nachtelefonieren, desto unverfänglicher wirkt Ihr Anruf.
3. Nutzen Sie **Gesprächsaufhänger** wie aktuelle Entwicklungen, Gesetzesänderungen, Veranstaltungshinweise oder auch neue Produkte oder Ideen, die für Ihren Mandanten interessant sein können und schlagen Sie ggf. ein persönliches Treffen vor.
4. Kündigen Sie Ihren Anruf ggf. per E-Mail an oder bitten Sie um einen kurzen **Telefontermin** mit Ihrer Zielperson. Das erhöht die Wahrscheinlichkeit, dass Sie ihn antreffen.
5. Setzen Sie sich **kleine Ziele** für Ihre ‚Follow-up Gespräche'. Das kann eine kurze Information sein, die Sie überbringen wollen, eine Ergänzung zu Ihrem letzten Gespräch, die Möglichkeit etwas zuzusenden oder sich zum Mittagessen zu verabreden. Auch hier gilt: Sie müssen nichts verkaufen. Es geht darum, Ihrem Mandanten zu nutzen und ihn weiterzubringen.

6. Ein Telefongespräch, das ca. 2 Minuten dauert, braucht ein Vielfaches an **Vorbereitungszeit**. Zum einen, um sich eine passende Strategie auszudenken, zum anderen um das Anliegen pointiert vortragen zu können. Legen Sie sich unbedingt einen **Gesprächsleitfaden** zurecht und formulieren Sie Schlüsselsätze für Ihr Gespräch schriftlich aus.

Nutzen Sie auch die Checkliste für Ihr Akquisegespräch am Telefon:

Überprüfen Sie Ihren Gesprächsaufhänger	▸ Welchen Bedarf hat Ihr Mandant? Pain or Gain? ▸ Knüpft Ihr Thema an eine aktuelle/ relevante Problemstellung an? ▸ Besteht ein Anknüpfungspunkt zu einem vorangegangenen Gespräch? ▸ Wie nützen Sie Ihrem Adressaten? ▸ Welchen Mehrwert verschaffen Sie ihm?
Investieren Sie in einen Gesprächsleitfaden	▸ Begrüßung und Grund Ihres Anrufs ▸ Höfliche Nachfragen an Ihren Adressaten ▸ Vorschlag und kurze Ausführungen zu Nutzen, Sinn, Ziel ▸ Umgang mit möglichen Einwänden ▸ Treffen von Vereinbarungen ▸ Positiver Gesprächsabschluss
Legen Sie sich Formulierungsbausteine zurecht und üben Sie diese ein, bevor Sie den Hörer in die Hand nehmen: 1. Gesprächsaufhänger	▸ „In unserer letzten Unterhaltung haben Sie erwähnt, wie wichtig Ihnen xy ist. Ich habe letzten Montag eine spannende Veranstaltung besucht, bei der ich …" ▸ „Ich habe nach unserem gestrigen Gespräch nochmals darüber nachgedacht, wie …"

	▸ „Die Entscheidung, die Sie zu treffen haben, ist so weitreichend, da ist es wichtig, sich gut zu informieren. Ich habe da noch etwas, das Ihnen helfen könnte …" ▸ „Ich war gestern bei einer Veranstaltung über xy. Da musste ich an Sie denken … Haben Sie noch immer mit xy zu tun?"
2. Vorschlag	▸ „Was halten Sie davon, wenn wir uns in dieser Angelegenheit nochmals zusammensetzen?" ▸ „Wenn Sie Zeit haben, kann ich Ihnen gerne noch ein paar Hinweise geben, wie Sie …" ▸ „Ich würde Ihnen gerne bei einem Mittagessen unseren neuen Ansatz vorstellen."
3. Closing	▸ „Ich würde mich gerne mal wieder mit Ihnen zusammensetzen und hören, was aus Ihrem Projekt geworden ist." ▸ „Wann passt es Ihnen am besten?" ▸ „Was halten Sie von einem Mittagessen nächste Woche Montag oder Dienstag?" ▸ „Darf ich Ihnen unser Konzept zumailen?"
Dokumentation und Vorbereitung auf die nächste Kontaktaufnahme (kurzfristig, langfristig)	▸ Notieren Sie die Gesprächsergebnisse und nützliche Informationen ▸ Legen Sie den Zeitraum für den nächsten ‚Follow-up Call' fest ▸ Übersenden Sie versprochene Materialien und bedanken Sie sich für das angenehme Gespräch ▸ Kündigen Sie ggf. Ihren nächsten Anruf schriftlich an

Der ‚Follow-up Call' fungiert sowohl als **Türöffner** für das vertiefende persönliche Gespräch mit Ihrer Zielperson als auch als ‚**Reminder**', um sich in Erinnerung zu bringen. Auch wenn man am Telefon bereits erste Details zu bestimmten Themen austauschen könnte, das Telefongespräch ersetzt nie die persönliche Begegnung. Es sei denn, die Beziehung zu Ihrem Kontakt steht bereits auf soliden Füßen. Dann kann man wichtige Inhalte auch am Telefon ausführen.

Je nach Senioritätsstufe Ihrer Zielperson kann es Ihnen passieren, dass Sie an einer Assistentin vorbei müssen, wenn Sie anrufen. Denken Sie daran, dass sich eine gute Beziehung zum Vorzimmer immer positiv auf Ihre Geschäftsbeziehung auswirkt. Insbesondere wenn Sie zum ersten Mal anrufen, ist es ratsam, den Grund Ihres Anrufs zu nennen und zu erwähnen, woher Sie sich kennen. Wenn Sie bereits häufiger telefonischen Kontakt hatten, bietet sich auch ein netter Smalltalk an. Das baut Vertrauen auf und erleichtert den Zugang zu möglichen Mandanten.

Der Rhetorik-Tipp

Manchmal kann es passieren, dass Sie den gewünschten Gesprächspartner nicht erreichen. Wichtig ist, dass Sie dranbleiben, Ihrem Gesprächspartner aber nicht lästig werden. Das ist eine ziemliche Gratwanderung. Oft tappt man dann in die nächste Falle und schreibt eine vermeintlich freundliche E-Mail mit folgendem Wortlaut:

- *„Liebe Frau Maier,
  leider habe ich Sie in den letzten Tagen nicht persönlich erreicht."*

oder

- *„Liebe Frau Maier,
  ich habe es schon mehrfach bei Ihnen versucht, kann Sie aber leider nicht erreichen. Daher …"*

Diese oder vergleichbare Sätze haben Sie mit Sicherheit auch schon einmal geschrieben. Gerade das Wörtchen LEIDER ist eine echte Tretmine, die Sie in der Kommunikation besser aussparen oder zumindest auf mögliche Kollateralschäden überprüfen, bevor Sie es unreflektiert verwenden. Problematisch ist dabei, dass Sie Ihren Gesprächspartner ungewollt **angreifen** (schließlich geht er nicht ans Telefon), ihn in seiner **Hierarchie anzweifeln** (schließlich hat er da zu sein, wenn Sie anrufen) und unnötig **unter Druck setzen** (schließlich wollen Sie etwas von ihm). Wenn Sie nach mehrfachen Versuchen keinen telefonischen Kontakt herstellen konnten, dann schreiben Sie besser folgendes:

- *„Liebe Frau Maier, ich melde mich bei Ihnen, um zu fragen, wann ich Sie in den nächsten Tagen am besten erreichen kann. Ich habe eine interessante Information für Sie.“*

oder

- *„Liebe Frau Maier, ich habe heute bei Ihnen angerufen, um mich nochmals persönlich für das nette Gespräch von gestern zu bedanken. Zudem wollte ich Sie gerne zum Mittagessen einladen. Vorausgesetzt Ihr Zeitplan lässt das zu. Darf ich Sie hierzu nochmals kontaktieren?“*

Ebenso können Sie mit einem zeitlichen Abstand von ca. einer Woche Ihren Anruf wiederholen. Gelingt dann wieder keine Kontaktaufnahme, ist es ratsam, die Kommunikation vorerst ruhen zu lassen und diese zu einem passenden Anlass wieder freundlich aufzunehmen.

Zusammenfassend lässt sich sagen, dass unsere vornehme Zurückhaltung in Sachen Telefonakquise überbewertet wird. Wenn Sie es richtig anstellen, dann wird sich Ihr Mandant über Ihren Anruf freuen und Sie als ‚Kümmerer‘ wahrnehmen. Genau das sollte Ihr Ziel sein.

4. Business Lunch – Mandanten (re)aktivieren

‚Never eat alone' – das ist nicht nur der illustre Titel eines Networkingratgebers geschrieben von Keith Ferrazzi und Tahl Raz, sondern eine wirklich gute Devise, wenn Sie systematische Beziehungspflege betreiben wollen. Mindestens ein Mittagessen mit Kollegen, Freunden oder anderen wichtigen Kontakten gehört in jede Arbeitswoche. Business Lunches eignen sich aber auch sehr gut für die Akquise. Sie können sich mit potentiellen Mandanten verabreden, Sie können sich aber auch mit ehemaligen Mandanten treffen und versuchen, an die alte Mandatsbeziehung wieder anzuknüpfen. Entscheidend ist, dass Sie mit Fingerspitzengefühl vorgehen, gleichzeitig aber auch entschlossen Ihr Ziel verfolgen.

Bis heute hat das gemeinschaftliche Essen einen symbolischen Charakter. Auch der Business Lunch folgt einem eigenen Reglement. Beachten Sie dabei grundsätzliche Regeln:

1. Ein Geschäftsessen dient vor allem dazu, **bestehende Beziehungen zu festigen**. Man lernt sich oft auch von einer etwas privateren Seite kennen und schafft damit Vertrauen für die weitere Zusammenarbeit. Das ist auch der Grund, warum gerade Ihre **sozialen Kompetenzen** besonders im Fokus stehen.
2. Dennoch dient ein Business Lunch nicht nur dazu, nett zu plaudern und sich eine Atempause von den anstrengenden Themen des Tagesgeschäfts zu gönnen. Beim Essen können Sie sich in **entspannter und dennoch konzentrierter Atmosphäre** über aktuelle Herausforderungen und Fragen unterhalten. Für viele Geschäftsleute sind gerade diese ein bis zwei Stunden beim Mittagessen die einzige Zeit am Tag, in der sie nicht dauernd abgelenkt und gestört werden. Ein idealer Zeitpunkt also, um **sich substantiell einem Thema zu widmen**.

3. Genau aus diesem Grund sollten Sie auch darauf achten, Ihr **Telefon wegzulegen** und mit Ihrer Aufmerksamkeit maximal bei Ihrem Gesprächspartner zu sein.
4. Achten Sie darauf, dass Sie nicht gleich mit der Tür ins Haus fallen, was Ihre Akquiseidee angeht. Lassen Sie ein ausgewogenes Gespräch entstehen, das **Vertrauen zwischen Ihnen und Ihrem Gesprächspartner aufbaut** und Sie in Ihrer Ratgeberrolle stärkt.

Folgen Sie dabei einer bewussten Dramaturgie:

Smalltalkphase	Während Sie in der Situation ankommen und die Bestellung aufgeben: ▸ Lassen Sie eine positive Atmosphäre entstehen: Scherzen Sie, loben Sie, lächeln Sie ▸ Greifen Sie unverfängliche Themen auf ▸ Knüpfen Sie an Gemeinsamkeiten an
Sondierungsphase	Während Sie auf das Essen warten: ▸ Zeigen Sie Interesse an den Themen Ihres Gesprächspartners: Wie sind vergangene Projekte verlaufen, was beschäftigt ihn aktuell, welche Ziele hat er ▸ Geben Sie den Inhalten Ihres Gesprächspartners Raum zur Entfaltung ▸ Fragen Sie interessiert nach und versuchen Sie sich ein vollständiges Bild über seine Inhalte zu machen ▸ Springen Sie nicht von einem Thema zum anderen
Vorschlagsphase	Während des Essens: ▸ Vertiefen Sie ausgewählte Themen und steuern Sie behutsam, aber bewusst in eine Richtung

	▸ Lassen Sie dabei einen Diskurs entstehen: Fragen Sie weiter nach und kommentieren Sie ▸ Geben Sie Empfehlungen ab, beraten Sie Ihren Gesprächspartner ▸ Leiten Sie Ihren Vorschlag ein
Closing & Gesprächsabschlussphase	Nach dem Hauptgang bei Kaffee und Dessert: ▸ Konkretisieren Sie Ihren Vorschlag ▸ Skizzieren Sie die weitere Vorgehensweise ▸ Fassen Sie das Ergebnis Ihres Gesprächs zusammen ▸ Holen Sie sich das Commitment Ihres Gesprächspartners ein, wie Sie weitermachen ▸ Lassen Sie das Gespräch konstruktiv ausklingen

Auch Business Lunches sollten Sie gut vorbereiten:

Vorbereitung auf den Gesprächspartner

- Informieren Sie sich im Vorfeld über die Branche und über aktuelle Herausforderungen
- Werfen Sie einen Blick auf die Website Ihres Gesprächspartners
- Überprüfen Sie alte Gesprächsnotizen
- Vergegenwärtigen Sie sich die letzte Begegnung
- Antizipieren Sie mögliche Bedarfe

Vorbereitung auf den Gesprächsinhalt

- Legen Sie sich passende Themen zurecht, die Ihr Gegenüber interessieren könnten
- Überlegen Sie, was den Bedarf Ihres Gesprächspartners decken könnte und womit Sie ihm aktiv weiterhelfen
- Identifizieren Sie Fragen, die Sie stellen möchten

- Planen Sie die Hinführung auf Ihren Vorschlag und die Formulierung Ihres Vorschlags selbst

Machen Sie sich auch im Vorfeld über den passenden Rahmen Ihres Mittagessens Gedanken. Überlegen Sie sich, welches Restaurant geeignet ist und wie Sie sich am besten verhalten. Hinweise zu Gepflogenheiten bei Tisch finden Sie in jedem Knigge-Ratgeber.

Der Rhetorik-Tipp:

Die Gespräche, die am besten in Erinnerung bleiben, sind immer diejenigen, die zur Lösung einer Fragestellung beigetragen oder eine neue Geschäftsidee hervorgebracht haben. Setzen Sie sich daher immer das Ziel, Ihren Gesprächspartner gedanklich weiterzubringen. Besonders eignet sich dazu die sogenannte **Brainstorming-Methode**. Denken Sie laut mit Ihrem Gesprächspartner nach, bringen Sie eigene Ideen ein, stoßen Sie aber auch bewusst neue Gedanken an. Dabei können Sie sich folgender Techniken bedienen:

- **Die Hypothesen-Technik:**
  „Nehmen wir einmal an, Sie investieren tatsächlich jetzt in …, was hätte das für Auswirkungen auf …?"
- **Vergleiche:**
  „Ein Mandant von mir hat eine ähnliche Situation folgendermaßen gelöst …"
- **Der Perspektivwechsel:**
  „Welche Argumente würde Ihr Vorstand vorbringen?"
- **Das Worst-Case- & Best-Case-Szenario:**
  „Was würde im besten Fall und im schlechtesten Fall passieren?"
- **Anknüpfen an die Vergangenheit:**
  „Wie haben Sie das beim letzten Mal gelöst?"
- **Die Ideallösung:**
  „Was wäre Ihnen am liebsten?"

- **Provokationen:**
  „Was wäre, wenn Sie einfach kündigen?"
- **Feedback:**
  „Also ich habe den Eindruck, dass Sie am liebsten xy täten."

Schon eine gute Idee reicht aus, dass das gemeinsame Mittagessen ein voller Erfolg war. Ihr Gesprächspartner wird Sie als Sparring-Partner und bereichernden Counterpart wahrnehmen. Das gleiche können Sie übrigens auch mit Freunden und Kollegen machen. Zum einen zahlen Sie dadurch auf Ihr Image als Problemlöser ein, zum anderen können Sie auch in eigener Sache brainstormen und dadurch selbst zu guten Lösungen kommen. Gerade aus diesem Grund ist es so wichtig, dass man sich mit ganz unterschiedlichen Menschen austauscht. Das ist der beste Nährboden für gute Ideen, neue Produkte, innovative Lösungen – sprich der beste Nährboden für Ihr Business Development.

5. Bestehende Mandate ausbauen

Diese Form der Akquise ist eigentlich die einfachste, denn die schwierigen Schritte bis zum Akquiseerfolg haben Sie alle bereits hinter sich: Sie konnten eine Beziehung aufbauen, von sich und der Qualität Ihrer Dienstleistung überzeugen, Ihr Mandant hat wahrscheinlich bereits gute **Erfahrungen** mit Ihrer Arbeit gemacht, ist über die Rahmenbedingungen informiert, hat Ihre Honorarvorstellungen akzeptiert und vertraut Ihnen. Das sind ideale Voraussetzungen für die Vertiefung und Ausweitung Ihrer Mandatsbeziehung und trotzdem verzichten wir absichtlich oder vielleicht doch unabsichtlich auf diese Gelegenheit der Akquise.

Schuld daran sind ganz unterschiedliche Faktoren. In den meisten Fällen ist es schlichtweg Unachtsamkeit. Wir fokussieren das laufende Mandat, konzentrieren uns auf die juristischen Fragestellungen und wenn wir diese gelöst haben, dann klappen wir die Akte zu, schicken die Rechnung und kümmern uns um den nächsten Fall. Gerade in großen Sozietäten gibt es schließlich immer genug zu tun und das nächste Mandat wartet schon. Wozu sollte man dann Akquise betreiben?

Ein anderer, vielleicht etwas verschrobener Grund könnte sein, dass der Jagdinstinkt im laufenden Mandat nicht mehr ausgeprägt ist. Vielleicht geht man auch davon aus, dass der Mandant schon von selbst auf die Idee kommt, mit weiteren juristischen Fragen auf Sie zuzukommen. Schließlich haben Sie ja brillante Arbeit geleistet. Doch darauf sollten Sie sich besser nicht verlassen. Die Konkurrenz schläft nicht, die Zeiten der ewig währenden Mandantenbeziehungen sind vorbei und Ihr Business Case muss schließlich auch gepflegt werden.

Der wahrscheinlich folgenschwerste Grund, nicht weiter zu akquirieren, ist, wenn Ihr Mandant keine weiteren Rechtsfragen hat, die Sie mit Ihrem Rechtsgebiet abdecken können und Sie sich daher dazu entscheiden, die Akquise nicht weiter zu verfolgen. Wozu auch? Hier können Sie ja nichts mehr für Ihren Mandanten tun. Doch genau diese Einstellung ist der Grund, warum so viel Akquisitionspotential unausgeschöpft bleibt. Der Beratungsbedarf Ihres Mandanten macht schließlich nicht vor anderen Rechtsgebieten Halt. Das magische Wort lautet: **Cross Selling.**

Genau hier können Sie Ihre unternehmerischen Fähigkeiten erproben und gleichzeitig unter Beweis stellen, dass Sie das Geschäft Ihres Mandanten vollumfänglich überblicken und ihn dabei unterstützen, seine Ziele zu erreichen. Ihr Mandant wird indes in Ihnen die Beraterpersönlichkeit erkennen, die er gesucht hat.

Und trotzdem gibt es Widerstände, wenn es um Cross Selling Opportunities geht. Das kann an der jeweiligen Organisation der Kanzlei liegen. ‚Eat what you kill' – dieses in US-amerikanischen aber auch mittelständisch geprägten Kanzleien verbreitete Gewinnverteilungssystem besagt nichts anderes, als dass Sie in Ihrer Kanzlei nur für Ihre eigene Tätigkeit honoriert werden und dadurch keinen unmittelbaren wirtschaftlichen Nutzen haben, wenn Sie Cross Selling betreiben. Die ‚Proliferation Fee', vergleichbar mit einer Bonuszahlung bei erfolgreicher Weitervermittlung in andere Rechtsgebiete, ist dem Cross Selling wieder etwas förderlicher, setzt aber auch den falschen Anreiz. Belohnt wird ein Akquiseerfolg in der Vergangenheit. Es entsteht allerdings kein Ansporn für die Zukunft.

Das Lockstep-System, das den Gewinnanteil der einzelnen Partner an den Erfolg der gesamten Kanzlei knüpft, ist wahrscheinlich die am besten geeignete Regelung, um Cross Selling anzuregen. Dieses System setzt auf Mandantenbindung und honoriert die interne rechtsgebietsübergreifende Zusammenarbeit.

Unabhängig von diesen Kanzleiorganisationsfragen existiert in vielen Köpfen die Angst, den Mandanten in andere Hände zu geben und damit den Verlust einer Beziehung zu riskieren, die man schließlich selbst aufgebaut und zum Erfolg geführt hat. Dieses Risiko müssen Sie zu Gunsten Ihres Mandanten, aber auch zu Gunsten Ihrer Kanzlei in Kauf nehmen. Doch eine gute Beziehung muss dadurch nicht abreißen. Schließlich liegt es in Ihren Händen, den Kontakt zu Ihrem Mandanten aufrechtzuhalten und sich weiterhin als exzellenter Berater zu empfehlen. Ihr Mandant wird zudem spüren, dass Ihnen vor allem daran gelegen ist, seine Sache voranzubringen.

Wenn Sie die Befürchtung haben sollten, die Beratungsqualität könnte nicht stimmen, wenn Sie Ihren Mandanten an einen anderen Kollegen im Haus übergeben und Sie dadurch um Ihren Ruf fürchten müssten, dann sollten Sie wohl besser darüber nachdenken ggf. die Kanzlei zu wechseln.

Sie merken: die meisten Widerstände beim Cross Selling sind irrational, also reine Befindlichkeiten, die man aber ablegen sollte, wenn man den Mandanten wirklich umfassend beraten und die Chance auf Akquiseerfolg wahrnehmen möchte. Profitieren Sie lieber von den zahlreichen Möglichkeiten, die Ihnen Cross Selling als Akquisemethode bietet:

- **Vernetztes Denken & Business Development**: Tauschen Sie sich regelmäßig abteilungsübergreifend aus, um Ideen für Cross Selling zu entwickeln und über aktuelle Trends und Entwicklungen Bescheid zu wissen.
- **Mandantenbindung:** Die Lösung aus einer Hand ist für den Mandanten immer bequemer. Sorgen Sie dafür, dass Ihr Mandant das ‚Rund-um-sorglos-Paket' erleben darf.
- **Reputationsförderung:** Gerade bei großen Mandaten, an denen mehrere Rechtsgebiete beteiligt sind, nimmt auch die Strahlkraft nach außen zu. Nutzen Sie diese Gelegenheit.

Wenn Sie bestehende Mandate ausbauen wollen, dann können Sie auf folgende Punkte grundsätzlich achten:

1. Ergründen Sie immer die Zielsetzung und Hintergründe der Mandatierung. Oft ergeben sich aus den **unternehmerischen Zielen** Ihres Gesprächspartners interessante Anknüpfungspunkte für weitere Mandate, sei es in Ihrem eigenen Rechtsgebiet, sei es darüber hinaus.
2. Achten Sie auf **Hinweise**, die Ihnen Ihr Mandant in gemeinsamen Gesprächen liefert und nutzen Sie diese als Anknüpfungspunkte für Vorschläge.
3. Identifizieren Sie den **Nutzen**, den Ihr Mandant aus der Ausweitung des Mandats zieht.
4. Nutzen Sie günstige Gelegenheiten während des laufenden Mandats, um **Vorschläge zu adressieren**. Besonders eignen sich dazu persönliche Besprechungen, auch am Telefon.
5. Greifen Sie ggf. bereits ausgesprochene Vorschläge zu späteren Gelegenheiten wieder auf oder liefern Sie **Einzelhei-**

ten dazu nach, um sie dem Mandanten ins Gedächtnis zu rufen. Die regelmäßige Auseinandersetzung mit einem Thema stützt Ihr Akquisitionsvorhaben. Vermeiden Sie es, erst im letzten Gespräch vor Beendigung des Mandats Ihre Vorschläge vorzutragen.
6. Sprechen Sie Empfehlungen aus und bringen Sie Ihren Mandanten mit **Experten aus Ihrem Haus** zusammen.

Es kann natürlich vorkommen, dass Ihr Mandant den Rat eines Experten benötigt, den Sie und Ihre Kanzlei nicht selber zur Verfügung stellen können. In solchen Fällen ist es ratsam, den Mandanten **extern weiterzuempfehlen**. Natürlich gehen Sie das Risiko ein, Ihren Mandanten zu verlieren, weil er sich bei seinem neuen Berater gut aufgehoben fühlt und sich ab sofort auf seinen Rat stützt. Auch wenn Sie innerlich vielleicht kurz zögern mögen: Ihr oberstes Ziel ist das Interesse Ihres Mandanten. Wenn Sie Ihren Mandanten mit der Weiterempfehlung an einen externen Experten bestmöglich beraten haben, haben Sie richtig entschieden. Ihr Mandant wird das sicherlich honorieren, wenn auch ‚nur' durch eine positive Rückmeldung oder eine Weiterempfehlung. Der externe Anwalt wird sich ebenso erkenntlich zeigen: Do ut des – eine Empfehlung kann immer auch der Beginn einer erfolgreichen Kooperation sein.

Der Rhetorik-Tipp

Wenn Sie mit Ihrem Mandanten kommunizieren und ihm weiteren Beratungsbedarf aufzeigen wollen, ist es wichtig, dass Sie nicht jedes Mal eine Hiobsbotschaft daraus machen. Natürlich ergeben sich in der Bearbeitung von juristischen Fragestellungen, immer auch neue Probleme, die dann im Folgenden bearbeitet werden sollten. Auch damit erweitern Sie den Umfang Ihrer Beauftragung. Das sollte aber nicht das Ziel sein. Zusätzlicher Beratungsbedarf kann auch darüber entstehen, dass Sie Ihrem Mandanten Chancen aufzeigen, wie er etwas gewinnen, absichern oder vorantreiben kann. Wichtig ist, dass es Ihnen nicht unangenehm ist, Ihrem Mandanten zusätzliche Dienstleistungen anzutragen. Nutzen Sie die verschiedenen Aufhänger:

- **Die logische Fortsetzung:**
  „Der nächste Schritt, um derartige Klagen zukünftig auszuschließen ist, dass…"
- **Das Gesamtkonzept:**
  „Wenn man Ihr Vorhaben im Ganzen betrachtet, dann wird es wichtig sein, dass…"
- **Die günstige Gelegenheit:**
  „Wenn wir jetzt ohnehin damit beschäftigt sind, dass…, dann könnten wir gleichzeitig auch…"
- **Die Empfehlung:**
  „Ich empfehle Ihnen auf jeden Fall, sich mit einem Kollegen aus dem Steuerrecht in dieser Angelegenheit auszutauschen, damit…"
- **Die Idee:**
  „Ich habe mir die Verträge bei dieser Gelegenheit angeschaut und sehe eine gute Möglichkeit, wie Sie auch…"
- **Die schlechte Nachricht:**
  „Uns ist bei der Sichtung des Materials aufgefallen, dass Sie gar keine Absicherung gegen xy haben. Das sollten wir ggf. auch noch in Angriff nehmen, wenn…"
- **Die Bewährtheit:**
  „Normalerweise ist es üblich, dass man jetzt noch…"

Für die Vorbereitung von Akquisegesprächen im laufenden Mandat können Sie sich an dieser Frage-Checkliste orientieren, wenn Sie Ihre rhetorische Strategie entwickeln:

Vorbereitung auf den Inhalt	▸ Was genau wollen Sie Ihrem Mandanten zusätzlich anbieten? ▸ Wie nützt es ihm? ▸ Wie kann die Umsetzung konkret aussehen? ▸ Welche Schritte sind dazu nötig? ▸ Wer ist daran beteiligt? ▸ Wie umfangreich ist das Projekt (und was würde es kosten)? ▸ Mit welchen Gegenargumenten oder Einwänden ist zu rechnen? ▸ Gibt es alternative Angebote?
Vorbereitung auf die Vorgehensweise	▸ Wie lenken Sie das Gespräch dorthin? ▸ Wie und wann formulieren Sie Ihren Vorschlag? ▸ Wie lassen Sie ein konstruktives Gespräch dazu entstehen? ▸ Welche Closing-Strategie wollen Sie nutzen? ▸ Wie reagieren Sie auf ein mögliches ‚Nein'?

Als Rechtsanwalt und Berater sind Sie immer auch Vertrauensperson. Nehmen Sie diese Rolle bei Ihren Akquisebestrebungen ernst und reizen Sie nicht alle Möglichkeiten, Ihrem Mandanten etwas zu verkaufen mit Gewalt aus. Sie werden dafür von Ihrem Mandanten mit noch mehr Vertrauen belohnt.

6. Bei Freunden und Bekannten akquirieren

Die Frage, inwieweit man bei Freunden und Bekannten akquirieren darf, wird immer wieder gestellt. Daher soll sie auch in diesem Buch zur Sprache kommen. Die Antwort ist trotzdem relativ eindeutig: Direkte Akquise bei Freunden und Bekannten sollten Sie besser unterlassen. Das bringt meist Ärger oder zumindest die eine oder andere Schwierigkeit mit sich.

Umgekehrt kann es vorkommen, dass jemand aus Ihrem Freundeskreis mit einer größeren Rechtsfrage aus Ihrem Spezialgebiet an Sie herantritt. Zunächst sollten Sie das natürlich als ein Zeichen der Wertschätzung deuten, dass Sie als Experte angesprochen wurden. Außerdem können Sie das auch als Erfolg hinsichtlich Ihrer Networkingaktivitäten verbuchen. Insofern sollte es Ihnen in jedem Fall ein Anliegen sein, dem Fragesteller zu helfen. Sie haben verschiedene Möglichkeiten:

- Sie verweisen Ihren Freund an einen Kollegen in Ihrer Kanzlei
- Sie empfehlen eine andere Kanzlei, die auf derartige Fälle spezialisiert ist
- Sie erklären, worauf Ihr Freund im Einzelnen achten muss, wenn er sich eine passende Kanzlei aussucht

Der Rhetorik-Tipp

Irgendwie muss man sich ja aus der Affäre ziehen, wenn man einem Freund eine Absage erteilen muss. Statt sich in Lügen oder Ausflüchte zu verstricken, stellen Sie am besten gleich am Anfang klar, dass Sie grundsätzlich keine Freunde vertreten, aber trotzdem natürlich weiterhelfen wollen:

„Vielen Dank für Deine Anfrage. Das freut mich sehr, dass Du mit einer so wichtigen Angelegenheit an mich herantrittst. Ich selber werde Dich zwar nicht persönlich beraten können. Ich nehme grundsätzlich keine Mandate von Freunden an. Aber ich möchte Dich natürlich trotzdem bei der Lösung unterstützen: Zum einen kann ich Dir meinen Kollegen Michael Maier vorstellen, der ja mit den gleichen Themen betraut ist wie ich. Zum anderen habe ich auch Kontakte zu der Kanzlei XY, die sich ebenfalls auf XY spezialisiert haben.“

Statt Ihrem Freund nur EINE mögliche Lösung vorzuschlagen, ist es ratsam, immer eine Alternative anzubieten. Das steckt einen klaren Handlungsrahmen. Außerdem können Sie Ihrem Freund überlassen, welche Lösung er präferiert.

Ein anderer Fall tritt ein, wenn Sie Freunde und Bekannte als Vermittler nutzen, um Zugang zu bestimmten Unternehmen oder Zielpersonen zu bekommen, die Sie gerne akquirieren möchten. Wenn Sie zum Beispiel einen Freund haben, der als technischer Leiter eines Energieunternehmens tätig ist, ist es nicht verwerflich, ihn zu fragen, ob er den Kontakt zum Leiter der Rechtsabteilung herstellen kann. Diese Form der indirekten Akquise ist ja gerade deshalb möglich, weil Sie über ein gutes Netzwerk verfügen und Ihre Kontakte auch sinnvoll nutzen. Natürlich müssen auch solche Aktivitäten dosiert eingesetzt werden. Schnell ist der gute Ruf ruiniert, wenn man Kontakte immer nur zum eigenen Vorteil nutzt. Wenn Sie aber über Jahre in eine stabile Beziehung investiert haben, können Sie ohne schlechtes Gewissen auch ihren Nutzen daraus ziehen.

Zusammenfassung

Es gibt weder einen 10-Punkte-Plan noch DEN EINEN Weg, um erfolgreich Networking und Akquise zu betreiben. Für jede Situation müssen Sie neu nachdenken und neu entscheiden, wie Sie vorgehen wollen. Sie müssen Ihre Kommunikationsfähigkeiten gezielt weiterentwickeln und sich regelmäßig darin üben. Ein weiterer Schlüssel liegt in Ihrer Kontaktfähigkeit. Das hat nichts mit Kontaktfreude zu tun. Kontaktfähigkeit bedeutet, dass Sie in der Lage sind, mit Ihrem Gegenüber in echten Kontakt zu treten, also echtes Interesse zeigen, zuhören können und dem Gesprächspartner gegenüber aufmerksam sind. Das heißt nicht, dass Sie ab sofort mit jedem Kollegen, dem Sie in der Kaffeeküche begegnen, eine tiefgehende Unterhaltung führen müssen. Auch der oberflächliche Austausch von Höflichkeiten kann ein Zeichen Ihrer Kontaktfähigkeit sein. Wichtig ist nur, dass Sie die Menschen, denen Sie begegnen, wirklich sehen und sich damit selbst sichtbar machen.

Wie bereits mehrfach auch in den anderen Kapiteln angeklungen ist, geht es nicht darum, unbedingt etwas zu verkaufen. Der Weg der Akquise führt meist über Umwege. Intern empfehlen Sie sich durch kollegiales, professionelles aber auch sichtbares Verhalten. Sie müssen den anderen vermitteln, dass Sie ihnen helfen und sie von Ihrer Arbeit profitieren können. Im Kontakt mit Ihrem Mandanten werden Sie sich vor allem dadurch empfehlen, dass Sie ihn dabei unterstützen, seine Interessen zu vertreten, seine (wirtschaftlichen) Ziele zu erreichen und seine Probleme zu lösen. Ihre Begeisterung an der Sache und die Qualität Ihrer Arbeit werden das Übrige leisten.

Varianten der Mandantenakquise

Interview mit Dr. Antje Baumann LL.M. (Berkeley), Attorney-at-law (New York), Partner, Corinius LLP

Wie und wo haben Sie gelernt zu akquirieren und welche Fähigkeiten braucht man hierfür?
Das ist eine interessante Frage. Obwohl die Fähigkeit, neue Mandanten für sich zu gewinnen, sehr wichtig für den Anwaltsberuf ist, gehört dieser Aspekt nicht zum universitären Ausbildungsprogramm. Gleichermaßen im Referendariat – Fehlanzeige. Schließlich war auch in meinen ersten Berufsjahren in einer internationalen Großkanzlei Akquise eher kein Thema, welches den jüngeren Kollegen näher gebracht worden wäre.

Erst mit meiner Selbständigkeit stand ich selbst vor der Frage „Wie geht eigentlich Akquise?". Heute – einige Jahre später – bin ich der Überzeugung, dass es auf diese Frage nicht die *eine* richtige Antwort gibt, nicht ein Patentrezept, welches dann für jeden Anwalt gleichermaßen funktioniert. Akquise ist vielschichtig.

Im Grundsatz wird Akquise einfacher, sobald man sich im Markt für eine Rechtsmaterie einen guten Ruf erarbeitet hat. Berufsanfängern würde ich daher raten, sich zu Beginn der Karriere Gedanken über eine Spezialisierung zu machen und sich anschließend zu fragen, wie man sich als Anwalt in seiner Spezialmaterie bekannt machen und positionieren kann. Hierfür gibt es dann eine Vielzahl von Möglichkeiten, seien es Publikationen oder Vorträge. Unerlässlich ist natürlich, seine Arbeit sehr gut zu machen, um von zufriedenen Mandanten weiterempfohlen zu werden.

Ansonsten ist der Anwaltsberuf natürlich ein *people's business*. Neben seinen juristischen Fähigkeiten verkauft man sich als Anwaltspersönlichkeit. Trete ich etwa in einem Pitch an, gehe ich immer davon aus, dass die juristische Qualifikation meiner Mitbewerber außer Frage steht. Gute Juristen gibt es viele.

Dementsprechend sind es häufig weiche Faktoren, die den Ausschlag geben. Die „Chemie" zwischen Anwalt und (potentiellem) Mandant muss stimmen. Häufig arbeitet man in einem Fall über einen längeren Zeitraum sehr intensiv zusammenarbeiten. Da hilft es, wenn der Mandant bei Mandatsvergabe vermittelt bekommt, dass sich die Zusammenarbeit auch persönlich angenehm darstellen wird. Man sollte in der Lage sein, sich auf seine Gesprächspartner, deren Erwartungen und Bedürfnisse einstellen zu können, muss dabei aber authentisch bleiben.

Was ist Ihre Einstellung zur Akquise und wie gerne akquirieren Sie?

Ich habe eine positive Einstellung zur Akquise. Ich habe Spaß daran, mir über Akquise im weitesten Sinne Gedanken zu machen, Maßnahmen zu planen und umzusetzen.

Auch an Pitches nehme ich zum Beispiel gern teil. Durch solche Auswahlverfahren lernt man immer noch etwas dazu, kann ausprobieren, was klappt oder worauf man beim nächsten Mal stärker achten sollte.

Als selbständige Anwältin haben Sie ja einen noch viel stärkeren Akquise-Druck als in der Großkanzlei – wie gehen Sie damit um?

Ich bin mir nicht sicher, ob der Akquise-Druck als selbständiger Anwalt wirklich höher ist als in der Großkanzlei. Am Ende werden Anwälte doch zumeist an ihrem wirtschaftlichen Erfolg sowie sonstigem Beitrag innerhalb einer Kanzlei gemessen. Dies gilt für kleinere wie größere Einheiten gleichermaßen.

Akquise-Druck verspüre ich nicht. Dies hängt möglicherweise damit zusammen, dass ich Akquise nicht als lästige Pflicht, sondern als den Bestandteil des Anwaltsberufs begreife, der durchaus Freude bereitet. Sich etwa nach einem Tag am Schreibtisch abends noch zu einer Veranstaltung zu begeben und dabei mit interessanten Menschen gute Gespräche zu führen, kann bereichernd sein – und das ganz unabhängig davon, ob am Ende ein neues Mandat dabei herauskommt oder es „nur" ein netter Abend war.

Wie funktioniert Akquise in Ihrem Bereich? Welche Rolle spielt Ihr Netzwerk für Ihren Akquise-Erfolg?
Akquise in meinem Bereich funktioniert im Grundsatz nicht anders als in anderen Rechtsbereichen.

Ich bin schwerpunktmäßig im Bereich Arbitration/Litigation tätig. Ein Unterschied im Hinblick auf die Akquise sein, dass es in diesem Rechtsgebiet vergleichsweise wenig Dauermandate gibt. Ein Unternehmen, das ich etwa als Parteivertreterin in einem Post-M&A-Schiedsverfahren vertrete, streitet sich nicht zwangsläufig auch in den Folgejahren wieder, selbst wenn ich einen guten Job gemacht habe. Als Anwalt im Schiedsverfahrens- und Prozessrecht ist man deshalb darauf angewiesen, immer wieder neue Mandanten zu akquirieren. Da helfen natürlich die Empfehlungen zufriedener Mandanten.

Ansonsten besuche ich Fachveranstaltungen, halte Vorträge und publiziere. Insbesondere während meiner Zeit in einer Großkanzlei sowie durch den Besuch von Konferenzen und Veranstaltungen habe ich mir über die Jahre ein Netzwerk aufgebaut. Dies besteht natürlich aus Mandanten, aber auch aus vielen Berufskollegen.

Sehen Sie Unterschiede zwischen Frauen und Männern, was das Akquisitionsverhalten und den Erfolg betreffen?
Was den Erfolg betrifft: Definitiv nein! Es gibt keinen Grund, aus welchem Akquise von Männern oder Frauen erfolgreicher oder weniger erfolgversprechend sein sollte als die des anderen Geschlechts.

Im Akquisitionsverhalten mag es Unterschiede geben, etwa wie offensiv der Anwalt/die Anwältin auftritt. Für beide Geschlechter gilt meines Erachtens insoweit, dass man als Anwaltspersönlichkeit selbstbewusst auftreten muss, auf keinen Fall aber arrogant erscheinen sollte.

Ansonsten hängt der Akquisitionserfolg zu einem großen Teil davon ab, wonach der (potentielle) Mandant bei seinem Anwalt sucht. Hier kann man im Einzelfall als Anwältin durchaus Vorteile haben. Im Ergebnis halte ich den Akquise-Erfolg aber grundsätzlich für unabhängig vom Geschlecht.

Zum Akquise-Erfolg vielleicht doch noch eine Bemerkung in diesem Zusammenhang: Sofern Sie meinem vorstehend erläuterten Grundgedanken zustimmen, dass Berufsanfänger sich möglichst frühzeitig auf ein Rechtsgebiet spezialisieren und versuchen sollten, eine gewisse Visibilität zu erlangen, kann für Anwältinnen ein Aspekt hinzukommen. Diese Anforderung haben Anwältinnen in einer Lebensphase zu bewältigen, in der häufig auch die Familienplanung ansteht. Top-Anwältin zu sein, nebenbei einen Aufsatz zu schreiben, auf einer Konferenz einen Vortrag zu halten, zu *networken* und sich „nebenbei" dann noch als Mutter um kleine Kinder zu kümmern, ist jedenfalls eine Herausforderung. Aber glücklicherweise zeigen genügend sehr erfolgreiche Anwältinnen, dass beides zu bewältigen ist. Dies ist aber ein anderes Thema, welches den Umfang des Interviews sprengen würde.

Wie befähigen Sie Ihre Mitarbeiter in Sachen Akquise und Networking?
Junge Berufskollegen binde ich bereits früh in Akquise-Themen ein. Akquise hat sehr viel mit *„Learning by Doing"* zu tun. Deshalb nehme ich auch Mitarbeiter mit weniger Berufserfahrung zu Akquise Terminen mit. Dies ermöglicht den Kollegen, Erfahrungen zu sammeln, sich auszutesten und sich von verschiedenen Akquisiteuren jeweils das für sie Passende abzuschauen.

Auch Networking halte ich bereits zu Beginn der anwaltlichen Tätigkeit für sehr wichtig. Sobald man sich als junger Anwalt für eine Spezialmaterie entschieden hat, sollte man sich überlegen, in welchen Foren und wo sich die im selben Rechtsbereich tätigen Kollegen treffen. Die Teilnahme an solchen Veranstaltungen ist Teil der Aufgabe, sich „bekannt" zu machen. Überdies lernt man die jungen Berufskollegen – seine *Peers* – kennen, die dann wiederum einige Jahr später Empfehlungen aussprechen oder Mandate vergeben.

„Das Ganze ist mehr als die Summe seiner Teile."

Aristoteles

V. Der Anwalt als Unternehmer – eine Schlussbetrachtung

Wenn wir nun einen abschießenden Blick auf das Thema Networking und Akquise werfen, dann lohnt sich die Vogelperspektive. Aus dieser Perspektive fügen sich die einzelnen Themen und Gedanken zu einem großen Ganzen zusammen und lassen sich darüberhinaus in einem noch größeren Zusammenhang fassen. Alle Ihre individuellen Networking- und Akquiseaktivitäten sind letztlich **unternehmerische Handlungen**. Unternehmerisch tätig zu sein hat unterschiedliche Aspekte: Es geht darum, wirtschaftlich zu denken, Verantwortung zu übernehmen, aber auch Gestaltungsspielräume zu erkennen und zu nutzen. Das tun Sie in erster Linie natürlich für Ihren Mandanten, aber eben auch für Ihre Kanzlei und sich selbst.

Vernetzt zu sein, vernetzt zu denken und schließlich unternehmerisch zu handeln ist in Zeiten wachsender **Komplexität und Dynamik** unabdingbar. Der Wandel bestimmt unseren Alltag. Als Berater haben Sie die mehrfache Herausforderung: Sie müssen sowohl für Ihren Mandanten, als auch für Ihre Kanzlei und für sich selbst mit den permanenten Veränderungen arbeiten, komplexe Zusammenhänge verstehen und verständlich machen, Trends und Probleme frühzeitig erkennen, Chancen herausarbeiten und handhabbare Lösungen entwickeln. Zudem werden Sie als Berater neue Mechanismen entwickeln müssen, trotz wachsender Komplexität handlungsfähig zu sein.

Das gilt für Rechtsanwälte in großen Organisationen genau so wie für Rechtsanwälte, die in kleineren Kanzleien, spezialisierten Boutiquen oder als Einzelkämpfer tätig sind. Für Letztere spielt unternehmerisches Denken auch eine unmittelbar existentielle Rolle, weil ihr Erfolg oder auch Misserfolg sich unmittelbar auswirken. In größeren Organisationen wird dies abgefedert und Ihnen darüber hinaus so manche unternehmerische Aufgabe durch interne Abteilungen abgenommen. Das ist aber kein Grund, sich nicht mit Unternehmertum auseinanderzusetzen und das Nachdenken über Wettbewerbsfähigkeit anderen zu überlassen. Unternehmerisch zu denken und zu handeln schafft Mehrwerte auf unterschiedlichen Ebenen und in unterschiedlichen Bereichen. Gleichzeitig investieren Sie in Ihren persönlichen Wettbewerbsvorteil. Ohne unternehmerisches Denken werden Sie dauerhaft keinen Erfolg als Anwalt haben, ganz gleich in welcher Organisationsform.

Begegnen Sie Ihrem Mandanten als Berater und denken Sie dabei wie ein Unternehmer

Juristisches Know-how in Kombination mit unternehmerischem Verständnis lässt Sie zu einem wertvollen Berater werden. Wenn Sie das Business Ihres Mandanten verstehen, seinen Markt überblicken, seine Herausforderungen kennen, für ihn mit- und vorausdenken und ihm dabei helfen, auch durch undurchsichtiges Gelände zu navigieren, dann werden Sie für Ihren Mandanten mehr leisten können, als nur punktuelle juristische Fragen zu beantworten. Je gründlicher und umfassender Sie das tun, desto größer werden Ihre Akquiseerfolge und desto mehr binden Sie Ihren Mandanten auch an sich. Ein Mandant, der sich unternehmerisch verstanden und gut beraten fühlt, wechselt selten den Anwalt bzw. die Kanzlei.

Ob Angestellter oder Unternehmer – nutzen Sie die Möglichkeiten, Ihre Kanzlei voranzubringen

In großen Wirtschaftskanzleien ist **Business Development** die wichtigste unternehmerische Tätigkeit, die kontinuierlich verfolgt werden muss, um wettbewerbsfähig zu bleiben. Natürlich gibt es juristische Standarddienstleistungen, doch die unternehmerische Herausforderung besteht darin, als Rechtsanwalt zum **Produktentwickler** zu werden. Auch wenn Ihre interne Business Development Abteilung den Markt analysiert, ökonomische wie politisch-gesellschaftliche Veränderungen oder Trendthemen sondiert, um daraus neue Beratungsansätze zu entwickeln, so sind Sie als der Experte letztlich gefragt, daraus das richtige Angebot für bestehende und neue Mandanten herauszuarbeiten. Durch den Dialog mit Ihrem Mandanten oder den Austausch in Ihrem Netzwerk sitzen Sie an der besten Quelle. Durch Ihre externen Netzwerkaktivitäten verschaffen Sie sich einen Überblick über das, was Ihre Zielgruppe bewegt oder bewegen könnte. Durch Ihre internen Netzwerkaktivitäten können Sie dann mit Kollegen herausarbeiten, ob auch andere Branchen oder Rechtsgebiete davon betroffen sind und gemeinsam Lösungen entwickeln, die standardisierbar und dennoch maßgeschneidert für den Mandanten angeboten werden können. Beide Netzwerkaktivitäten in Kombination tragen maßgeblich zur Weiterentwicklung des Beratungsangebots Ihrer Kanzlei bei. Nur das GEMEINSAME Vorgehen wird den gewünschten Erfolg bringen.

Ebenso werden Ihre individuellen Netzwerkaktivitäten dabei behilflich sein, den juristischen Nachwuchs Ihrer Kanzlei zu sichern. Auch das ist ein ganz wesentlicher Faktor Ihrer Wettbewerbsfähigkeit. **Recruitingerfolge** lassen sich nicht mehr nur über die Vergütung generieren. Auch hier dürfen Sie in größeren Sozietäten nicht die Hände in den Schoß legen, nur weil sich eine eigene Abteilung um die Bewerber kümmert. Der persönliche Kontakt zum potentiellen Nachwuchs ist ausschlaggebend. Die Entscheidung für die eine oder andere Kanzlei machen die meisten Nachwuchsjuristen vom persönlichen Eindruck und davon abhängig, ob sie sich in ihrem potentiellen zukünftigen Team wohlfühlen. So wird jeder Rechtsanwalt zum Botschafter seiner Kanzlei und damit zum persönlichen Recruiter. Auch hier gilt wieder: Setzen Sie

Ihre Netzwerkaktivitäten dazu ein, auf Ihre Kanzlei aufmerksam zu machen, gezielt neue Mitarbeiter zu gewinnen, durch den Dialog mit jungen Juristen aber auch wieder Ideen in die Kanzlei einzubringen, mit welchen Recruitingmaßnahmen man auf potentielle Bewerber zugehen könnte. Das gleiche gilt für **Alumni-Netzwerke**. Der Kontakt zu ehemaligen Referendaren und Mitarbeitern kann sich nicht nur für Sie, sondern auch für Ihre Kanzlei auszahlen. Je besser Sie diese Kontaktpflege intern gemeinsam koordinieren, desto wirksamer kann Ihre Kanzlei vorgehen.

Ein weiteres Beispiel, durch das die Wettbewerbsfähigkeit Ihrer Kanzlei gezielt gestärkt werden kann, sind **Secondments**. Wenn Sie als Mitarbeiter in ein Unternehmen oder in eine befreundete ausländische Kanzlei entsendet werden, dann profitieren Sie in erster Linie natürlich persönlich. Sie lernen ein anderes Arbeitsumfeld kennen, Sie leben meist in einer anderen Stadt, Sie treffen andere Menschen – Secondments sind eine willkommene Abwechslung zu Ihrem bisherigen Arbeitsalltag. Diese Erfahrung sollten Sie aber auch gezielt für sich und für Ihre Kanzlei nutzbar machen. Durch den detaillierten Einblick in die Unternehmen und Kanzleien lernen Sie ein anderes soziales, organisatorisches und hierarchisches Umfeld kennen und sich in ihm bewegen und orientieren. Schließlich werden Sie auch die Herausforderungen erkennen, vor denen die Unternehmen jeweils stehen. Sie werden die Hintergründe verstehen und die Zusammenhänge besser durchdringen können. Aus einem Secondment erwachsen dadurch nicht nur gute Kontakte, die es zu pflegen gilt, sondern auch verwertbare Informationen, die wiederum interessant für die Weiterentwicklung Ihrer Kanzlei sein können.

Übernehmen Sie Verantwortung und werden Sie selber zum Gestalter

Wenn Sie als Einzelkämpfer oder Rechtsanwalt in einer kleineren Kanzlei oder Boutique tätig sind, ist unternehmerisches Denken und Handeln eine wesentliche Voraussetzung für Ihren Erfolg. Doch auch in der großen Organisation werden Sie damit persönlich profitieren. Wer nämlich den Mandanten und die eigene Kanzlei voranbringt, der bringt in erster Linie sich selbst voran, denn durch unternehmerisches Denken und Handeln werden Sie immer auffallen. Jemand, der etwas unternimmt, ist sichtbar und zeigt **Macher-Qualitäten** und genau diese Qualitäten werden sowohl von Ihrem Mandanten, als auch von Ihrer Kanzlei gebraucht und geschätzt. Klar ist natürlich, dass dies nicht zu Lasten der fachlichen Qualität Ihrer Arbeit gehen darf.

Einen anderen großen Gestaltungsraum eröffnen Sie sich, wenn Sie anfangen, Ihre Kompetenzen und Erfahrungen gezielt an jüngere weiterzugeben. Ältere Anwälte haben es gerade in Sachen Networking und Akquise immer leichter. Den größten unternehmerischen Beitrag leisten Sie, wenn Sie junge Associates für unternehmerisches Denken und Handeln begeistern, Sie darin anleiten und ihnen als **Vorbild** dienen. Dazu gehört auch, junge Mitarbeiter auf Veranstaltungen und zu Akquisegesprächen mitzunehmen, ihnen Redeanteile zu übertragen und sie auch Fehler machen zu lassen. Das regelmäßige gemeinsame Nachdenken über Networking- und Akquisemöglichkeiten wird den Samen für Unternehmertum setzen und langfristig aufgehen lassen. So wird aus unternehmerischem Denken und Handeln auch der Motor für wirkungsvolle **Mitarbeiterführung**. Den größten Nutzen haben aber immer Sie selber. Denn Sie sind der Gestalter Ihres Arbeitsumfelds und letztlich Ihres Lebens.

Das sind sehr anspruchsvolle Aufgaben, doch betrachten Sie die unternehmerische Herausforderung nicht als Bürde. Sie verfügen über einen riesigen Gestaltungsraum. Sie sind Teil eines Ganzen und können durch Ihre Expertise, Ihr Know How, Ihre Ideen, vor allem aber durch Ihre eigene Initiative einen wertvollen Beitrag leisten: Für Ihren Mandanten UND für Ihre Kanzlei. Letztendlich können Sie das ein Stück weit tun, was die meisten in Ihrem Beruf wollen: Sich selbst verwirklichen.

Erwarten Sie dabei nicht, dass Sie für die unternehmerische Aufgabe ausgebildet oder sogar motiviert werden. Diese Kraft müssen Sie aus sich selber schöpfen. Denken Sie in großen Dimensionen und lernen Sie in Ihren Handlungen wirksam zu sein. Diese **Wirksamkeit** erzeugen Sie vor allem durch eine systematische Arbeitsweise und handwerkliche Professionalität im Umgang mit den nötigen Werkzeugen.

Einige Werkzeuge haben Sie in diesem Buch kennengelernt. Doch es ist wie mit dem Schwimmen: Das können Sie nur im Wasser wirklich lernen. Haben Sie das Selbstvertrauen, selber aktiv zu werden und eignen Sie sich sukzessive das nötige Handwerkszeug an. Freuen Sie sich an Ihren Erfolgen und lassen Sie sich von kleinen Rückschlägen nicht einschüchtern. Professionalisieren Sie Ihre Vorgehensweisen und bleiben Sie dabei immer offen für Neues. „Das Ganze ist mehr als die Summe seiner Teile“ sagt Aristoteles. Und er behält Recht. Denn das, was Sie aus der Vielzahl an Techniken, Tipps und Tools am Ende machen, erzeugt Ihre ganz persönliche Akquisitionskraft, die immer einzigartig sein wird.

Ich wünsche Ihnen dabei viel Freude und gutes Gelingen!

Anhang: Statt einer Adressliste

Um Ihnen noch weitere Anregungen für fachliche und überfachliche Netzwerkaktivitäten zu geben, habe ich statt einer Adressliste eine Sammlung einiger Statements von Rechtsanwaltspersönlichkeiten zu ihren persönlichen Erfahrungen und Netzwerken zusammengestellt. Ich habe sie gefragt, durch welche Aktivitäten sie für ihr berufliches Fortkommen am meisten oder signifikant profitiert haben. Die vielfältigen Antworten machen einmal mehr deutlich, dass die Art und Weise, wie Networking und Akquise betrieben werden, von der jeweiligen Persönlichkeit individuell geprägt wird.

Dr. Achim Dannecker, Partner, Steuerrecht, Gleiss Lutz Partnerschaft von Rechtsanwälte und Steuerberatern, Stuttgart: *„Aus großem persönlichem Interesse am Dialog zwischen Wirtschaft und Kultur bin ich Mitglied des Wirtschaftsclubs im Literaturhaus Stuttgart geworden und mittlerweile dessen Vorstandssprecher. Dass mich das Thema begeistert, merken sowohl die Mitglieder als auch viele Interessierte, mit denen ich bei unseren Veranstaltungen zu tun habe. Und gerade die Begeisterung für ein Thema und für Menschen ist es, welche – wie von selbst – Beziehungen schafft, die sich letztlich auch positiv für die berufliche Arbeit auswirken.“*
www.wirtschaftsclub-literaturhaus.de

Dr. Joachim Gores, Partner, KÜMMERLEIN Rechtsanwälte & Notare, Essen: *„Die Mitgliedschaft in der Digitalen Stadt Düsseldorf ist für meine Beratungstätigkeit bei IT- und Technologieprojekten eine wertvolle Hilfe. In dem führenden Netzwerk von 270 Unternehmen der IT- und Kommunikati-*

onswirtschaft habe ich immer interessante Ansprechpartner und wertvolle Anregungen gefunden. Ich konnte so meine juristische Expertise mit technischem und wirtschaftlichem Sachverstand zusammenbringen und habe gleichzeitig von Kontakten und Veranstaltungen profitiert."

Marei Hellmig, Rechtsanwältin, Restructuring, Kanzlei DLA Piper UK LLP, Köln: *„Für Studium, Referendariat und Berufseinstieg haben mir persönliche und langjährig gewachsene Kontakte sehr geholfen. Als klassisches Netzwerk habe ich vor einigen Monaten den Arbeitskreis für Insolvenzwesen e.V. in Köln entdeckt, der wissenschaftliche Diskussionen mit Erfahrungsaustausch unter Praktikern verbindet."*
www.ak-inso-koeln.de

Dr. Ulrike Jansen, Assoziierte Partnerin, Insolvenzrecht, GÖRG Partnerschaft von Rechtsanwälten mbB, Köln: *„Über das von meinem Doktorvater geleitete Institut für Arbeits- und Wirtschaftsrecht der Universität zu Köln habe ich wiederholt wertvolle Kontakte geknüpft. Einige ehemalige Kollegen bekleiden heute in Wirtschaft und Lehre interessante Positionen. Es lohnt sich aus meiner Sicht auch beruflich, Kontakte aus frühen Zeiten der Ausbildung zu pflegen."*

Dr. Anja Rösch, Partner, Immobilienrecht, K&L Gates LLP, Berlin: *„Ich organisiere mit einer Kollegin ein privates Netzwerk von Frauen mit beruflichem Hintergrund im Immobilienbereich (ähnlich dem Frauen in der Immobilienwirtschaft e.V. – www.immofrauen.de), das ich sehr bereichernd finde, da es Frauen aus verschiedensten Bereichen der Immobilienwirtschaft zusammenführt und eine tolle Plattform zum Netzwerken bietet."*

Dr. Julia Schwalm, Counsel, Litigation, Morrison & Foerster LLP, Berlin: *Meiner Erfahrung nach kann man informelles Netzwerken unter Anwälten in seiner Bedeutung kaum überschätzen, insbesondere im Bereich Litigation. Selbst bei vollständig zerstrittenen Mandanten bleibt zwischen dem gegnerischen Anwalt und mir oft noch ein unbelasteter Kommunikationsweg offen, von dem letztlich alle profitieren.“*

Dr. Andrea Spellerberg, Partnerin, Bankrecht, Norton Rose Fulbright LLP, München: *„Kontinuität ist das Wichtigste. Die Teilnahme an mehreren kleinen Events kann also gerade für junge Anwälte mit geringem Marketingbudget mehr bringen als eine besonders renommierte aber teure Veranstaltung. Gute Erfahrungen habe ich auch mit eigenen Events gemacht.“*

Kai T. Stelzner, Rechtsanwalt, Manager, Corporate/Commercial/Litigation bei KPMG Law, Hamburg: *„Um als Rechtsanwalt eine praxisbezogene und für den Mandanten wertvolle Beratung liefern zu können, ist es nach meiner Erfahrung unerlässlich zu verstehen, was der Mandant tut und was ihn und seine Branche bewegt. Mit diesem Interesse und Wissen wird man ganz automatisch vom externen Berater zum gern gesehenen Teil des Netzwerks mit weiteren Perspektiven für alle Beteiligten.“*

Dr. Solvei Stender, Associate, Kartellrecht, Baker & McKenzie mbB, Düsseldorf: *„Ich engagiere mich im Jungen Wirtschaftsrat und komme bei vielfältigen Veranstaltungen und Vorträgen regelmäßig mit Menschen aus allen Bereichen der Wirtschaft in Kontakt. In Gesprächen ergeben sich aufgrund von Schnittstellen zwischen rechtlichen, politischen und unternehmerischen Themen auch interessante Anknüpfungspunkte für die juristische Beratung.“*
www.wirtschaftsrat.de

Dr. Christian Storck, Partner, Kapitalmarktrecht, Linklaters LLP, Frankfurt: *„Ich meine, dass Netzwerken nicht auf die klassischen Foren beschränkt ist (wie z.B. in meinem Fall Seminare der Wertpapier-Mitteilungen oder eine Mitgliedschaft im Deutschen Aktieninstitut). Vielmehr begegnet man auch im eigentlich privaten Umfeld (wie z.B. Fußballverein, Kindergarten, Schulförderverein etc.) immer wieder Menschen, mit denen es auch berufliche Überschneidungen gibt. Netzwerken findet immer statt!"*
www.wmgruppe.de, www.dai.de

Philipp von Mecklenburg, COO, Bird & Bird LLP: *„Seitdem ich im Professional Service Segment agiere, sind Netzwerke sehr wichtig. Neben offenen Veranstaltungen wie Messen oder Fachtagungen, pflege ich Erfahrungsaustausch mit anderen Senior Managern und Managing Partnern sowohl innerhalb als auch außerhalb des Professional Service Segments. Aber nicht nur ein Austausch mit echten Profis ist unabdingbar, um am Ball zu bleiben. Die richtige vertrauensvolle Mischung macht den Unterschied."*

Dr. Claudius Werwigk, Partner, Gesellschaftsrecht/Erbrecht, WERWIGK & PARTNER RECHTSANWÄLTE mbB, Stuttgart: *„Der Blick über den eigenen beruflichen Tellerrand, glaubwürdiges Engagement für Themen, die einem am Herzen liegen, sowie Neugier, Offenheit und Interesse an anderen Menschen haben mir beim Aufbau meines Netzwerkes wohl am meisten geholfen."*

Stichwortverzeichnis

A

Adressat 72, 103, 104, 105, 106, 107, 128, 129, 130
Akquisekraft 39, 40, 41, 42
Alleinstellungsmerkmal 151, 152
Alumni 16, 222
Analytiker 30, 31, 32
Anknüpfungspunkt 83, 88, 89, 90, 109, 110, 111
Anlass 66, 191
Auftritt 186, 187, 190
Austausch 11, 12, 62
Authentizität 40

B

Beauty Contest 180
Bedenkenträger 107
Bekanntheitsgrad 190
Berater 57, 137, 219, 220
Berufseinsteiger 45, 70
Bewusstsein 33, 54, 167, 168
Beziehungen 10, 68, 82
Business Case 25, 46, 52, 53, 69
Business Clubs 17, 66
Business Development 11, 12, 201, 204, 220, 221
Business Lunch 73, 85, 197, 199

C

Closing 150, 165, 166, 167
Cluster 56
Commitment 69, 70, 71, 145, 166
Cross Selling 202, 203, 204

D

Denkkunst 99, 100, 168
Denkprozess 139

E

Eat what you kill 202
Ehrenamt 14, 15
Einwandbehandlung 158, 161
Empathie 107, 134
Empfehlungssysteme 20, 56
Entwicklung 13
Experte/Expertise 50, 51, 52

F

Fachvortrag 186, 187
Follow-up 84, 112, 191, 192, 194
Fragen 72, 140, 141, 142
Frauen 34, 35, 214
Führungsverantwortung 15

G

Gast/Gastgeber 64, 180, 181
Gespräch 108, 109, 110
- Gesprächseinstieg 135
- Gesprächseröffnung 115
- Gesprächsthemen 117

Golf 66, 81
Grande Ecole 16

H

Hierarchie 15, 122
Höflichkeit 20, 21, 127, 135
Hypothese 161, 200

I
Image 75, 187
Initiative 190, 224
Innovation(sfähigkeit) 12, 40
Interesse 24, 48, 153, 158
Intuition 37
Investition 10, 11, 68

J
Jäger 26, 27

K
Kollegen 16, 45, 46, 47, 154, 181, 208
Komplexität 101, 162, 219
Konnektor 57, 78, 79, 111, 112
Kontaktaufnahme 61, 86
Kontaktmanagement 62
Kontaktpflege 60, 82, 83, 84, 85, 86, 191
Kontaktportfolio 58
Kontinuität 51, 81
Kooperation 49, 205
Körpersprache 168
Kümmerer 29, 30, 32, 64

L
Lockstep-System 203
Lösungsvorschlag 136, 187

M
Macher-Qualität 223
Mandantenprofiling 128
Mandantenveranstaltung 180, 181, 184
Marke 10, 76, 77, 78, 191
Markt 12, 39, 40, 57, 74, 220
Marktkenner 57
Mentor 39, 40, 41, 68, 71, 80, 176
Mind Map 80
Mitarbeiterführung 223
Mitgliedschaft 14, 49
Motiv 106, 128, 129, 130, 138, 140
Multiplikatoren 57, 191

N
Networking
- Orte 62, 63, 64
- Typ 25, 26, 27, 28, 29, 30
Netzwerkpflege 47, 59, 82
Newsletter 87, 89
Nutzen 152

P
Partylöwe 27, 28, 29
Persönlichkeitstyp 25, 145
Phrase 102, 151, 152, 153
Pitchpräsentation 102, 151
Priorisieren 58, 59
Problemlöser 75, 77, 187, 201
Produktentwicklung 221
Profil, eigenes 24, 90
Publikation 24, 25, 211

Q
Qualität/Quantität 20, 46, 54, 127, 192

R
Ratgeber 11, 57, 198
Recruiting 95, 103, 175, 221, 222
Redefähigkeit 14
Redetraining 168
Rhetorik 36, 37, 38, 99, 100, 108, 167, 168
Rhetorische Strategie 99, 100
Routine 100, 134, 139, 179

S
Schweigen 147, 166
Secondment 222
Selbstmarketing 76, 77, 78, 79, 93, 112

Smalltalk 108, 109, 141
Soziale Netzwerke 18, 60, 83, 89, 93
Stehempfang 113
Stimme 168, 187
Strategien
- Commitment-Strategie 69, 70, 71
- Controlling-Strategie 80
- Investment-Strategie 67, 68
- Produktivitäts-Strategie 74, 86
- Reziprozitäts-Strategie 75
- Selbstmarketing-Strategie 76, 77
- Vorbereitungs-Strategie 71
Strategisch Netzwerken 49, 50, 51, 67
Sympathie 33, 34, 79, 106
Synergie 9, 79, 112

T

Teilnehmer 64
Teilnehmerliste 73, 95
Telefonakquise 191, 196
Trend 13, 39, 52, 176, 204

U

Unternehmertum
- unternehmerisch Denken 131, 137, 202, 219, 220, 223
Unterstützung(smöglichkeiten) 13

V

Verabschiedung 124, 125
Verantwortung 77, 78, 155, 172, 219
Verkaufen 17, 94, 154, 156, 174, 192
Vertrauen 23, 158, 159, 160, 162, 164, 197, 198
virtuelle Netzwerke 20, 21
Visibilität 175, 176, 214
Visitenkarte 20, 39, 125, 126, 127, 128
Vorbereitung 71, 72, 99, 140, 142, 168, 194, 199, 206
Vorstellen 109, 110, 111
Vortrag 102, 104, 105, 106, 187, 188, 190, 214

W

Wertschätzung 73, 96, 112, 116, 142, 182, 183, 208
Wettbewerbsfähigkeit 163, 220, 221, 222
Wettbewerbsvorteil 12, 94, 220
Widerstand 143, 155, 156, 157, 160, 164
Wiedervorlagesystem 60
Wirkungsziel 104, 105, 134, 182

X

Xing/LinkedIn/Facebook 18, 19, 60, 62, 83, 86, 87, 93

Z

Ziel 50, 51, 52, 53, 54
Zielbild 54, 59, 80, 101
Zielgruppe 49, 130
Zufall 37, 39, 50, 104
Zuhören 74, 151, 175, 209